스프링 시학

스프링 시학

박혜숙 평론집

황금알

스프링 시학

초판인쇄일 | 2013년 6월 1일
초판발행일 | 2013년 6월 10일
지은이 | 박혜숙
펴낸곳 | 도서출판 황금알
펴낸이 | 金永馥

주 간 | 김영탁
편집실장 | 조경숙
본문편집 | 황은정
표지디자인 | 칼라박스
주 소 | 110-510 서울시 종로구 동숭동 201-14 청기와빌라2차 104호
물류센타(직송 · 반품) | 100-272 서울시 중구 필동2가 124-6 1F
전 화 | 02)2275-9171
팩 스 | 02)2275-9172
이메일 | tibet21@hanmail.net
홈페이지 | http://goldegg21.com
출판등록 | 2003년 03월 26일(제300-2003-230호)

값 15,000원
ISBN 978-89-97318-44-5-03810

책머리에

평론은 언어에 대한 언어이다. 원텍스트의 우물에 비친 그림자를 읽어내는 또 하나의 우물을 세상 밖으로 퍼내기가 머쓱하다. 그러나 고인 우물을 비우지 않으면 냄새나고 썩는다. 어떤 식으로든 글은 결국 독자에게 돌아가므로 지금은 비우고 다음을 준비할 때.

다양한 이의 다방면의 글을 평설하면서 스프링이라는 단어가 떠오른다. 통통 튀며 종횡무진 뻗어가는 글들이 중의적으로 봄처럼 다채롭고 생동감이 있다.

오늘을 있게 한 인연들에 감사드린다.

글은 마음의 병을 치유한다는 표현을 대신해 모험을 감행한다.

비로소 바닥이 보인다.

2013년 여름에

차례

1부

2부

3부

『사슴』과 『질마재 神話』의 상호텍스트성

1. 머리말

백석(1912-1995)과 서정주(1915-2000) 시에 대한 기존의 개별연구는 많지만 대비연구는 별로 없다. 이 글은 시집 『사슴』과 『질마재 신화』에 공통으로 나타나는 공간, 결핍, 음식물 등의 제재가 상호텍스트성(Intertextuality)을 이루는 점에 새로움을 발견하고 논지를 전개하고자 한다.

텍스트와 텍스트의 관계, 즉 텍스트들 사이의 관계를 의미하는 용어인 상호텍스트성은 상관성에 대해 살펴보려는 본고의 취지이며, 개별 고찰 보다 견주어 살필 때 대비효과가 크기 때문에 상호텍스트성 이론을 적용하여 비교고찰 하려는 것이다. 상호텍스트성 이론[1)]은 크리스테바가 바흐찐의 청자와 화자의 대화 속성에 관한 논문을 인용하면서 사용한 것으로, 문학적 텍스트의 의미와 해석은 한 작가의 독창성이나 특수성에 귀속되는 것이 아니고 기존의 개별적인 텍스트들 및 일반적인 문학적 규약과 관습들에 연관이 있다는 것이다. 상호텍스트성에 대한 크리스테바의 정의는 많은 영향을 미쳤다. 츠베탕 토도로프(Tzvetan Todorov)는 크리스테바가 말한 상호텍스트성을 담화 속에 사용되는

1) Tzvetan Todorov, 최현무 역, 『바흐찐 : 문학사회학과 대화이론』, 도서출판 까치, 1987, pp.93~110. 요약.

단어들은 내부에 이미 사용된 흔적을 갖고 있으며, '사물들' 또한 상태는 전과 같다 해도 다른 담론들이 이미 다루었기에, 이 사물에 대한 언급은 다른 담론들과 만나지 않을 수 없다고 했다. 토도로프의 이 설명은 선행하여 언급된 내용들이 공통으로 반복 사용되며, 반복 때문에 텍스트가 서로 관련성을 갖게 된다는 것을 의미한다. 토도로프의 관점과 비슷하게 조나단 컬러(Jonathan Culler)는 『구조시학』에서 "시는 다른 시와의 관련성을 벗어나서는 창조될 수 없다. 시가 시로서 존재하는 것은 바로 관련성 때문이며, 그 뒤에 씌어진 책들과 새로운 관련성을 맺는다."고 하였다. 컬러의 이러한 설명은 현재의 텍스트가 이루어지기까지의 상호텍스트 관계뿐만 아니라 나중에 이루어질 상호텍스트 관계까지도 거시적으로 생각한 것이다. 그는 상호텍스트성이 단순한 텍스트들의 관계에서 발전하여 텍스트가 내포하고 있는 문화나 사회 역사적인 맥락까지도 포함하는 것이라고 주장한다.[2] 근래에는 상호텍스트성이 텍스트와 텍스트, 텍스트와 사회 문화적인 관계에서 일어나는 총체적인 현상들까지 넓은 의미로 확대되고 있어, 본고도 궁극에는 현대시가 타 장르와 상호텍스트가 되는 접점을 찾아볼 것이다.

시의 공간이란 세계를 인식하는 한 방편이자 경험을 구조화하는 인성의 한 측면이라는 점에서 중요한 문학용어이다. 백석과 서정주의 시에는 고향, 집, 방, 마당 등 공통되는 공간이 등장한다. 각각 어린 화자 혹은 어른 화자가 공간에 존재론적 가치를 부여하고 토속과 샤머니즘의 세계 등을 인식하며, 고향의 풍물, 인물, 설화들을 형상화하고 있다.

설화는 특정 언어집단이나 민족 문화권의 신화, 전설, 민담 등을 통칭하는 이야기로 그 집단의 생활과 정서, 풍습 및 의식이 담겨 있고 구전하다가 문헌으로 정착한다. 백석과 서정주는 특히 『사슴』과 『질마재 신화』에서 설화를 시의 모티프로 많이 활용하였는데, 각각 독특한 기법

2) 김욱동, 『대화적 상상력 : 바흐친의 문학이론』, 문학과지성사, 1994, p.163.

및 어휘와 내면의식은 변별력을 지니고 있어 다양한 의미부여가 된다.

『사슴』과 『질마재 신화』에 집중한 연구사를 성과와 핵심 중심으로 검토하면 선행 연구가 간과한 부분이 발견될 것이며 본고의 설득력이 높아질 것이다. 우선 『사슴』에 대한 연구사를 검토하고, 『질마재 신화』에 대한 연구사 검토한 후 이 둘을 종합하기로 하겠다.

시집 『사슴』이 발간된 해 김기림의 평[3]과 임화의 견해[4]는 찬반으로 양분되었고 그 후 백석의 시는 매몰되어 음으로 연구되다 해금이후 본격적으로 진행된다. 이동순과 신범순은 리얼리즘 관점[5]에서 백석 시의 위상을 정립하고 있으며 판소리 측면에서 가치를 둔 연구[6], 풍속이나 방언을 높이 규명한 연구[7]도 있으며 김소월[8], 이용악[9], 오장환[10], 안용만[11]과의 비교를 통해 백석의 『사슴』에 나타난 독특한 어휘와 기법 등의 특질을 밝히는 연구도 간헐적으로 이루어졌다.

---

3) 김기림, 『사슴』을 안고, 〈조선일보〉, 1936. 1. 29일자에는 "시집 『사슴』의 세계는 그 시인의 기억 속에 그리고 있는 동화와 傳說의 나라다. (중략) 그렇건만 우리는 거기서 아무러한 회상적인 감상주의에도, 부어오른 복고주의에도 만나지 않아서 아우혜업시 유쾌하다. (중략) 주착없는 일련의 향토주의와는 명료하게 구별되는 모더니티를 품고 있다".고 논평되어 있다.

4) 임화, 「문학상의 지방주의 문제」, 『조광』, 1936.10. pp65-67.에 " 『사슴』의 작자가 시어상에서 일반화되지 않은 특수한 방언을 선택한 것은 결코 작자 개인의 고의나 또 단순한 취미도 아니다. 나는 이 야릇한 방언을 시집 『사슴』의 예술 가치를 의심할 것도 없이 저하시킨 것이라 믿으며 내용으로서도 이 시들은 보편성을 가진 전 조선적인 문학과 원거리에 있는 것이다."고 표현하였다.

5) 이동순, 「민족시인 白石의 주체적 시 정신」, 『白石시 전집』, 창작과 비평사, 1987, p.177.
신범순, 「白石의 공동체적 神話와 유랑의 의미」, 『한국현대리얼리즘 시인론』, 윤여탁, 오성호 편, 태학사, 1990.

6) 고형진, 「백석 시와 판소리의 미학」, 『현대문학이론연구』 21집, 2004.

7) 이숭원, 「風俗의 詩化와 訥辯의 美學」, 『白石』 고형진 편, 새미출판사, 1996.
전봉관, 「백석시의 방언과 그 미학적 의미」, 『한국학보』 98집, 2000.

8) 곽봉재, 「김소월, 白石 시의 비교 연구」, 경희대 석사학위 논문, 1992.

9) 허병두, 「白石과 이용악의 시적 상상력 연구」, 서강대 석사학위 논문, 1993.

10) 박경희, 「白石과 오장환 시의 비교 연구」, 서강대 석사학위 논문, 1996.

11) 윤여탁, 「1930년대 후반의 서술시 연구-白石과 안용만을 중심으로」, 서울사대선청어문 19, 1991.

한편 서정주의 『질마재 신화』에 대한 연구를 확인해보면, 장르적 특성에 대한 연구[12)]가 월등히 많은데 특히 김준오[13)]는 『질마재 신화』의 서술시적 성격을 70년대 민중 · 리얼리즘시라 강조했다.

고형진[14)]과 황종연[15)]은 『질마재 신화』가 '이야기 시'로서의 형식에 주목하고 긍정하였으며 이 밖에 이미지, 시적 화자, 상상력, 원형 상징에 대한 의의를 부여한 연구[16)], 설화 수용 측면을 강조한 연구 [17)], 신화 비평 연구[18)], 시간의식[19)]이나 공간 기호론적 연구[20)] 패러디 양상 연구[21)]와 시의 현실성과 초월성의 논리[22)], 불교적 세계관[23)] 등 많은

---

12) 강희근, 「서정주 시의 서술성에 대하여」, 『월간문학』, 1984. 1.
나희덕, 「서정주의 『질마재 신화』 연구」, 연세대 석사학위 논문, 1999.
조창환, 「산문시의 양상」, 『현대시학』, 1975년 2월. p.107.

13) 김준오, 「서술시의 서사학」, 『한국 서술시의 시학』, 현대시학회 편, 태학사, 1998, pp.34-35.

14) 고형진, 「서정주의 『질마재 신화』의 '이야기 시'적 특성 연구」, 『예술논문집』 제34집, 대한민국예술원, 1995. 12.

15) 황종연, 「신들린 시 떠도는 삶」, 『작가세계』, 1994, 봄호.

16) 노 철, 「母性의 거울과 父性의 거울」, 『시안』, 1999. 가을.
오탁번, 「서정주 시의 비유와 모성심상」, 『사대논집』 19집, 고려대 사범대학, 1994. 12.
정끝별, 「『질마재 신화』에 나타난 비천함의 상상력」, 한국시학연구 제15호, 한국시학회, 2006.

17) 임문혁, 「한국현대시의 전통 연구 : 설화의 수용을 중심으로」, 한국교원대 박사학위 논문, 1992.
주옥, 「서정주 시의 설화수용 양상 연구」, 서강대 석사학위 논문, 1983.

18) 박진화, 「삼교의 혼융과 샤먼의 신화 창조」, 『현대시학』, 1974. 12.
박철희, 「신화적 체험과 시적 구현」, 『현대시』, 1994. 8.

19) 변해숙, 「서정주 시의 시간성 연구」, 이화여대 석사학위 논문, 1987.
손진은, 「서정주 시의 시간성 연구」, 경북대 박사학위 논문, 1995.

20) 김옥순, 「서정주 시에 나타난 우주적 신비 체험 - 『화사집』과 『질마재 신화』의 공간구조를 중심으로, 『이화어문논집』, 1992. 3.
이경희, 「서정주 시 〈알묏집 개피떡〉에 나타난 신비체험과 공간」, 『문학상상력과 공간』, 도서출판 창, 1992.

21) 황숙희, 「서정주의 『질마재 신화』 연구 : 패러디 양상을 중심으로』, 강원대 석사학위 논문, 2000.

22) 손진은, 「서정주 시의 초월성 연구」, 『시문집』제9집, 경주대학교, 1997. 12.

23) 김인환, 서정주의 시적 여정 : 『화사집』에서 『질마재 神話』까지, 『문학과지성』, 1972. 6.

연구가 진행되어 왔다.

그러나 기존 논의검토에서 알 수 있듯이, 1936년 발행된 『사슴』과 1975년 발간된 『질마재 신화』처럼 40년이라는 시대의 차이를 넘어서는 두 시집끼리의 상호텍스트에 관한 관심은 적었기에 본고가 견주어 고찰함으로써 한 텍스트에서 조명하지 못했던 것을 밝혀보는 기대효과가 있을 것이다.

2. 공간의 영상적 재현과 극적 재현

백석과 서정주는 비슷한 시기에 태어났으며[24] 비슷한 시기에 문단 활동을 시작[25]한다. 백석은 동인활동을 하지 않았고 당시 어느 유파에도 속하지 않았지만 서정주는 〈시인부락〉을 결성하는 등 적극적인 문단활약을 하였다. 백석은 오산학교의 선배인 김소월에게 문학적 감화를 입었으며, 서정주는 프랑스의 보들레르에게서 정신적인 영향을 받았다.[26] 이처럼 개별적이면서 『사슴』과 『질마재 신화』가 놓인 시의 공간에는 설화적 모티프라는 공통분모가 있다.

『사슴』에 실린 내용들, 예를 들어 가즈랑집에 사는 할머니, 여우난곬의 가족사, 고방과 古夜의 추억, 旌門村, 주막, 城外, 여승, 절간의 소에 관한 이야기, 무속세계를 그린 오금덩이 등등은 설화성을 지닌 원형[27]의 공간을 묘사하고 있다. 주로 평북지방의 향토적인 소재와 방언, 민속, 어린 시절 경험이나 그리움을 구조화하였다.

---

24) 백석은 1912년 평안북도 정주에서 태어났고 서정주는 1915년 전라북도 고창 출생이다.

25) 백석은 1930년 단편소설 「그 모(母)와 아들」이 조선일보 현상문예에 당선되었으나 본격적인 작품 활동은 1935년 조선일보에 발표한 시 「정주성(定州城)」부터이다. 서정주는 1936년 동아일보 신춘문예에 시 「벽」으로 등단하였다.

26) 송하선, 『미당 서정주 연구』선일문화사, 1991, p.313.에서 백석과 서정주의 초기 영향 관계를 표로 작성하여 나타내고 있다.

27) 원형(archetype)은 역사나 문학, 종교, 풍습 등에서 수없이 되풀이된 이미지나 화소(motif)나 테마다. - 『시론』4판, 김준오, 삼지원, 2000, p.215.

가) 명절날 나는 엄매아배 따라 우리집 개는 나를 따라 진할머니 진할아버지가 있는 큰집으로 가면 // (중략) 열여섯에 사십이 넘은 홀아비의 후처가 된 포족족하니 성이 잘 나는 살빛이 매감탕 같은 입술과 젖꼭지는 더 까만 예수쟁이 마을 가까이 사는 土山고무 고무의 딸 承女 아들 承동이(중략) // 또 인절미 송구떡 콩가루차떡의 내음새도 나고 끼때의 두부와 콩나물과 뽂운 잔디와 고사리와 도야지비계는 모두 선득선득하니 찬 것들이다(하략)

- 〈여우난곬족〉 부분

나) 호박잎에 싸오는 붕어곰은 언제나 맛있었다 // 부엌에는 빨갛게 질들은 八모알상이 그 상 우엔 새파란 그런 눈알만한 盞이 뵈였다 // 아들아이는 범이라고 장고기를 잘 잡는 앞니가 빼드러진 나와 동갑이었다 //

- 〈酒幕〉 부분

다) (상략) 미역오리같이 말라서 굴껍지처럼 말없이 사랑하다 죽는다는 이 千姬 의 하나를 나는 어늬 오랜 客主집의 생선가시가 있는 마루방에서 만났다 저문 六月의 바닷가에선 조개도 울을 저녁 소라방등이 불그레한 마당에 김냄새 나는 비가 나렸다

- 〈統營〉 부분

가)는 명절을 풍경으로 향토적인 색채를 띄고 있는 시이다. '포족족하니 성이 잘 나는 살빛이 매감탕같은 입술과 젖꼭지는 더 까만'의 표현은 색감을 명확하게 나타내는 역할을 한다. '포족족하니', '끼때', '뽂운 잔디' 등 평북 방언이 실감나며 '인절미 송구떡 콩가루차떡' '끼때의 두부와 콩나물과 뽂운 잔디와 고사리와 도야지비계' 등 미각과 시각을 동시에 느끼게 하는 나열로 이미지즘 시의 전범을 보여 주고 있다. 또한 어린이의 눈을 통해 회상되는 공간이 있고 그 공간 안에는 '이야기'가 들어있다. 고향에서 있었던 유년의 이야기로 위안 받으려 한다. 이런 심리는 명절날 일가친척이 모여 화목함을 다지는 정경이 묘사된 것이며 시제 상으로는 현재이나 심리적으로는 과거의 공간인 고향에 머

무르고 있다. 이는 가급적 현재 자아의 개입을 자제하고 과거에 몰입하면서 원형의 공간을 지향한다고 하겠다.

나) 시에서 '빨갛게 질들은'은 '八모알상'을 꾸며주고 있으며 '새파란 싸리를 그린 눈알만한' 역시 '盞'을 수식하면서 구체적인 시각이미지를 확보하고 있다. '장고기를 잘 잡는 앞니가 빠드러진 나와 동갑'인 표현에서 스토리가 있는 영상이 떠오르고 잔상이 남는다.

다)는 실비 내리는 저물 무렵 바닷가를 공간으로 시인의 정서를 표현하고 있다. '저문 6월', '소라껍질로 만든 등잔불', '실비' 등에서 명료한 시각적 이미지를 느낄 수 있고 '조개울음', '김냄새'에서는 청각과 후각 심상이 복합된다.

〈古夜〉의 공간 또한 '납일'(냅일날)[28]을 통해 우리민족 공동체 삶의 원형을 재확인하는 세계인식 방법이 나타나 있다.

> (상략) 섣달에 냅일날이 들어서 냅일날 밤에 눈이 오면 이 밤엔 쌔하얀 할미귀신의 눈귀신도 냅일눈을 받노라 못난다는 말을 든든히 녀기며 엄매와 나는 앙궁 우에 떡돌 우에 곱새담 우에 함지에 버치며 대양푼을 놓고 치성이나 드리듯이 정한 마음으로 냅일눈 약눈을 받는다 (하략)
>
> - 〈古夜〉 부분

> 예순이 넘은 아들 없는 가즈랑집 할머니는 중같이 정해서 할머니가 마을을 가면 긴 담뱃대에 독하다는 막써레기를 멫대라도 붙이라고 하며 // 간밤엔 섬돌 아래 승냥이가 왔었다는 이야기 / 어느메 山곬에선간 곰이 아이를 본다는 이야기 // 나는 돌나물 김치에 백설기를 먹으며 / 넷말의 구신집에 있는 듯이 / 가즈랑집 할머니 // 내가 날 때 죽은 누이도 날 때 / 무명필에 이름을 써서 백지 달어서 구신간시렁의 당즈깨에 넣어 대감님께 수영을 들였다는 가즈랑집 할머니
>
> - 〈가즈랑집〉 부분

---

28) '한 해 동안 지은 농사 형편과 그 밖의 일을 여러 신에게 고하며 제사 지내는 날'을 뜻한다.- 백석, 이동순 편, 『백석 시 전집』, 창작과 비평사, 1987, p.191.

시의 공간인 '가즈랑집'과 그 속에서 살고 있는 할머니 역시 화자에게 정감 있는 공간과 배경인물로 설정되어 있다. 가즈랑집 할머니는 시적 화자인 '나'에게 승냥이 이야기, 곰이 아이를 본다는 전설과 같은 흥미진진한 이야기의 세계로 이끄는가 하면 쉽게 다가갈 수 없는 대감님께 시적 화자가 잘 되라고 빌어주기도 한다.[29] 이 장면이 그림처럼 연상되며 시적 화자는 '가즈랑집'이라는 설화적인 공간에서 원초적 행복을 느낀다.

위에서 보듯 『사슴』이 유년의 고향체험과 풍속의 원형공간에서 영상미있게 형상화하는 이야기시라면 『질마재 신화』는 문헌설화, 구전설화에서 인용하여 가상의 공간을 의도적인 메시지를 담아 재구성한 이야기시들이 많다.[30]

〈竹窓〉을 읽어보면 서정주가 시적 공간을 설정하였다는 것과 '「우리 임금님 귀는 당나귀 귀다.」'라는 부분에서 전통적 관습에 대한 반기의 목소리로 설화를 수용하고 있음을 알 수 있다.

> 新羅 景文王은 마누라가 너무나 밉게 생겨서, 밤엔 뱀 閹氏들을 가슴 위에 널어 놓아 핥게 하고 지내다가설라문 쭈삣쭈삣한 짐승 業報로 긴 당나귀 귀가 되어 幞頭로 거길 가려 숨기고 지냈는데, 이걸 혼자만 알고 있는 복두쟁이 놈이 끝까지 가만있지를 못하고, 죽을 때 대 수풀로 가서 「우리 임금님 귀는 당나귀 귀다.」 한 마디 소곤거려 놓았기 때문에 대수풀이 그 다음부터는 그렇게 소곤거린다든지 그런 實談의 폭로 소리였읍죠.
>
> 일이 이리 어찌되어 내려오다가 窓을 대쪽으로 엮어 매는 습관은 생긴 겁니다. 「비밀입니까 / 비밀이라니요 / 내게 무슨 비밀이 있겠습니까」
>
> -〈竹窓〉 부분

29) 김학동, 『백석전집』, 새문사, 1990, p.217.

30) '옛날 옛적에'로 시간을 설정한 다음 가상의 공간을 설정하는 시로 〈까치마늘〉, 〈박꽃시간〉, 〈風便의 소식〉 등을 예로 들 수 있다.

『삼국사기』에는 위 시의 주인공 경문왕 때 잦은 모반과 천재지변이 일어났다는 기록이 있다. 경문왕 시기의 전국의 혼란은 왕위 계승 문제에서 비롯된다. 경문왕이 사망한 후 지방 곳곳에서 가혹한 공납에 대해 반란이 일어나고 신라의 중앙정부는 큰 혼란 상태에 빠졌다는 역사적 맥락에서 볼 때, 뱀은 불안한 권력의 악몽과 죽음의 공포이고 경문왕의 귀가 길어진 신체적 기현상은 정치적 결함이나 실책을 상징한다. 복두쟁이에 빗대어 죽음을 각오하고 숨겨진 진실을 외치는 이 시는 탐욕과 권력욕이 지나쳐 병든 정치인과 현실을 풍자하고 비판하는 점에서 백석의 시와 다른 양상이다.

가) (중략) 옛날에 新羅 적에 智度路大王은 연장이 너무 커서 짝이 없다가 겨우 늙은 나무 밑에 長鼓 만한 똥을 눈 색시를 만나서 같이 살았는데, 여기 이 마누라님의 오줌 속에도 長鼓만큼 무우밭까지 鼓舞시키는 무슨 그런 신바람도 있었는지 모르지. 마을의 아이들이 길을 빨리 가려고 이 댁 무우밭을 밟아 질러가다가 이 댁 마누라님한테 들키는 때는 그 오줌의 힘이 얼마나 센가를 아이들도 할 수 없이 알게 되었읍니다. ―「네 이놈 게 있거라. 저놈을 사타구니에 집어넣고 더운 오줌을 대가리에다 몽땅 깔기어 놀라!」 그러면 아이들은 꿩 새끼들같이 풍기어 달아나면서 그 오줌의 힘이 얼마나 더울까를 똑똑히 잘 알 밖에 없었읍니다.

- 〈小者 李 생원네 마누라님의 오줌 기운〉 부분

나) (중략) 「그 아이 웃음 속엔 벌써 영감이 아흔 아홉 명은 들어앉았더라고」 마을 사람들은 말하더니만 「저 아이 웃음을 보니 오늘은 싸락눈이라도 한 줄금 내리실라는가 보다」고 하는 데까지 가게 되었읍니다. 「이 놈의 새끼야. 이 개만도 못한 놈의 새끼야. 네 놈 웃는 쌍판이 그리 재수가 없으니 이 달은 푸닥거리 하자는 데도 이리 줄어들고 만 것이라......」 단골 무당 네까지도 마침내는 이 아이의 웃음에 요렇게쯤 말려 들게 되었읍니다.

그리하여 이 아이는 어느 사이 제가 이 마을의 그 교주가 되었다는 것을 알았는지 몰랐는지, 어언간에 그 쓰는 말투가 홰딱 달라져 버렸읍니다.

「……헤헤에이, 제밀헐 것! 괜스리는 씨월거려 쌌능구만 그리여. 가만히 그만 있지나 못허고……」 저의 집 주인 - 단골 무당 보고도 요렇게 어른 말씀을 하게 되었읍니다.

그렇게쯤 되면서부터 이 아이의 長鼓, 小鼓, 북, 징과 징채를 메고 다니는 걸음걸이는 점 점 점 더 점잖아졌고, 그의 낯의 웃음을 보고서 마을 사람들이 占치는 가지數도 또 차차로이 늘어났습니다.

- 〈단골 巫堂네 머슴 아이〉 부분

가)의 시에 인용된 삼국유사 제22대 지철로왕은 김씨 성으로, 이름은 智大路 또는 智度路, 시호는 智證이며 왕을 麻立干이라 한 것도 이때부터이다. 설화에서 신라인들은 性을 금기하거나 죄악시하지 않았고 쾌락이나 향락의 수단도 아니며 생명의 근원으로 인식했음을 알 수 있다. 〈小者 李 생원네 마누라님의 오줌 기운〉 역시 무의 굵은 밑둥이라는 영역은 李생원 마누라님의 오줌 기운, 즉 강한 생명력을 풍자적으로 그려 골계미[31]가 있다.

나)의 시는 세상에서 가장 비참한 처지인 단골 무당 집 머슴아이가 나중에는 주인보다도 용한 무당이 되어간다는 이야기를 다루고 있다. 여기서 흥미를 더하는 요인으로 직접 인용을 통해 다양한 화자의 목소리를 등장시키고 있는 점을 들 수 있다. 이야기를 풀어가는 주된 화자 이외에도 '「그 아이 웃음 속엔 벌써 영감이 아흔 아홉 명은 들어앉았더라고」'와 '「저 아이 웃음을 보니 오늘은 싸락눈이라도 한 줄금 내리실라는가 보다」고 하는 데까지 가게 되었읍니다.'라며 아이에 대해 말하는 마을 사람의 목소리가 있고 '「이 놈의 새끼야. 이 개만도 못한 놈의 새끼야. 네 놈 웃는 쌍판이 그리 재수가 없으니 이 달은 푸닥거리 하자는 데도 이리 줄어 들고 만 것이라……」'라고 말하는 단골 무당 소리가 또

31) '우스꽝스러움'으로 번역되는 골계(comic)는 웃음을 자아내는 문학의 모든 요소에 폭넓게 적용되는 개념이다. 골계는 그 하위범주로 기지, 풍자, 반어, 해학 등을 포괄한다. - 문학비평용어사전(상), 한국문학평론가협회편, 국학자료원, 2006, p.196.

있으며 '「......헤헤에이, 제밀헐 것! 괜스리는 씨월거려 쌌능구만 그리여. 가만히 그만 있지나 못허고......」'하며 영험해진 아이가 단골 무당에게 구연하는 방식이 있다. 이렇듯 위의 이야기는 '연행(performance)'[32]의 특성을 지닌다. 연행의 현장에서 이루어지는 듯한 구연적 발화 방식은 화자와 청자간의 거리를 좁히고 의사소통을 입체적으로 만든다. 대화체의 도입이 많은 이 시는 연극 같고 이야기꾼은 서술체로만 이야기하는 것이 아니라 판소리할 때 창자(唱者)처럼 대사를 실감나게 전하기 위해 목소리, 표정, 몸짓까지 다양한 연기력을 발휘해 1인 3역을 동시에 한다.

> 가) (중략) 그런데 그것을 우리 질마재 마을에서는 뜨끈뜨끈하게 매운 말피를 그런 둘 사이에 좌악 검붉고 비리게 뿌려서 영영 정 떨어지게 하기도 했읍니다.
>
> 모시밭 골 감나뭇집 薛莫同이네 寡婦 어머니는 마흔에도 눈썹에서 쌍긋한 제물香이 스며날 만큼 이뻤었는데, 여러 해 동안 도깝이란 別名의 사잇서방을 두고 田畓 마지기나 좋이 사들인다는 소문이 그윽하더니, 어느 저녁엔 대사립門에 인줄을 늘이고 뜨끈뜨끈 맵고도 비린 검붉은 말피를 좌악 그 언저리에 두루 뿌려 놓았읍니다. (중략)
>
> 이 말피 이것은 물론 저 신라적 金分信이가 天官女 앞에 타고 가던 제 말의 목을 잘라 뿌려 情떨어지게 했던 그 말피의 效力 그대로서, 李朝를 거쳐 日政初期까지 온 것입니다마는 어떨갑쇼? 요새의 그 시시껄렁한 여러 가지 離別의 方法들보단야 그래도 이게 훨씬 찐하기도 하고 좋지 않을 갑쇼?
>
> - 〈말피〉 부분

---

32) 임재해, 「구비문학의 연행론, 그 문학적 생산과 수용의 역동성」. 『구비문학연구』 7집, 1998. pp. 3-5.에서는 연행이란 Noam Chomsky가 말한 현대 언어학 용어로, 촘스키는 소쉬르가 개념화한 랑그(langue)와 파롤(parole)에 뿌리를 두고, 언어 능력과 언어 수행(performance)의 개념을 설정하였다. 구비 문학의 연행도 전승에 의하여 일정하게 유형화되고 기억 속에 잠재적으로 갈무리되어 구체적인 문학작품으로 말과 행위를 통해 표현되는 즉흥적 출현성을 뜻한다."고 하였다.

나) (중략) 여자의 아이 낳는 구멍에 말뚝을 박아서 멀찌감치 내던져 버리는 놈하고 이걸 숭내내서 갓 자라는 애기 호박에 말뚝을 박고 다니는 애녀석들만 빼놓고는 인젠 아무도 벼락을 무서워하는 사람은 거의 없이 되어서 아무리 번개가 요한한 궂은 날에도 삿갓은 내리는 빗 속에 머윗잎처럼 자유로 이 들에 돋게 되었읍니다. (하략)

- 〈분지러 버린 불칼〉 부분

다) (중략) 그리고 나서 四十年인가 五十年이 지나간 뒤에 뜻밖에 딴 볼일이 생겨 이 新婦네 집 옆을 지나가다가 그래도 잠시 궁금해서 新婦방 문을 열고 들여다보니 新婦는 귀밑머리만 풀린 첫날밤 모양 그대로 초록 저고리 다홍치마로 아직도 고스란히 앉아 있었읍니다. 안스러운 생각이 들어 그 어깨를 가서 어루만지니 그때서야 매운재가 되어 폭삭 내려앉아 버렸읍니다. 초록재와 다홍재로 내려앉아버렸습니다.

- 〈新婦〉 부분

동국여지승람의 天官寺에 얽힌 설화를 인용하고 있는 위의 가) 〈말피〉도 연극적인 요소가 있고 장르 혼합양상을 보인다. '김유신'과 '천관녀 설화'가 질마재의 설막동네 과부와 도깨비 이야기로 변형되어 재연된 이 시에서 말피는 공통적으로 이별의 매개체이다. 원래 '피'는 '인줄'과 함께 터부를 나타낸다.[33] '요새의 그 시시껄렁한 여러 가지 이별의 방법들보단야 그래도 이게 훨씬 찐하기도 하고 좋지 않을갑쇼?'라는 설의법에서 독자들에게 남녀의 정을 떼는 방법을 알려주겠다는 메시지가 직접적으로 드러난다. '뜨끈뜨끈하게 맵고도 비린 검붉은 말피를 쫘악 그 언저리에 두루 뿌려 놓았읍니다.'라는 표현은 촉각, 미각, 시각 후각의 다양한 심상을 동원하여 그로테스크[34]하다.

나) 〈분지러 버린 불칼〉에서 '여자의 아이 낳는 구멍에 말뚝을 박아

33) Frazer, 김상일 역, 『황금의 가지』, 을유문화사, 2001, p.98.
34) 원래 그로테스코(grotesco)란 이탈리아어로 괴기한 것, 극도로 부자연스러운 것, 흉측하고 우스꽝스러운 것 등을 형용할 때 사용된다.

서'라는 표현과 다)의 〈新婦〉에서 '안스러운 생각이 들어 그 어깨를 가서 어루만지니 그때서야 매운재가 되어 폭삭 내려앉아 버렸읍니다.' 모두 그로테스크한 분위기를 연출한다.

'이야기성'의 공통점을 기반으로 백석의 시가 이미지적 재현을 하고 있다면 서정주의 시는 이처럼 극적인 재현을 하고 있어 서로 다른 양상을 보인다.

3. 결핍에 내재된 현실적 동경과 초월적 지향

백석의 시에는 〈古夜〉, 〈주막〉, 〈가즈랑집〉, 〈城外〉, 〈旌門村〉 등 제목부터 '집'의 심상을 보여주는 것이 많다. 그런데 가족구성원이 결핍되어 그 집은 외로운 곳이 된다.

> 아배는 타관 가서 오지 않고 산비탈 외따른 집에 엄매와 나와 단둘이서 누가 죽은 듯이 무서운 밤 집 뒤로는 어늬 산골짜기에서 소를 잡아먹는 노라니 꾼들이 도적놈같이 쿵쿵거리며 다닌다. (중략)
>
> -〈古夜〉 부분

위 시의 화자가 사는 곳은 겉보기에도 곧 쓰러질 듯이 위태로운 형상을 하고 외딴 산비탈에 서 있다. 그 집에는 안정감이 없다. 여기에는 타관에서 오지 않은 아버지의 부재가 있다. 더구나 보호해줄 사람이 엄마만으로는 충족되지 않기 때문에 엄마와 단둘이 지내는 밤은 무서울 수밖에 없다. 시 〈가즈랑집〉 에서는 '예순이 넘은 아들 없는 가즈랑집 할머니는 중같이 정해서 할머니가 마을을 가면 긴 담뱃대에 독하다는 막써래기를 몇 대라도 붙이라고 하며'라는 부분이 나온다. 여기에서는 아들이 부재의 대상이다. '가즈랑집 할머니'는 세월의 굴곡 속에서 쓸쓸함을 가지고 있는 인물로 묘사된다. 이렇듯 집이라는 대상이 시적 자아와 외부세계를 연결시키는 매체로 등장하지만 안식처로서 의미는 희박하고 그래서 더 휴식을 꿈꾸는 대상이 된다.

> 녯城의 돌담에 달이 올랐다. / 묵은 초가집웅에 박이 / 또 하나 달같이 하이얗게 빛난다. // 언젠가는 마을에서 수절과부 하나가 목을 매여 죽은 밤도 이러한 밤이었다.
>
> - 〈힌밤〉 전문

〈힌밤〉에서는 달이 뜨고 초가지붕에 하얀 박이 빛나는 평화롭고 아름다운 모습을 그리고 있다. 그러나 '수절과부 하나가 목을 매여 죽'고에서처럼 죽음과 연결되면 그 평화롭던 분위기는 음산하게 바뀐다.

> 새끼오리도 헌신짝도 소똥도 갓신창도 개니빠디도 너울쪽도 짚검불도 가락잎도 머리카락도 헝겊조각도 막대꼬치도 기와장도 닭의짗도 개터럭도 타는 모닥불 // 재당도 초시도 문장늙은이도 더부살이 아이도 새사위도 갓사둔도 나그네도 주인도 할아버지도 손자도 붓장사도 땜쟁이도 큰개도 강아지도 모두 모닥불을 쪼인다 // 모닥불은 어려서 우리 할아버지가 어미아비 없는 서러운 아이로 불상하니도 몽둥발이가 된 슬픈 역사가 있다
>
> - 〈모닥불〉 전문

시 〈모닥불〉은 열거법을 통해 시적 율동성을 얻는다. '새끼오리도 헌신짝도 소똥도 갓신창도 개니빠디도 너울쪽도 짚검불도 가락잎도 머리카락도 헝겊조각도 막대꼬치도 기와장도 닭의짗도 개터럭도'는 어휘마다 토씨인 '도'를 붙여 반복되는 리듬감은 의미의 연쇄 파장을 느끼게 한다. 나열한 하찮은 물건들이 모여 불이 피워진다. 이 불꽃 앞에서 사람들이 모여 만물 화합의 장을 연다. 그러다 마지막 연 '모닥불은 어려서 우리 할아버지가 어미아비없는 서러운 아이로 불상하니도 몽둥발이가 된 슬픈 역사가 있다'는 표현에서 공동체 삶 속에서 고아가 된 할아버지의 슬픈 이야기를 읽게 된다.

그 외에도 '섶벌같이 나아간 지아비 기다려 十年이 갔다/ 지아비는 돌아오지 않고/ 어린딸은 도라지꽃이 좋아 돌무덤으로 갔다//'(〈여승〉) 처럼 시 속에 삽입된 이야기구조는 가족구성원이 없는 공간에 쓸쓸한 심리를 그대로 투영할 뿐 회복하거나 전이하려는 표현은 없이 현실적 동경이 있다.

한편 『질마재 신화』도 결핍의 요소가 많은 공통점은 있으나 기술 방식에 있어서는 다르다. 예를 들자면 '귀밑머리만 풀린 첫날밤 모양 그래도' 앉아 마냥 신랑을 기다리는〈新婦〉에서는 신랑이 떠나버리고 없으며, '아이를 낳지 못해 자진해서 남편에게 소실을 얻어준' 〈石女 한 물댁의 한숨〉에서는 아이도 없고 남편도 없다. '어느 해 겨울의 모진 바람에 어느 바다에선지 휘말려 빠져 버리곤 영영 돌아오지 못한' 외할아버지를 기다리는 외할머니의〈海溢〉, '알뫼라는 마을에서 시집와서 아무 것도 없는 홀어미가 되어버린' 〈알뫼집 개피떡〉 등 결핍이 있는 내용들이 많이 등장하나 백석의 경우와 달리 풍요로운 여성성으로 대체된다. 가령 '어머니에게 꾸지람을 되게 들어 따로 갈 곳이 없이 된 날'에는 〈외할머니의 뒤안 툇마루〉를 찾아가 외할머니를 추억하고, '아직 보리쌀이라도 바닥나진 안해서, 먼 우물물을 동이로 여나르는 여인네들의 눈에 띄는' 〈박꽃시간〉에서도 여인네들에서 위안을 받으며, '이 마누라님의 오줌 속에도 長鼓만큼 무우밭까지 鼓舞시키는' 힘이 있는 〈小者 李 생원네 마누라님의 오줌 기운〉 에서도 마누라님의 건강한 오줌 기운, 즉 풍요로운 여성성을 의지하는 심리로 나타난다. 또한 『질마재 신화』에서는 자연과 인간의 영혼이 합일하는 과정도 다음을 통해 보여주고 있어 백석 시와 변별된다.

가) 〈눈들영감 마른 명태 자시듯〉이란 말이 또 질마재 마을에 있는데요. 참, 용해요. 그 딴딴히 마른 뼈다귀가 억센 명태를 어떻게 그렇게는 머리끝에서 꼬리끝까지 쬐끔도 안남기고 속으로 모조리 다 우물거려 넘기시는지, 우아

랫니 하나도 없는 여든 살짜리 늙은 할아버지가 정말 참 용해요. (중략) 이것도 아마 이 하늘 밑에서는 거의 없는 일일테니 불가불 할 수없이 신화의 일종이겠읍죠? (하략)

- 〈눈들 영감의 마른 명태〉 부분

나) 땅 위에 살 자격이 있다는 뜻으로 〈在坤〉이라는 이름을 가진 앉은뱅이 사내가 있었읍니다. (중략) 「在坤이는 생긴 게 꼭 거북이같이 안 생겼던가. 거북이도 鶴이나 마찬가지로 목숨이 千年은 된다고 하네. 그러니 그 긴 목숨을 여기서 다 견디기는 너무나 답답하여서 날개 돋아나 하늘로 神仙살이를 하러 간거여……」

- 〈神仙 在坤이〉 부분

다) 왼 마을에서도 품행방정키로 으뜸가는 총각놈이었는데, 머리숱도 제일 짙고, 두개 앞이빨도 사람좋게 큼직하고, 씨름도 할라면이사 언제나 상씨름밖에는 못하던 아주 썩 좋은 놈이었는데, 거짓말도 에누리도 영 할 줄 모르는 숫하디 숫한 놈이었는데, 〈소 X 한 놈〉이라는 소문이 나더니만 밤 사이 어디론지 사라져 버렸다. (중략) 그 발자취에서도 소똥 항내쯤 살풋이 나는 틀림없는 틀림없는 聖人녀석이었을거야.

- 〈소 X 한 놈〉 부분

위의 시에 등장하는 인물들은 모두 현실적으로 궁핍하거나 신체적이고 정신적인 결함이 있다. '눈들영감'은 '우아랫니 하나도 없는 여든 살짜리 늙은 할아버지'이며 '재곤이'는 '앉은뱅이 사내'이며 '총각놈'은 '소 X 한 놈'이다. 식탐많은 '눈들영감'은 끝에 가면 '신화의 일종'이 되고, '재곤이'는 '신선살이'하며, '총각놈'은 '성인'이 된다면서 인간이 자연 혹은 우주와 합일하며 교감하는 과정을 그리고 있다. 서정주는 사소한 일상적인 것을 시적인 것으로 제시하고 있다. 이것은 사소한 것 속에 들어 있는 신성한 세계를 비추는 방법이다. 사소하고 너저분한 것을 신화적 시건을 통해 설화로 탈바꿈시킨다. 서사를 통해 사소한 것에

들어 있는 진실을 전경화 하는 방법이라 할 수 있다.[35)]

가), 나), 다)에서 보듯 너스레와 능청 등 비어와 속어를 섞어 리듬감을 확보하고 재미를 더하면서 성스러운 것과 속된 것, 정신과 육체, 현실과 죽음의 세계가 분리되지 않고 상응하여 하늘로 간다든가, 성인된다는 식으로 전이와 소통을 이루게 된다. 이처럼 질마재는 과거, 현재, 미래가 조우하고 화해하는 순환의 공간으로 정립된다.[36)]

결핍을 다루고 있는 『질마재 신화』의 내용에서 여성성은 결국 남성적 질서를 극복하고 우주적 합일을 몸소 실천하며 자연의 시간과 공간을 주재하는 우주적 순환을 반복하는 여성원리를 구현[37)] 하거나 성과 속, 자연과 인간의 세계가 넘나드는 등 초월적 지향을 한다.

4. 음식물이 상징하는 추억과 정화

'방'과 '마당'의 공간에서 『사슴』과 『질마재 신화』의 시편들은 음식물을 섭취한다. 다음의 예시를 보면 백석은 음식물을 그리움과 추억의 대상으로 삼고 서정주는 배설과 정화로 확대하고 있음을 알 수 있다.

> 가) 낡은 질동이에는 갈 줄 모르는 늙은 집난이같이 송구떡이 오래도록 남어 있었다. //오지항아리에는 삼춘이 밥보다 좋아하는 찹쌀탁주가 있어서 / 삼춘의 임내를 내어가며 나와 사춘은 시큼털털한 술을 잘도 채어 먹었다. // 제삿날이면 귀머거리 할아버지 가에서 왕밤을 밝고 싸리꼬치에 두부산적을 께었다
>
> \- 백석 〈고방〉 부분

> 나) (상략) 또 인절미 송구떡 콩가루차떡의 내음새도 나고 끼때의 두부와 콩나물과 뽁운 잔디와 고사리와 도야지비계는 모두 선득선득하니 찬 것들이

35) 노철, 『한국현대시 창작방법연구』, 월인, 2001. pp.242-243.
36) 박소유, 「서정주 시의 공간의식 연구」, 대구가톨릭대 박사학위 논문, 2006, p.78.
37) 김종호, 『서정주 시와 영원지향성』, 보고사, 2002, p.35.

다 / (중략) 샛문틈으로 장지문틈으로 무이징게국을 끓이는 맛있는 내음새가 올라오도록 잔다.

- 백석 〈여우난곬 族〉 부분

다) 나는 돌나물 김치에 백설기를 먹으며 / 넷말의 구신집에 있는 듯이 / 가즈랑집 할머니 // (중략) 토끼도 살이 오른다는 때 아르대즘퍼리에서 제비꼬리 마타리 쇠조지 가지취 고비 고사리 두릅순 회순 山나물을 하는 가즈랑집 할머니를 따르며 / 나는 벌써 달디단 물구지우림 동굴레우림을 생각하고 / 아직 멀은 도토리묵 도토리범벅까지도 그리워한다.

- 백석 〈가즈랑집〉 부분

라) (상략) 마을에서도 제일로 무얼 못 먹어서 똥구녁이 마르다가 마르다가 찢어지게끔 생긴 가난한 늙은 寡婦의 외아들 黃먹보는 낫놓고 ㄱ 字도 모르는 무식꾼인데가 두 눈썹이 아조 찰싹 두 눈깔에 달라붙게스리는 미련하디 미련한 총각녀석이라 (중략) 늘 항상 아랫목에 퍼먹고 윗목 요강에 가 똥누는 재주밖에 더한 재주는 없던 녀석이었는데, (중략) 왜 너의 집 큰가시내 딸 있지 안냐? 그 가시내를 덮어놓고 黃먹보한테 주어라 주어! 어기면 하늘에서 큰 벌이 있을 줄 알렸다! (중략) 그 이쁜 딸과, 그 잘 여무는 논밭과, 좋은 요이부자리에, 살림 세간을 주어그 먹보를 사위삼았다는 이얘긴데, (하략)

- 서정주 〈金庾信風〉 부분

마) (상략) 深思熟考는 그러나, 그걸 오래 오래 하고 지내보자면 꼭 그것만으로는 견디기 어려운 것이어서, 큰 아우 白冠玉이는 술로 그 長短을 맞추었던 것인데

- 서정주 〈深思熟考〉 부분

바) (상략) 그렇지만 그 소리를 안 하는 어느 아침에 보니까 상가수는 뒤깐 똥오줌 항아리에서 똥오줌 거름을 옮겨내고 있었는데요. 왜, 거, 있지 않아, 하늘의 별과 달도 언제나 잘 비치는 우리네 똥오줌 항아리, 비가 오나 눈이 오나 지붕도 앗세 작파해 버린 우리네 그 참 재미있는 똥오줌 항아리, 거길 明鏡으로 해 망건 밑에 염발질을 열심히 하고 서 있었읍니다. (중략) 명경도

이만큼은 특별나고 기름져서 이승 저승에 두루 무성하던 그 노랫소리는 나온 것 아닐까요?

- 서정주 〈上歌手의 소리〉 부분

위에서 인용한 백석 시의 동심에 싸인 화자의 모습에는 고향과 유년의 기억이 되살아난다. 혈통이 모여 음식물을 나누어 먹고, 함께 어울리는 유희가 있다. 그리고 '송구떡', '인절미', '콩가루차떡', '두부', '콩나물', '뽁은잔디', '고사리', '도야지비개', '무이징게국' 등의 음식명들은 모두 값비싼 음식들이 아니다. 여기에서 가난한 전통생활의 모습을 읽게 되며 이와 동시에 피폐한 일제하 농촌 현실을 느끼게 된다.

그렇다면 백석은 왜 이런 방법으로 어린 시절 일화들을 표현하였을까를 유추해 보면 혈족이름, 음식이름이나 놀이제목 등을 반복적으로 나열하면서 과거를 추억하고 리듬과 현장감, 생동감 등을 골고루 맛보는 효과가 있어서이다.

서정주의 시를 인용한 라)의 황먹보는 오직 먹고 싸는 행위를 부각한다. 똥을 누면서 가난과 어리석음도 배출된다고 생각한다. 배설되었으므로 정화되었다고 여기고 황먹보는 지혜롭게 격상되고 급기야 장가를 든다. 마)는 맏형 잃은 슬픔을 술을 마시며 잊으려하는 의도를 읽을 수 있고, 역시 배설함으로써 억압된 주체를 밀어내고 정화된 주체를 만드는 발상이 나온다. 바)에서는 좀 더 구체적으로 나타난다. 上歌手가 소리를 안 할 때는 똥오줌 거름을 옮겨낸 결과, 노랫소리도 무성하게 나온다고 하여 이 역시 걸러지는 의미로 읽을 수 있다. 이 때 똥오줌은 논리적인 과학이 아닌 비논리적인 신화의 세계와 상징으로 이해할 수 있는 정신세계를 대변한다. 또한 등장하는 명태, 떡 등의 음식물은 권력과 돈, 금욕과 윤리 따위로 무장한 일체의 금기와 제도에 대항하는 기능이 있다.

가) 「재곤이가 만일에 제 목숨대로 다 살지를 못하게 된다면 우리 마을 人情은 바닥난 것이니, 하늘의 벌을 면치 못할 것이다.」 마을 사람들의 생각은 두루 이러하여서, 그의 세 끼니의 밥과 추위를 견딜 옷과 불을 늘 뒤대어 돌보아 주어 오고 있었읍니다.

- 〈神仙 在坤이〉 부분

나) 하루 몇십리 씩의 지게 소금장수인 이 집 손자가 꿈속의 이쩌다가의 떡처럼 한 마리씩 사다 주는 거니까 맛도 무척 좋을 테지만 그 사나운 뼈다귀들을 다 어떻게 속에다 따 담는지 그건 용해요. / 이것도 아마 이 하늘 밑에서는 거의 없는 일일 테니 불가불 할 수 없이 신화의 일종이겠읍죠? 그래서 그런지 아닌 게 아니라 이 영감의 머리에는 꼭 귀신의 것 같은 낡고 낡은 탕건이 하나 얹히어 있었읍니다. 똥구녁께는 얼마나 많이 말라 째져 있었는지, 들여다보질 못해서 거까지는 모르지만.......

- 〈눈들 영감 마른 명태〉 부분

다) 알뫼라는 마을에서 시집 와서 아무것도 없는 홀어미가 되어 버린 알묏댁은 보름사리 그뜩한 바닷물 우에 보름달이 뜰 무렵이면 행실이 궂어져서 서방질을 한다는 소문이 퍼져, 마을 사람들은 그네에게서 외면을 하고 지냈읍니다만, (중략) 陰 스무날 무렵부터 다음 달 열흘까지 그네가 만든 개피떡 광주리를 안고 마을을 돌며 팔러 다닐 때에는 「떡맛하고 떡 맵시사 역시 알묏집네를 당할 사람이 없지」 모두 다 흡족해서, 기름기로 번즈레한 그네 눈망울과 머리털과 손 끝을 보며 찬양하였읍니다.

- 〈알묏집 개피떡〉 부분

가)에서 밥을 빌어먹는 재곤이가 神仙 재곤이가 된 사연을 순차적으로 서술하고 있으며 앉은뱅이 재곤이를 대하는 마을 사람들의 인정과 천벌을 두려워하는 심성을 읽을 수 있다. 이런 면에서, 시 〈神仙 재곤이〉는 마을 사람들이 情을 나누며 사는 방법을 묘사하고 있다고 하겠다. 『질마재 신화』에는 종교의 대상으로서 전지전능한 신은 등장하지 않는다. 오히려 비천하고 결함 있고 금기의 대상이 되는 인물과 사건들을 신성시 한다.

나)에서 눈들 영감은 마른 명태를 지나치게 탐하며 먹는다. 이 시의 끝부분에 가면 비속한 '눈들영감'을 과장되게 신성시 하였다가 다시 끌어내리는 표현에서 신성함과 비속함이 넘나들고 그 경계는 무너진다. 더 나아가 인간과 신의 경계, 육체적인 것과 정신적인 것의 경계도 없어 눈들영감이 죽은 마른 명태가 된다.

다)의 경우도 알뫼댁이 '행실이 궂어져서 서방질을 한다는 소문이 퍼져'도 떡맛이 좋아 무마되는데 이것은 금욕을 따르지 않는 상징성을 내포한다. 현실에서 '홀어미'인 알뫼집의 행동은 현실의 결여를 메우려는 의도의 소산이며 윤리적인 자아와는 구분되는 또 다른 내적 자아의 욕구에 충실한 것이다. 그믐이 되어 달이 사라지는 시간에 알뫼집은 천상의 달 형상을 지상에서 떡으로 구현해낸다. 이때 떡은 알뫼집이 만들어내는 창조적 구현물[38]이라 볼 수 있다. 궁극적으로 서정주는 음식물이 매개체가 되어 일반적인 제도나 정신이 정화되는 발상을 한다.

5. 맺음말

이상으로 시집 『사슴』과 『질마재 신화』에 수용된 공간, 결핍, 음식물 등을 대비하여 상호텍스트성 관점에서 살펴보았다. 백석은 가족의 모습과 혈족들 간에 공동체적인 삶의 모습을 유년 화자의 시각에서 시로 형상화하였다. 토속 미각을 살리고, 민담을 채용하여 향토적이고 민속적인 세계에 뿌리를 깊게 두는 그의 원형지향 시들은 영상적 재현을 보여준다. 반면 서정주의 시는 문헌설화, 판소리계열 설화에서 차용하여 풍자와 해학성이 뛰어나고 그로테스크하며 극화된 양상을 보인다.

두 시집은 공통으로 결핍된 것들이 있다. 백석이 가난과 결핍된 가

38) 유지현, 「서정주 시의 공간 상상력 연구 - 『화사집』에서 『질마재 신화』까지」, 고려대 박사학위 논문, 1998, p.108.

족구성원들로 인해 그리움을 느끼고 쓸쓸한 심리를 그대로 투영한다면, 서정주는 풍요로운 여성성으로 대체되거나 자연과 인간의 영혼이 교감하는 과정으로 이끌고 있다. 산문형식과 통사의 반복, 비어를 섞어 이야기하듯 재미를 더하고 聖과 俗, 삶과 죽음이 상응할 뿐 아니라 공간의 소통을 이루어 영원지향의 시가 된다.

이어서 본고는 음식물에 나타난 욕망과 정화에 대해 살펴보았다. 백석은 음식물을 추억의 대상으로 삼지만 서정주는 배설을 거쳐 정화까지 포괄한다. 백석은 음식물에서 가족 연대감을 느끼며 혈족이름, 음식이름이나 놀이제목 등을 반복 나열해서 리듬과 생동감을 배가하고, 서정주는 음식물을 배설함으로써 억압된 주체를 밀어내고 정화된 주체를 만드는 순환 논리를 편다.

끝으로, 이 시대는 정보화의 혁명으로 활자매체보다 영상매체가 급속도로 전파되고 각 장르간의 벽이 무너지며 융합되는 양상을 보이고 있다. 시문학 역시 당대 사회와 문화의 흐름을 떠나 존재할 수 없다. 『사슴』과 『질마재 신화』 텍스트들은 요즘 패러다임과 융화되는 영상적이고 극적인 면, 장르혼합과 이야기구조 등을 갖춘 효과로, 대중화되지 못하는 현대시가 가야할 대안을 제시하고 있다.

참고문헌

1. 기본자료

김학동, 『백석 전집』, 새문사, 1990.
백석, 이동순편, 『백석 시 전집』, 창작과비평사, 1987.
서정주, 『질마재신화』, 일지사, 1975.
서정주, 『미당 시 전집』1, 민음사, 2005.

2. 논문

강희근, 「서정주 시의 서술성에 대하여」, 『월간문학』, 1984. 1.
고형진, 「백석 시와 판소리의 미학」, 『현대문학이론연구』 21집, 2004.
김옥순, 「서정주 시에 나타난 우주적 신비 체험 - 『화사집』과 『질마재신화』의 공간구조를 중심으로, 『이화어문논집』, 1992. 3.
나희덕, 「서정주의 『질마재신화』 연구」, 연세대 석사학위 논문, 1999.
박소유, 「서정주 시의 공간의식 연구」, 대구가톨릭대 박사학위 논문, 2006.
신범순, 「白石의 공동체적 神話와 유랑의 의미」, 『한국현대리얼리즘』 시인론, 윤여탁, 오성호편, 태학사, 1990.
오탁번, 「서정주 시의 비유와 모성심상」, 『사대논집』 9집, 고려대 사범대학, 1994. 12.
유지현, 「서정주 시의 공간 상상력 연구 - 『화사집』에서 『질마재 신화』까지」, 고려대 박사학위논문, 1998.
임문혁, 「한국현대시의 전통 연구 : 설화의 수용을 중심으로」, 한국교원대 박사학위 논문, 1992.
임재해, 「구비문학의 연행론, 그 문학적 생산과 수용의 역동성」. 『구비문학연구』7집, 1998.
전봉관, 「백석시의 방언과 그 미학적 의미」, 『한국학보』 98집, 2000.
정끝별, 「『질마재신화』에 나타난 비천함의 상상력」, 『한국시학연구』 제15호, 한국시학회, 2006.
주옥, 「서정주 시의 설화수용 양상 연구」, 서강대 석사학위 논문, 1983.

조창환, 「산문시의 양상」, 『현대시학』 1975.2.
황동규, 「탈의 완성과 해체」, 『현대문학』, 1976.3.

3. 단행본

김욱동, 『대화적 상상력 - 바흐친의 문학이론』, 문학과지성사, 1994.
김윤식, 〈거울화의 두 양상〉, 『한국현대문학사』, 일지사, 1979.
김인환, 〈서정주의 시적 여정 : 『화사집』에서 『질마재神話』까지〉, 『문학과지성』, 1972. 여름.
김종호, 『서정주 시와 영원지향성』, 보고사, 2002.
노철, 『한국현대시창작방법연구』, 월인, 2001.
박진화, 〈삼교의 혼융과 샤먼의 신화 창조〉, 『현대시학』, 1974. 12.
박철희, 〈신화적 체험과 시적 구현〉, 『현대시』, 1994. 8..
송하선, 『미당 서정주 연구』, 선일문화사, 1991.
이숭원, 〈風俗의 詩化와 訥辯의 美學〉, 『白石』 고형진 편, 새미출판사, 1996.
임화, 〈문학상의 지방주의 문제〉, 『조광』, 1936.10.
장덕순, 『한국 설화 문학 연구』, 박이정, 1995.
최운식, 『한국설화연구』, 집문당, 1991.
한국문학평론가협회편, 문학비평용어사전 (상), (하), 국학자료원, 2006.
황종연, 〈신들린 시 떠도는 삶〉, 『작가세계』, 1994, 봄호.

C.G. Jung. 이부영 역, 『분석심리학』, 일한각, 1984,
Frazer, 김상일 역, 『황금의 가지』, 을유문화사, 2001.
Tzvetan Todorov, 최현무 역, 『바흐찐 - 문학사회학과 대화이론』, 도서출판 까치, 1987.

김기림의 『기상도』와 교육적 활용

Ⅰ. 서론

1. 연구 목적 및 연구사 검토

편석촌 김기림(1908~?)은 1930년대 모더니즘을 소개하고 활발한 활동을 했던 시론가 겸 시인이다. 한국 시문학사에 있어 1930년대는 1920년대 전반기 시의 감정의 용솟음과 후반기 경향파의 내용 편중의 시에 대한 반발이자 시적 구조에 대한 새로운 욕구의 표출로 방향 전환을 맞이하게 된다. 이 때 등장한 것이 모더니즘 운동이며 김기림, 이상, 김광균 등을 중심으로 30년대 詩史에 있어 한 흐름을 형성한다. 1930년대 한국 시단에 뿌리를 내린 모더니즘 운동은 크게 두 갈래로 나타난다. 영미계쪽에 원천을 둔 이미지즘 - 주지주의계의 온건한 모더니즘과 격렬하게 부정 · 파괴의 단면을 띠고 나타난 초현실계의 모더니즘이다. 김기림은 전자를 주도해 나갔던 시인으로 낭만주의의 병적 감상성과 경향파의 정치적 관념성을 부정하며 시의 건강성, 명증성을 시의 '현대성'을 위한 징표로 내세운다. 이를 실현하기 위해 관념과 사상의 이미지화, 형식적 인습의 타파, 주제에 있어서 편향성의 탈피[1], 프

1) '시는 한 개의 주제에만 고착할 것은 아니다. 시의 형식적인 인습을 습득함으로써 시를 쓸 수 있다고 생각하는 사람은 포프가 망나니였던 것처럼 망나니이다.' 김기림, 「

리미티브한 감성[2])의 획득 등을 내건다.

김기림은 위와 같은 시론들을 바탕으로 詩作에 임한다. 그의 시들은 이러한 이론의 실천이라 말할 수 있으며 본 연구는 그의 시론과 대표작이라 할 수 있는 『氣象圖』(1936)의 작품 분석을 통하여 궁극적으로 문학교육 혹은 일상생활에서 유용한 '문학적 글쓰기'를 돕는 모더니즘 시의 교육적 활용을 목표로 한다.

이는 기존의 문학교육논의에서 문학작품의 '읽기'는 중요하게 다루었으면서도 '글쓰기 방식'에 대해서는 그다지 관심을 두지 않았다는 반성과 관련이 있다. 문학교육론에서 그간 '글쓰기'보다 '읽기'에 많은 관심을 기울여왔던 이유는 문학교육의 목적을 '문학작품의 이해와 감상'에 두었기 때문이다. 그러나 글쓰기 또한 문학교육의 중요한 내용이며 최근 문학교육 논의에서도 문학적 글쓰기에 대한 관심의 필요성을 제기하고 있다.

문학교육논의가 갖는 의미와 김기림에 관한 연구는 연구사 검토를 통해 살펴볼 수 있는데 먼저 문학교육에 관한 연구는 10여 년간의 본격적인 연구에 힘입어 그 성과물이 어느 정도 축적되었으며 그 결과 몇 가지의 연구 경향으로 대별된다.

경향 중 하나로 우선 텍스트 해석 방법에 대한 연구를 들 수 있다.[3])

시의 모더니티」, 『김기림 전집』2, 심설당, 1988, p.106. (이하 김기림 시론의 인용은 이 책에 의거함)

2) '감성에는 두가지 딴 카테고리가 있다. 다다 이후의 초조한 말초신경과 퇴폐적인 감성과 다른 하나는 아주 프리미티브한 직관적인 감성이 그것이다. 새로운 시 속에서 후자의 감성을 거부한다는 것은 무슨 고루한 생각일까. 우리들이 가지고 있는 문학 속에 흐르고 있는 타성적인 감각에 싫증을 느끼지 않는다는 것은 무슨 일일까. 우스운 일이다.…… "풀은 푸르다"고 가르쳐져 왔으니까 너도 나도 "풀을 푸르다"고 감각해야 한다고. 시인이여, 너는 이러한 비속주의 말은 곧이 듣지 말아라. 프리미티브한 감성은 새로운 관념을 찾아낸다. 새로운 시인에게는 이러한 감성이 필요하다.'(김기림, 위의 책, pp.106-107.)

3) 최미숙, 「시 텍스트의 해석 원리에 관한 연구」, 서울대 석사논문, 1993.
유영희, 「시 텍스트의 담화적 해석 연구 - 화자를 중심으로」, 서울대 석사논문, 1994.

해석 과정에서 중요하게 작용하는 개념을 밝혀내고 그것을 중심으로 해석 방법을 구안하거나 유형별 해석 모형의 구조와 작용을 연구해 내는 성과를 이루었다. 이 연구는 수업 현장의 적용에 따른 여러 변인들을 밝히는 단계에 머물렀던 기존 연구의 경향을 극복하고 작품 해석의 원리를 이론화시킴으로써 학문으로서의 틀을 다지는데 많은 역할을 하였다.

다음으로 텍스트의 미적 구조를 밝힘으로써 텍스트 읽기의 새로운 틀을 제시하는 연구를 들 수 있다.[4] 이 연구는 특정 장르나 양식이 지니고 있는 미적 특성이나 구조를 밝혀내고 그것을 작품 읽기와 관련시키고 있다. 작품 읽기는 작품이 지니고 있는 미적 구조와 연결될 수밖에 없다는 점에서 필수적인 연구라 할 수 있다.

이 밖의 연구 경향은 문학교육담론에 관한 연구와 문화연구이다. 문학교육 현상을 대상으로 문학 교육을 지배하고 있는 특정 담론들을 분석해 내는 연구는[5] 기존 연구에서는 보여주지 못하던 문학교육 현상의 제도적 틀에 관련된 담론의 형태를 이론적으로 밝혀내었다는 점에서 주목을 받고 있다.

문화연구[6]는 문학을 둘러싸고 있는 문화와의 관계에 대한 해명을 통해 읽기와 감상의 문제에 접근하고자 하였다. 문학작품 읽기가 당대 문화의 틀을 벗어나지 않을 때 작품 읽기에 미치는 문화의 실질적인 영향을 밝혀내는 것도 의미가 있다.

김창원, 「시 텍스트 해석 모형의 구조와 작용에 관한 연구」, 서울대 박사논문, 1994.

4) 류수열, 「사설시조의 텍스트 구성 원리 연구」, 서울대 석사논문, 1994.
안수진, 「모더니즘 시의 부정형 형성 연구」, 서울대 석사논문, 1994.
고영화, 「용비어천가 텍스트의 구성원리 연구」, 서울대 석사논문, 1997.

5) 윤여탁, 「시문학의 이데올로기와 교육」, 『국어교육』, 71 · 72, 한국국어교육연구회, 1990.
최지현, 「한국현대시 교육의 담론적 분석」, 서울대 석사논문, 1994.
정재찬, 「현대시 교육의 지배적 담론에 관한 연구」, 서울대 박사논문, 1996.

6) 정현선, 「모더니즘 시의 문화교육적 연구」, 서울대 석사논문, 1995.

한편 김기림의 비평과 시 활동은 1930년대 모더니즘을 선도하고 방향을 제시하였다는 점에서 여러 논자들의 주목을 받아왔다. 그가 영미 모더니스트들의 이론에 영향을 받아 이미지즘과 주지주의를 소개하였으며 I.A.리챠드를 연구한 결과 '과학적 시학'을 수립하고자 했다는 것은 이미 알려진 사실들이다. 이를 전제로 그의 시에 대한 접근도 이루어졌다. 기존의 연구를 분류하면 다음의 네 가지 유형이다.

첫째 김기림의 연구를 통해 김기림과 T.E.흄, T.S.엘리어트, 에즈라 파운드, I.A.리챠드, 스펜서와 오든 등의 뉴-컨츄리파, 일본의 주지주의 문학과의 연관성이 밝혀졌다. 그러나 이 연구에서 김기림에 대한 평가는 긍정적이지 못했다. 송욱은 김기림이 영미계열 모더니즘을 단편적으로 이해했고 왜곡하기까지 했다고 비판하였다. 그가 김기림에 대해서 더욱 비판한 것은 역사의식과 전통의식의 결여, 내면성의 결핍, 서구문명의 외피만을 노래한 작품의 경박성이었다.[7] 문덕수는 영향관계의 출처를 일본 모더니즘까지 확장시켜 상당한 성과를 올렸다. 그렇지만 김기림이 영미의 모더니즘이론을 잘 몰랐다는 사실을 주장하는 데에 머물러 논의가 더 진전되지 못한 면이 있었다.[8]이처럼 영향관계만을 따지는 논의는 서구를 표본으로 삼아 서구 모더니즘과 한국 모더니즘을 동일시하는 근시안에 갇히기 쉽다. 한국적 특수성을 고려하지 않는다면 김기림의 독자적인 세계와 당대 시단에 대한 실천적 성격이 포착되지 못하기 때문이다.

둘째 김기림의 시론에 관한 논의인데 크게 모더니즘 시론을 중심으로 논한 연구와[9] 범위를 넓혀 그의 전체시론까지 포함시킨 연구로[10]

---

7) 송욱, 「한국모더니즘비판」, 『시학평전』, 일조각, 1963.
8) 문덕수, 『한국모더니즘시연구』, 시문학사, 1983.
9) 장도준, 「김기림 연구 - 1945년 이전의 시와 시론을 중심으로」, 연세대 석사논문, 1984.
김윤태, 「한국모더니즘시론연구」, 서울대 석사논문, 1985.
강은교, 「1930년대 김기림의 모더니즘 연구」, 연세대 박사논문, 1987.
조창환, 「포우즈의 시학 - 그 지향과 한계」, 『현대시』, 1990.

나누어 볼 수 있다. 김기림의 시론에 대한 접근은 사상 전 면모를 밝힐 수 있었으며 한국 근대문학의 정신사적 흐름에 기반을 마련했다는 점에서 의미가 있는 작업이었다. 그러나 김기림의 시론을 논할 때 중심점을 모더니즘 시론에 놓는가 전체시론에 놓는가에 따라 평가가 상이하다. 전자 즉 모더니즘 시론을 중심으로 본 입장에서는 대체로 김기림을 서구취향의 경박한 모더니스트로 규정하고 역사의식이 결여되어 있다고 평가한다. 강은교는 30년대 모더니즘의 태동이 시사적 필연성이나 시적 형태에 새로움을 준 것은 인정하지만 한국의 문학 전통을 부정함으로써 서양 추수주의에 매몰되고 뿌리 없는 세계주의자가 되었다고 비판하였다.

반면에 김기림의 전체시론까지 포괄한 후자의 연구에서는 그가 모더니즘에 대한 반성을 통해 내적으로 변모하면서 사회성과 문학성의 종합, 경향시와 모더니즘의 종합을 꾀하였다고 본다. 그러나 김기림의 전체시론이 경향시 계보와 모더니즘의 단순한 산술적 종합에 지나지 않는 형식논리의 수준이었다는 김윤식의 비판[11]은 타당성이 있는 지적이다. 그러므로 형식 논리적인 구성에서 제시된 그의 시론만으로 평가하는 것은 일면적인 것으로 그치기 쉽다.

셋째 김기림의 모더니즘 문학을 근대도시라는 문화적 사회적 환경과 관련시킨 연구이다.[12] 이는 모더니즘 문학과 그 문학을 발생시킨 당대

---

10) 전일숙, 「김기림 시론 연구」, 전남대 석사논문 , 1989.
이동순, 「김기림 - 한국현대시사의 변증법적 확충을 위하여」, 『월북문인연구』, 권영민편, 문학사상사, 1989.
최혜실, 「모더니즘의 의미와 한계」, 『한국현대시사의 쟁점』, 시와 시학, 1991.
박정회, 「김기림 시 연구」, 서울여대 박사논문, 1996.
하태욱, 「김기림 시론의 전개양상연구」, 연세대 석사논문, 1996.

11) 김윤식, 「전체시론 - 김기림의 경우」, 『한국근대문학사상사』, 한길사, 1984.

12) 서준섭, 「한국모더니즘문학연구」, 일지사, 1988.
이미경, 「김기림 모더니즘 문학 연구 - 근대성의 의미 변화를 중심으로」, 서울대 석사논문, 1988.
신범순, 「1930년대 모더니즘에서 산책가의 꿈과 재현의 붕괴」, 『한국 현대시사의

현실과 관련시켜 그것을 생산한 환경, 문화적 사회적 요건과 문학 주체의 세계관과 욕망까지 논의의 범위를 넓혔다. 특히 김기림이 참가한 '구인회'의 성격, 도시와 군중 체험, 현대적 예술매체와 관련된 기법들이 주목되었다. 이 유형의 연구는 김기림에 대해 해방이후까지 설명하는 폭은 갖지 못하였으나 30년대 문명체험과 관련한 분석과 해석에 깊이를 주었다고 평가할 수 있을 것이다. 이미경은 김기림의 모더니즘을 기형적 구조 속에서 형성되기 시작한 경성의 도시화에 대한 예술적 반응이라고 보고 그에 따라 김기림의 시세계를 크게 세 단계로 구분하였다. 각 단계에 따라 김기림의 근대적 경향과 반근대적 경향이 역학적 관계를 이루어 피상적이고 표면적인 단계에서 현실인식이 가미되었다고 평가하였다. 경성의 도시화와 미학적 형식 사이의 관계를 보다 면밀히 고찰한 연구는 서준섭의 논의이다. 그는 모더니즘의 언어적 실험성이나 파편화된 몽타주·알레고리적 기법이 물신화된 자본주의적 양식의 영향 하에 성립되었음을 분석하였다. 이 연구는 모더니즘 문학운동이 한국 근대문학에서 담당한 몫을 설득력이 있게 제기하였으며 한국 근대화의 특수성에 주목한 점에서 시사하는 바가 크다. 하지만 진정으로 구현되어야 할 근대성에 대한 구체적인 해명을 찾을 수가 없고 소재의 도시적 측면이라는 소재주의로 매몰될 위험이 있다. 근대성이라는 것이 단순한 문물이나 제도의 유입이 아니라 그것을 포함한 시대정신이라는 것을 망각할 우려가 있기 때문이다.

넷째 김기림의 시에 나타나는 형식적 특징과 이미지의 성격에 관한 분석적 연구[13]이다. 이미지즘에 가까운 회화성과 공간성을 특징으로

매듭과 혼』, 민지사, 1992.

한계전, 「1930년대 모더니즘 시에 있어서의 '문명비판'」, 『국어국문학』 114호, 1995.5.

조영복, 「1930년대 문학에 나타난 근대성의 담론 연구」, 서울대 박사논문, 1996.

이혜원, 「근대성의 지표와 과학적 시학의 실험」, 『근대문학과 구인회』, 상허문학회 지음, 깊은샘, 1996.

갖고 있다는 점과 풍자기법 등의 사용, 새로운 표현기법 등으로 당대 문단에 큰 충격을 주었다는 점에 많은 논자들이 일치하고 있다.

2. 연구대상과 방법

모더니즘 시의 특징의 하나는 '난해하다'는 것이다. 시 자체의 형식적 특성이나 내용이 이전의 낭만주의 시와 판이하다. 낭만주의 시가 고백을 특징으로 하는 데 비해 모더니즘 시는 고백을 드러내놓지 않고 회피하는 경향이 있고 여기서 모더니즘 시의 난해성이 초래된다. 난해성은 인간의 진리에 대한 불신의 문제를 함축하며 이 점에서 모더니즘 시 교육은 현대의 허무주의적인 문화를 반영한다. 동시에 이를 글쓰기를 통해 극복하려 했던 문학적 노력의 한 형태로 가르칠 필요가 있다.

중요한 것은 문학적 글쓰기가 취하는 특정한 '형식'을 어떻게 학생들에게 이해시킬 것인가의 방법이다. 본고에서는 문학이 가지고 있는 '형식'이란 한 시대 문화의 산물이며 당대 문화 속에서 살아가고 있는 주체들이 행한 특정한 행위의 산물이라는 관점을 취한다. 특정한 글쓰기 형식에 대한 가치평가는 문화적 배경과 맥락에 대한 이해를 통해 이루어져야 한다.

본 연구는 문화적 배경의 이해를 위해 먼저 김기림의 시론과 시론이 반영된 작품 『기상도』의 표현기법을 분석하고 이로써 모더니즘 시 교육에 접근하려 한다. 우선 김기림의 이론으로 뒷받침되는 시론에 있어서 모더니즘의 세계관에 대해 고찰하고 시대정신 및 주지적 태도란 어떠한 것인지 살펴본 후 구체적으로 『기상도』를 분석한다. 작품에 나타

---

13) 박상천, 「기상도 연구」, 『한국학논집』 제6집, 한양대 한국학연구소, 1984.
오세영, 『20세기 한국시연구』, 새문사, 1989.
문혜원, 「김기림 문학론 연구」, 서울대 석사논문, 1990.
신동욱, 「미적거리의 원근법에 의한 김기림 시작품의 이해」, 『현대시』 1990.4.
조달곤, 「김기림 연구」, 동아대 박사논문, 1991.

난 여러 기법의 특징들 가령, 장시형식과 몽타주적 구성이 어떻게 감각적으로 표현되었으며 객관적 상관물에 관한 것도 연구할 것이다. 문명비판을 통한 풍자와 알레고리, 대화, 내적 독백, 의식의 흐름 등을 토대로 모더니즘 시교육과의 접목을 꾀하는 것이 본 연구의 대상이 된다.

물론 모더니즘 시인으로는 김기림 이외에도 30년대에 김광균, 정지용, 이상 등과 50년대에도 김수영과 박인환 외에 후반기 동인들을 비롯한 이들이 있다. 그러나 본고에서는 이전 시대인 감상적 낭만주의 시대와 근본적으로 달라진 모델 기능을 하는 김기림의 시를 다루려고 한다. 그의 시론과 작품 『기상도』를 통해 모더니즘 시의 교육방법 모색은 문학교육적으로 가치가 있을 것이다.

II. 본론

1. 모더니즘의 세계관

1) 현실직시 및 반낭만주의적 사고

김기림의 시론에서 폭넓게 발견할 수 있는 일관된 전제는 현실 속에서 독자와 작가의 연계를 생각하고 시를 그 매개체로 파악하고 있다는 점이다. 이 같은 생각은 그의 최초의 본격적인 시론이라 할 수 있는 〈시인과 시의 개념〉(조선일보 1930. 7. 24~30)에 잘 나타나 있다.

> 시인의 사회적 위치의 근거는 어떠한가. 먼저 시인이라는 부류사람은 존재할 것인가. 그들이 작용하는 사회적 기능은 어떠한가. 그리고 '시'라고 하는 개념의 내포는 무엇인가? 그 사회적 기능은 무엇인가? 지금까지 우리가 시인과 시에 대하여 품고 있는 관념은 정당한 것인가, 아닌가[14]

14) 김기림, 「시인과 시의 개념」, 앞의 책 2, p.289.

시를 쓴다는 것이 자기 민족적인 행위를 넘어서 본질적으로 현실 속에서 독자(大衆)를 염두에 둔 것이라고 할 때 시인에게는 전달 의무가 따른다. 시인은 어떠한 가치를 독자에게 전하기 위해 시의 방법을 고려하고 의도에 의해 제작된다. 이 때 새로운 형식은 분명한 전달을 위해 필요하며 효과를 높이는 데 기여한다. 이렇게 김기림은 현실직시의 차원에서 '시'와 '시인'에 대한 통상적인 개념을 반론하면서 '시'와 '시인'의 개념과 사회적 기능에 대한 의혹을 위에서 제기하고 있다.

> 우리는 「시를 쓰는 市民」이라는 말 이외에 많은 오류를 내포한 시인이라는 개념을, 단어를 우리의 자전에서 말살하는 것이 당연하다고 생각한다. 시인은 이미 몰락하면서 있고 그것이 그들의 현실적인 그리고 필연한 운명이다. 새로운 「제네레이션」에 의해 대표될 신세대는 벌써 이러한 의미의 시인을 필요로 하지 않는다. 사실 우리가 아무 생산적 사업에 참여함이 없이 시를 직업으로 쓰는 시인이라는 계급적 무뢰한에게 사회의 특등석을 許與하여 양지바닥에서 눈가물치는 고양이와 같은 인종을 사육하는 것은 확실히 그것은 사회적 浪費다. 시인이라는 존재는 그리고 그 개념은 벌써 역사상의 고전이다.[15)]

김기림은 예술이 예술지상주의라고 하는 몽상에서 눈을 뜨고 상아의 탑에서 가두로 진출한 것은 엄연한 사실이라고 전제하면서 추상적인 미학은 "시를 흡사히 인생 생활의 第一義的 존재인 것처럼 상아의 제단에 봉사"하였고 로맨티시즘은 "예술의 기능의 적극성과 가능성을 인생생활의 최고봉에까지 확대"[16)]하였는데 그것은 개념의 죄악이라고 지적한다. 그는 "시는 생활의 열렬한 투쟁과 승리의 각 '모멘트'의 생활의 배설물"[17)]이라고 정의하고 어떤 것도 시에 기대해서는 안된다고 말한다. 이처럼 김기림은 시를 지배계급의 고상한 '餘技'로만 보는 통념에

15) 위의 책 2, p.293.
16) 위의 책 2, pp.294-295.
17) 위의 책 2, p.295.

서 벗어나 시는 '생활의 餘技'일 것을 주장한다. 이를테면 시인을 '시를 쓰는 시민'으로서 생산적 직업에 종사하며 시를 직업으로 삼는다는 것은 사회적 낭비가 된다는 것이다.

일종의 소명의식에 근거한 것으로 '文人'이 아닌 '文士'의 개념이 강했던 시와 시인을 분리하지 않는 동양적인 사고방식을 연상시키며 동시에 反프로레타리아적이다. 사실 일상적 생활과 동떨어지고 영탄을 일삼는 노래는 감상주의다. 현실적 삶의 정열과 이상, 현실감 없는 자기도취와 퇴폐성이 근대시의 동향이라면 이것은 자본주의의 단면일 것이다.

이런 맥락에서 본다면 김기림이 초기에 프로레타리아 문학이 자신의 입장과 같이 실용적 차원에서 시를 사회와의 매개 기능을 갖는 존재로 보고 시는 생활의 산물이라고 주장함에도 불구하고 부정하는 이유는 프로문학이 시를 생활의 餘技가 아닌 戰鬪的[18]무기로 사용하기 때문이다. 이처럼 첫 시론에서 진정한 시란 現實(生活)에 근거한다는 것을 밝힌 김기림은 〈피에로의 獨白 - '포에시'에 대한 思索의 斷片-〉(朝鮮日報, 1931, 1. 27)에서 현실에 대한 감각과 현실의 비판을 시의 두 축으로 보고 있다. '象牙塔의 悲劇'(조선일보, 1931. 2. 14)에서 그는 일상적 생활에 근거한 '새로운 詩'를 제시하고 있는데,

> 그러면 명일의 시는? 그러한 질문은 우리에게 있어서는 아주 냉담하다. 우선 생활의 문제다. 예술을 생활에서 분리하야 獨異한 대상으로 관찰하려고 할 때에 그것은 역시 낡은 사고 방법의 습관을 범한 것이다.[19]

이와 같이 시를 인간의 일상적 생활로 귀속시키고 있다. 근대시의 해체작용이 이루어진 것은 시의 고객을 잃은데 있다고 한다. 오늘의

---

18) 위의 책 2, p.297.
19) 김기림, 「상아탑의 비극」, 앞의 책 2, p.318.

세계를 지배하고 있는 힘은 쇠진해지고 내일이 없는 처참한 생활과 자기 분열로 진통하는 인간과 시는 운명을 함께 하고 있다다. 내일의 시는 생활과 분리시켜서 안되고 생활 자체를 문제로 삼지 않으면 안된다는 것이 그가 제시하는 시론이다.[20] 김기림은 〈詩論〉(1931. 1. 16)이라는 작품에서 이러한 주장의 배경이 되는 생각을 시로 토로했다.

「안젤러쓰」여
先世紀의
오랜 廢人
시의 弔鐘을 울여라
千九百三十年의 들에
藝術의 무덤우에
우리는 흙을 파언자 (제5연)

濁流 --- 濁流 --- 濁流
「센티멘탈리즘」의 洪水
僞善者와
느렁쟁이 ---- 「어적게」의 시들이여
잘잇거라
우리들은 어린아히다
「심블리즘」의
朦朧한 形容詞의 줄느림에서
藝術의 손을 잇글자 (제7연)

〈詩論〉 일부

초기시에 드러나는 관념은 현실을 부정적으로 인식하면서 긍정적인 세계를 지향한다. 이 시는 前代의 '센티멘탈리즘'의 홍수나 '심볼리즘의 몽롱한 줄느림'에 대해 시의 조종을 울리고 '날뛰는 명사 꿈틀거리는

20) 위의책 2, p.318.

동사 춤추는 형용사'로 생명을 갖춘 생활의 시를 써야한다는 입장에 있다. 이 시에서 前 시대에 대한 반역사주의, 반낭만주의(반애상주의), 반계몽주의적 태도를 선언하면서 '과거의 시'와 결별하고 일찍이 '본 일이 없는'새로운 시가 작열할 것을 예고한다. 다음의 작품은 기림이 추구하는 새로운 시의 성격이 어떠한 것인지 알려준다.

너의 날어가는 自由의 날개를 나는 막지 않는다.
호올로 쌓아놓은 좁은 城壁의 문을 닫고 돌아서는 나의 외로움은 돌아봄 없이 너는 가거라.

안해여 나는 안다.
너의 작은 마음이 병들어 있음을…….
동트지도 않은 來日의 창머리에 매달리는 너의 얼굴 우에
새벽을 기다리는 작은 不安을 나는 본다.

가거라. 새로운 생활로 가거라.
너는 내일을 가저라.
밝어가는 새벽을 가저라.

〈가거라 새로운 생활로〉 일부

이 시는 긍정적인 '새로운 생활'로의 출발을 이야기 한다. 아내가 지향하는 공간은 자유, 새벽, 새로움, 밝은 운명으로 지칭되는 세계로 화자는 좁은 성벽의 외로운 세계에 그냥 남고 아내에게는 그곳에 가도록 권하고 있다. 컨텍스트상의 문제를 도외시해 보면 이것은 시적자아인 '나'가 아내의 자유롭고 새로운 생활을 촉구하는 내용이다. 마지막 연에서 '새로운 생활로 가는 것 = 내일을 가지는 것 = 밝아가는 새벽을 가지는 것'의 도식은 의미상의 반복이며 미래지향적인 출발을 뜻한다. 더욱 '밝아가는 새벽'의 의미는 새로운 생활로의 필연성을 말하며 새로

운 서구적인 문명생활을 향해 모더니즘적 현실 생활로의 전환을 의미한다.

이처럼 긍정적 세계와 부정적 세계를 구분하고 부정적인 현실인식과 초극하는 건강성에서 긍정세계에 대한 갈망을 관념적으로 서술하고 있다. 작품 〈房〉, 〈木馬를 타고 온다던 世界가〉, 〈날개만 도치면〉, 〈오후의 꿈은 날 줄을 모른다〉, 〈오- 어머니여〉 등이 모두 그러한 경향이다.

2) 문명비판과 시대정신

김기림은 〈시와 認識〉[21]에서 시의 기술과 인식과 현실 등의 제반 문제를 다루고 있다. 김기림은 시의 기술문제는 주제를 떠나서는 생각할 수 없다고 주장한다. 그런데 그는 시를 音과 意味와 形의 세 요소로 나누고 유기적 생명체와 필연적인 상호관계로 보고 있다. 이는 음악적인 시와 회화적인 시는 있어도 음악이나 회화 그 자체가 시는 될 수 없다는 생각으로 시에 있어서 여러 이질적 요소들의 통일과 화해를 통해 내용과 형식의 완전한 결합과 균형을 추구하는 입장이다.

그리하여 그는 시의 意味를 이데의 문제에 음과 형을 폼의 문제에 나누어 적용시키면서 "한 시대의 時代精神 즉 그 시대의 '이데'는 그것에 가장 적응한 具象作用으로서의 시의 형식을 요구한다"[22] 고 주장한다. 이는 시인이 위치한 특정한 시대와 당대를 추진해 가는 '이데'를 이해하여 필연적으로 형성되는 양식의 詩를 강조한다는 의미이다.

시를 폼과 이데로 나누지만 그 둘이 유기적으로 결합되어야 한다는 근거는 우리의 인식작용 자체가 주관과 객관의 상호작용의 관계에 의해서만 가능한 것에 있다. 따라서 "시의 혁명은 '포-ㅁ'의 혁명인 동시 아니 그 이전에 '이데-'의 혁명"[23]이라야 한다. 그러나 '이데-'의 혁명으로

21) 조선일보, 1931. 2. 11 - 14.
22) 김기림, 「시와 인식」, 앞의 책 2, p.73.
23) 위의 책 2, p.73.

시의 혁명이 완수되는 것은 아니고 "한 개의 「이데」가 필연적으로 발전 형성한 특수한 양식을 획득하였을 때 시의 혁명은 완성되는 것이다."[24) 결국 김기림은 '이데'와 '포-ㅁ'의 유기적 필연적 관계 속에서 시의 본질을 파악하고 있다. 그렇다면 김기림이 생각한 '이데-'의 혁명이란 무엇인가? 그것은 그 시대에 대한 감각과 비판정신이라고 볼 수 있다.

> 비록 한 조각의 시라 할지라도 그 속에는 시적 정신이 굳세게 움직여야 한다. 그래서 그 속에서 그 정신의 時代에 대한 感覺과 批判에 접할 수 있을 때 우리는 처음으로 우리들이 바라는 시를 찾았다고 할 수 있다.[25)

> 「스윗타-쓰」는 말하였다.
> 『무슨 까닭에 우리들의 기계는 아름다운가. 그것은 그들은 일하고 움직이는 까닭이다. 무슨 까닭에 우리들의 '집은 아름답지 아니한가. 그것은 그들은 아무일도 하지 아니하고 멍하니 서있는 까닭이다』.[26)

> 어린 「부르조아」는 「스포츠맨」일 수 있다. 그러나 늙은 「부르조아」는 지둔하기 짝이 없다. (중략) 그리고 그들은 「스포스」의 「팬」이다. 「프로레타리아」의 생활 자체는 둔중하다. 그러나 그들이 참여하는 기계의 세계를 보라. 오늘의 전문명의 力學을 보라. 그래서 「스피드」는 현대 그것의 타고난 성격의 하나다.[27)

> K君의 「오토바이」는 「개솔린」의 보얀 연기를 확확 대쏘며 K君의 다리 아래서 전율한다. 3馬力의 「모터」 그것을 에워싼 흰 연기, 거기에서 쏟아지는 동력의 폭음, 나는 지금 「마리네티」의 시편을 감상하고 있는가 --- 과거의 「로맨틱」한 자연적인 소박한 美를 부정하는 아니 학살하는 暴君과 같은 동력의 「리듬」이 생활의 美가 있지 않은가.[28)

---

24) 위의 책 2, p.73.
25) 김기림, 「시의 모더니티」, 앞의 책 2 , p.80.
26) 위의 책 2, p.82.
27) 위의 책 2, p.81.
28) 김기림, 「오후와 무명작가들」, 앞의 책 3, p.201.

김기림은 자신이 살던 시기를 기계문명의 시대로 인식하고 부르조아 계급과 프로레타리아 계급 모두에게 현대는 스피드의 시대라고 역설하면서 시인은 기계문명에 대한 속도감과 현실생활 속에서 나타나는 동적인 생활의 미를 감각적으로 추구해야 한다며 서구의 모더니즘적 문명예찬의 태도를 보인다. '새로운 모더니티'의 요건으로 인간 생활의 현실과 밀접해 있는 건전한 문명감각, 시대감각을 시에 수용해야 한다는 뜻이 시대문명 비판 정신과 연결되어 있다.

> 자본주의 말기를 통한 퇴폐화의 경향이 그것이다. 한 사회의 문화가 난숙하였을 때는 그 시대의 문물은 일반적으로 향락적 · 퇴폐적 형태를 갖추게 된다. 이러한 것이 곧 근대시에 반영한다.[29]

이처럼 김기림은 현대 사회의 또 다른 모습을 '돈'이 지배하는 자본주의 사회로 인식하고 시에 있어서 자본주의 사회의 부정적 속성인 향락적 요소를 배척하며 시는 자본주의 사회의 장식물이 아닌 인생을 향한 가치형식이라고 주장한다. 이 관점에서 본다면 김기림이 생각한 가장 이상적인 공간은 전달하는 자와 받는 자가 밀접하게 연관된 문학의 경우 시인(인텔리)과 독자(대중)가 같은 공동체 안에서 분리되지 않고 시인이 독자들의 감정을 대변할 수 있는 공간이다. 그러나 자본주의 사회에서 시인과 독자(인텔리와 대중)는 분리되므로[30] 인텔리와 문학을 연결시켜 시인은 스스로 가치를 발견하고 이를 독자에게 전달해 주는 시대정신을 내포한다.

'이데의 혁명'이라는 내용은 실제 시작품에서는 관념적으로 나타나 소재나 제재를 주로 현실적이고 도시적인 데서 구하는 작품이 많다.

---

29) 김기림, 「시인과 시의 개념」, 앞의 책 2, p.293.

30) "대중은 물론 최초부터 시와 같은 高價의 香料에는 무감각하며, 지배층은 또한 시가 가지고 있는 특수한 오락성에 벌써 염증을 느꼈으며-------."
「상아탑의 비극」, 앞의 책 2, p.317.

〈汽車〉, 〈貨物自動車〉, 〈커피잔을 들고〉, 〈噴水〉, 〈北行列車〉 등에서 문명적이고 현대적이며 도시적인 것들이 생활의식을 수용하고 있다. 이것은 현실에 직면하고 문명비판의 눈을 가진 시인이 새로운 시인이라는 주장과 일치한다.

> 작은 등불을 달고 굴러가는 自轉車의 작은 등불을 믿는 忠實한 幸福을 배우고 싶다.
>
> 萬若에 내가 길거리에 쓸어진 깨여진 自轉車라면 나는 「노-트」에서 將來라는 「페이지」를 벌--서 지여버렸을텐데……
>
> 대제 子正이 넘었는데 이 미운 時를 쓰노라고 벼개로 가슴을 고인 動物은 하누님의 눈동자에는 어떻게 가엾은 모양으로 비칠가? 貨物自動車보다도 이쁘지 못한 四足獸.
>
> 차라리 貨物自動車라면 꿈들의 破片을 걷어실고 저 먼 - 港口로 밤을 피하야 가기나 할터인데…….
>
> -〈貨物自動車〉 전문

위의 시는 현대 문명의 산물인 자동차와 연결시켜 인간이 창조한 기계문명 앞에서 시인의 초라한 생활 모습을 내면 심리로 형상화하고 있다. 1연에서 시적 자아는 작은 등불을 믿는 충실한 행복을 배우고 싶다는 소박한 행복을 말하지만 자신의 등불에 대해서 완전한 신뢰를 갖고 있지 못하며 보잘 것 없는 부정적 존재로 인식한다. 초라한 등불일망정 만일 '길거리에 쓸어진 깨여진 자전거'처럼 자신의 등불마저 꺼져 버린다면 그에게 미래는 존재하지 않게 된다. 3연에서는 조물주의 입장에서 '미운 시'를 쓰는 자신의 입장을 들여다본다. 현실을 밝히지 못하여 자신의 등불을 신뢰하지 못하는 처지이기에 자신이 쓰는 시가 밉고 역설로 어둠의 도로를 밝히며 질주하는 화물자동차보다 못하다고 자신을 비하한다. 그래서 4연에서는 자신의 등불만을 믿고 희망조차 잊으며 어두운 현실을 피하여 삶을 영위해 가는 화물자동차를 통해 기계문명 속의 부정적인 생활 의식을 드러낸다. 동시에 긍정적 세계를 향해 소극적인 자신은 자동차보다 못한 '가엾은 四足獸'라고 자책하는 것이다.

3) 주지적 태도와 이미지즘

위에서 말한 시대정신을 김기림은 문학적으로 표현하기 위한 방법을 모색한다. 현대 기계문명에서의 새로운 감각·정서·사고는 발전하여 문명에 대한 비판적 현실 인식을 지니게 된다. 문명이 던지는 인상을 명징한 이미지로 표현하기 위해서는 주관적 감상성이 배제되고 객관적 지성이 강조되는 의식적인 시작 태도가 필요하다는 것이다. 〈詩의 方法〉에서,

> 우리의 詩壇은 격정적인 「센티멘탈」한 이 종류의 너무나 소박한 詩歌의 홍수로써 일찍이 범람하고 있었다. 나는 그것들을 일괄해서 자연발생적 詩歌라고 명명하려 한다. (中略) 시인은 시를 제작하는 것을 의식하지 않으면 아니 된다. 시인은 한 개의 목적 = 가치의 창조로 향하야 활동하는 것이다. 그래서 의식적으로 의도된 가치가 시로써 나타야 할 것이다. 이것은 소박한 표현주의적 방법에 대립하는 전연 별개의 詩作上의 방법이다. 사람들은 흔히 그것을 主知的 태도라 불러왔다.[31]

라고 하면서 당시에 범람한 센티멘탈 詩를 '自然發生的 詩歌'라고 보고 이와는 달리 가치 창조를 위해 시를 제작하려는 의식을 주지적 태도로 보고 있다. 여기에서 주지주의의 본질적 이념은 세계의 지적 파악이나 내용으로서의 사상을 추구하는 서구의 主知主義(Intellectism)의 이념을 취한 것이 아니라 주지적 태도만을 취한 것으로 시를 제작하는

31) 김기림, 「시의 방법」, 앞의 책 2, p.78.

태도로써 시작품을 의식적이고 계획적으로 제작하자는 의미이다. 형식을 빌려 문명비판과 같은 시대정신을 담고자 하는 것이다.

그에 의하면 격정적이고 감상적인 낭만주의와 같은 자연 발생적 시는 한 개의 '자인'(Sein, 독어로 存在)이고, 주지적 시는 '졸렌'(Sollen, 독어로 當爲)의 시가 된다. 시인은 가치 창조자로서 의식적 방법에 의해 써야 할 것을 주장한다. 시는 자연 발생적으로 흘러나오는 낭만적 서정시가 아니라 '지어지는 것'이며 시적 가치를 의욕하고 기도하는 의식적인 방법론이 있지 않으면 안 된다는 얘기이다. 이와 같이 의식적 자각에 의한 방법론에 필요한 것은 수단으로서의 지성[32]이다.

> 시는 한 개의 「엑스타시」의 發電體와 같은 것이다. (中略) 회화의 온갖 수사학은 「이미지」의 「엑스타시」로 향하여 유기적으로 전율한다. (中略)
>
> 시대는 시에서 소재 상태의 감정을 驅逐해 버렸다. 그래서 건강하고 신선한 감성은 현대의 새로운 성격이다. 각 시대의 시는 「이데」의 특징을 따라 시의 각 속성 중에서 그 하나를 번갈아 고조함으로써 한 時代色을 이루기도 했다. 오늘의 시인은 인공적이고 외면적인 부자연한 「리듬」에는 一顧도 보내지 않고 언어의 가장 자유스러운 구체적인 상태에서 시적 관계를 발견할 것이다. 그래서 새로운 시는 비로소 내면적인 본질인 「리듬」을 담게될 것이다. 광범한 어휘 속에서 그의 「엑스타시」를 불러 일으킨 「이미지」에 대하여 가장 본질적인 유일한 단어가 가려져서 그 「이미지」를 대표할 것이다. 이 일은 詩作上에 있어서 가장 知的인 태도다.[33]

윗 글의 내용으로 보건대 김기림이 강조하는 '포에시'는 엑스타시적 이미지이며 새로운 시는 언어가 가장 자유스러운 상태에서 내면적 본질인 리듬을 담게 되고 이미지를 담는 '가장 본질적인 유일한 단어'가

---

32) 최재서도 "예술에 있어서 지성이란 자기 내부에 가치의식을 가지고 가치감을 위해 외부의 소재 즉 언어와 이미지를 한 의도 밑에 조직하고 통제하는" 수단으로 인식한다. 최재서, 〈문학, 작가, 지성-지성의 본질과 효용성〉, (동아일보, 1931. 8. 20)

33) 김기림, 「시의 모더니티」, 앞의 책 2, p.82.

선택되어야 한다는 요지이다.

이미지에 대해 논하면서 김기림은 영미 이미지즘 특히 흄과 파운드의 이론에 힘입고 있다. 흄이 신고전주의를 내세우는 바탕이 되는 세계관은 불연속적 세계관이다. 세계를 (1)無機的 世界와 (2)有機的 世界 (3)논리적 · 종교적 세계로 나누고 이 세계 사이는 낭만주의의 연속적 세계관과는 달리 절대적 단절과 불연속이 있을 따름이라는 견해이다.[34] 이러한 불연속적 세계관이 지배되는 20세기 예술은 비생명적이고 기하학적 예술을 생성하게 된다. 이 표본이 바로 이미지즘인 것이다. 여기서 흄은 낭만주의의 인간 중심적 태도를 비판하고 종교적 태도[35]를 선택한다.

스페어즈는 흄의 불연속성을 모더니즘의 속성으로 보면서 그것을 형이상학적 불연속성, 미학적 불연속성, 수사학적 불연속성, 시간적 불연속성으로 나누어 이 중 형이상학적 불연속성이 흄의 세계관을 의미하고 미학적 불연속성은 예술을 위한 질서와 인생을 위한 질서 사이의 불연속성이라고 주장한다.[36]

김기림은 현실의 내용을 구현하기 위해 모더니즘의 이념보다는 형상화의 기법이나 창작 방법론 쪽으로 관심이 간다. 그는 연이나 행이 비약 · 단절되고 이미지는 설명이 없이 병치되거나 비논리적으로 배열되는 수사학적 불연속성과 시간을 공간화하거나 과거와 현재를 단절된 것으로 인식하는 시간적 불연속성을 작품의 기교로 수용하고 있다. 그가 제시한 시각적 이미지는 시론에서 '회화성'을 추구하는 것으로 귀결

---

34) T.E. Hulme, *Speculations*, (London, 1924), pp.5-71.

35) 종교적 태도(the religious attitude)라 함은 종교가 인간의 가치와 비교할 수 없는 절대적인 것이며 인간은 원죄를 짓고 태어났으므로 이러한 인간 조건으로부터 구원을 받아 완전한 존재가 되는 길은 오직 종교 뿐이라는 것이다. 이러한 태도는 '인간이란 지극히 고정되고 제한된 동물이어서 그 본능은 영구불변하다. 그래서 인간으로부터 좀 가치있는 것을 기대하려면 전통과 조직화에 의해 이를 훈련할 수밖에 없을 것'이라는 고전주의적 인생관과 상통하는 것이다. T.E.Hulme, Speculations, p.116.

36) M. *Spears, Dionysos and the City*,(Oxford Univ. Press, 1970), pp.20-34.

된다. '회화성'은 기존의 귀족적인 리듬, 연속적인 시간을 파괴하는데 의의가 있다. 이에 대체될 새로운 시간 감각은 "기차와 비행기와 공장의 폭음과 군중의 규환을 반사시킨 회화의 내재적 리듬"[37]이며, 이들은 "이미지의 엑스타시로 향하여 유기적으로 전율한다." 김기림이 의도한 회화성의 형태는 이미지에 의한 비약에 의해 "독자의 의식에 가시적인 영상을 출현시키는 것"[38]을 목적으로 한다.

이런 가운데 서술적 · 시간적 구조는 약화되고 외적으로 연속되거나 추가되는 시간성 대신 과거 · 현재 · 미래가 포함된 심리적 시간의 계기에 의한 경험의 동시성이 추구된다. 시간의 흐름에 따른 전개와 대립되는 동시성의 강조와 현재의식의 부각은 김기림의 '회화성'이 평면적인 회화가 아니라 오히려 입체적인 '현실공간'이라는 의미가 된다. 김기림 문학론 초기에 나타난 모더니즘은 기법의 혁신이 있으며 매개적인 역할을 발견할 때 내용성을 확보하게 된다.

기법의 혁신(형식의 혁명)으로서의 이 방법은 시작품에서 감각적 · 즉물적 이미지의 추구와 정서의 환기, 현대 문명의 수용, 다양한 시형태의 실험 등으로 나타나며 아래에 인용한 작품 외에 〈밤 港口〉, 〈仁川驛〉, 〈봄은 電報도 안치고〉, 〈東海의 아츰〉, 〈개〉 〈山村〉 등이 그러한 작품들이다.

> 「네온사인」처럼 투명한 바다풀의 유혹 -- 바다는 푸르다.
>
> 사람들은 -- 본능적인 어린 魚族의 무리들은 그물을 뚫고 시든 心臟을 들고 바다의 써늘한 바람으로 뛰어 나온다.
>
> 꿈의 조약돌을 담은 「빠스켓」을 들고 푸른 날개를 흔들며 天使와 가티 「뻴딩」의 憂鬱한 집웅 우를 나려오는 초저녁별 -----
>
> - 〈저녁별은 푸른 날개를 흔들며〉 일부

---

37) 김기림, 「모더니즘의 역사적 위치」, 앞의 책 2, p.56.
38) 김기림, 「시의 회화성」, 앞의 책 2, p.106.

이 부분의 표현은 분명 새롭고 현대적이며 그가 추구하는 생활 모습을 감각적인 이미지로 보여준다. 푸른 바다 속에 흔들리는 바다풀을 '네온싸인'에 비유하는가 하면 '빌딩'의 지붕위에 내리는 저녁별이 '바스켓'을 들고 '천사와 같이' 다가온다고 묘사한다. 비록 여기 담긴 비유적 심상과 표현이 이국적이어서 당대의 생활의 현장과는 괴리감이 있지만 꿈, 우울, 별 등 감성의 과잉과 직접전달이라는 19세기적 감상주의를 20세기적인 현대적 감각으로 바꾸기 위한 촉매 구실을 하여 도시적 감수성을 세련시키고 시대감각을 구현한다.

> 모닥불의 붉음을
> 죽음보다도 더 사랑하는 금벌레처럼
> 汽車는
> 노을이 타는 서쪽 하늘 밑으로 빨려갑니다.
>
> 〈汽車〉 전문

> 대합실은 언제든지 「튜-립」처럼 밝고나.
> 누구나 거기서는 旗빨처럼
> 출발의 희망을 가지고 있다.
>
> 〈待合室〉 전문

〈汽車〉에서는 문명의 이기로써 노을 속으로 질주해 가는 거대한 기차와 불을 찾아 뛰어드는 조그만 금벌레 사이의 속성과 유사성을 전제로 대상간의 창조적 유추를 환기한다. 그리하여 회화적인 정지감을 주기보다는 기차의 움직임을 역동적으로 수용하면서 순간적인 인상을 시각적으로 참신하게 형상화한다.

〈待合室〉에서는 단지 시각적 영상만이 아니라 이미지를 통해서 정서를 환기하고 있다. 출발을 기다리는 대합실의 분위기가 「튜-립」으로 희망이 「旗빨」이라는 이미지를 통해 출발에 대한 설레임과 희망의 정서를 환기한다. '깃발'은 출발과 희망을 상징한다.

2. 『기상도』에 나타난 표현 기법

1) 장시 형식과 몽타주적 구성

『기상도』는 자주 언급되는 김기림의 대표작이면서도 부정적인 견해도 적지 않다. '〈문명비판〉으로 보아도 천박한 것이며 더군다나 시라는 예술품은 아니다'[39]라는 극단적인 비판론을 위시하여 '문화의 외면만을 감수한 것'[40], '사상적 요소의 희박성'[41], '피상적인 유행 관념만을 모아놓은 자본주의 비판'[42], '경박성과 평면적이고 무의미한 구성'[43] 등등의 혹평을 받았다. 그러나 김기림이 기획했던 진정한 모더니즘시의 창작이 불가피하게 불러올 수밖에 없었던 비평이 아니었나 싶다. 그는 전통적인 서정시와 의식적인 단절을 추구하였으며 자신의 기획하에 모든 사물들과 단어들을 끌어 모았기 때문이다. 『기상도』를 내놓으면서 자신의 의도를 밝히길 "한 개의 현대의 교향악을 계획"하며 "현대문명의 모-든 면과 稜角"을 집산시켰던 것이다.[44] 따라서 기획이 얼마만큼 실현되었으며 어느 부분에서 미달되었는가는 구체적으로 살펴보는 작업을 거쳐야 할 것이다.

『기상도』는 전체 7부 424행으로 구성되어 있다. 제1부 〈세계의 아침〉 (32행), 제2부 〈시민 행렬〉 (39행), 제3부 〈태풍의 기침 시간〉 (62행), 제4부 〈자최〉 (110행), 제5부 〈병든 풍경〉 (40행), 제6부 〈올배미의 주문〉 (79행), 제7부 〈쇠바퀴의 노래〉 (62행)이다. 지금까지의 연구에서 작품을 분석할 때 태풍이라는 자연적인 현상의 진행 과정에 초점을 두어 i) 태

39) 송욱, 「한국모더니즘비판」, 『시학평전』, 일조각, 1963, p.192.
40) 임화, 「담천하의 시단 일년」, 『문학의 논리』, 학예사, 1940, p.637.
41) 최재서, 「현대시의 생리와 성격」, 『최재서 평론집』, 청운출판사, 1961, p.461.
42) 김우창, 「한국시의 형이상」, 『궁핍한 시대의 시인』 민음사, 1977, p.49.
김용직, 『김기림 - 모더니즘과 시의 길』, 건대출판부, p.58.
43) 김종길, 「한국에서의 장시의 가능성」, 『시에 대하여』민음사, 1986, p.427.
44) 김기림, 『중앙』 제 3권 5호, 1935. 5, p.104.

풍 내습 전의 정세, ii) 태풍 내습 후의 상황, iii) 태풍 통과 후의 광경(삼단구성)으로 보거나, 아니면 i) 태풍 이전, ii) 그 발생과 진행, iii) 내습 이후의 파멸된 풍경, iv)기상의 정상 회복으로 살펴보고 있다. 이런 방식은 비교적 일관성 있게 작품 전체의 내용을 해설할 수 있는 편리함을 가지고 있으나 사건의 진행만을 따라가면 줄거리 중심의 평면적 이해에 머무를 우려가 있다. 그래서 다른 시각에서는 『기상도』의 내부 구성 측면에서 작가의 의도를 고려한 분석틀이 제시되기도 하였다. i) 문명의 타락에 대한 객관적 관찰 결과를 형상화한 부분 ii) 그러한 관찰을 바탕으로 성립된 작가 자신의 내면 의식이 드러난 부분 iii) 다가올 미래에 대한 막연한 전망 내지 희망을 담고 있는 부분으로 나눈 연구[45]가 그것이다. 위와 같은 『기상도』의 외적 내적 전개에 대한 연구를 바탕으로 본고에서는 형식적 측면과 정신사적 측면에 대하여 집중적으로 살펴볼 것이다. 내용을 일일이 설명하는 것보다 때로는 순차적 배열을 무시하고 공시적으로 인용하여 분석하기로 하겠다.

『기상도』의 구성은 외면적으로는 태풍의 발생과 내습, 소멸이라는 기상현상의 변화에 맞추어져 있으며 그에 따라 문명사회의 여러 면이 관찰되면서 작가의 의식이 투영되어 있다는 것은 재론의 여지가 없다. 전체 구성을 4단계로 나누어 보면 처음 3단계는 각각 2부씩 묶이고 나머지 마무리 단계로 1부가 추가된 모양을 갖추고 있다. 3단계까지 각 단계의 첫 부는 자연적인 현상의 진행 정도를 알려주고 그 다음 인간의 사회와 문화의 모습을 보여준다. 1단계는 1부 〈세계의 아침〉과 2부 〈시민 행렬〉로서 태풍이 발생하기 전의 일상적인 시민사회의 단면들이 드러난다. 2단계는 3부 〈태풍의 기침시간〉과 4부 〈자최〉로서 태풍이 발생하여 북상하고 도시를 휩쓴다. 이 과정에서 도시의 혼란이 무작위적으로 병치되어 나타난다. 3단계는 5부 〈병든 풍경〉과 6부 〈올배

45) 김유중, 「김기림」, 『문학세계사』, 1996.

미의 주문〉이다. 태풍이 휩쓸고 간 바닷가의 황량한 풍경과 도시의 파괴된 모습이 그려지고 '나'라는 시적 화자가 등장하여 절망에 처해있다. 4단계인 7부 〈쇠바퀴의 노래〉는 '나'라는 시적화자가 절망을 극복하고 새로운 희망을 품으며 폭풍경보의 해제를 알린다. 각 단계에서 앞 부분에 해당하는 1부, 3부, 5부의 서두에서 묘사되는 자연을 살펴보면 진행과정을 볼 수 있다.

비눌
돛인
海峽은
배암의 잔등
처럼 살아났고
아롱진 「아라비아」의 衣裳을 둘른 젊은, 山脈들.
바람은 바닷가에 「사라센」의 바단幅처럼 미끄러웁고
傲慢한 풍경은 바로 午前 七時의 絶頂에 가로누었다.

- 〈1부 세계의 아침〉 부분[46]

「바기오」의 東쪽
北緯 15度

푸른 바다의 寢床에서
흰 물결의 이불을 차던지고
내리쏘는 太陽의 금빛 화살에 얼골을 어더맞으며
南風의 늦잠재기 赤道의 심술쟁이
颱風이 눈을 떴다.

- 〈3부 태풍의 기침시간〉 부분

보라빛 구름으로 선을 둘른
灰色의 칸바쓰를 등지고

46) 이하 「기상도」의 내용은 「김기림전집」1, 심설당, 1988에서 인용함.

꾸겨진 빨래처럼
바다는 山脈의 尖端에 걸려 퍼덕인다
삐뚤어진 城壁우에
부러진 소나무 하나....

- 〈5부 병든 풍경〉 부분

허나
이윽고
颱風이 짓밟고 간 개여진 「메트로폴리스」에
어린 太陽이 병아리처럼
홰를 치며 일어날게다

- 〈쇠바퀴의 노래〉 부분

위에 인용된 바다의 묘사는 김기림이 강조했던 회화성의 구현이 도드라진다. 해협의 매끄러운 수면은 비늘이 돋인 배암의 잔등과 같다고 비유하여 시각적 느낌을 전달하고 있다. 시각적 느낌은 점차 행의 길이를 확장시키는 행의 배열에서도 찾을 수 있다. 시각을 강조하는 회화적 기법으로 바다의 모습이 태풍의 진행에 따라 나타난다. 잔잔한 바닷가는 오전의 모습이라면 정오쯤 태풍이 '흰 물결의 이불을 차던지' 듯이 일어난다. 태풍이 지나간 해안의 모습은 '꾸겨진 빨래처럼' 퍼덕이는 바다와 '부러진 소나무'처럼 피폐한 광경을 통해 그려진다. 시각적인 묘사를 통해 시간의 경과와 전체 구성을 이루는 구성은 김기림이 "시는 언어의 건축이다. 시는 어디까지든지 정확하게 계산되어 설계되고 구성되어야 한다.[47]는 주지주의적 태도에 입각한 건축학적 의도에 따른 것이다. 소재가 된 태풍이라는 거대한 자연현상이나 건축학적 설계에 걸맞게 이 시는 장시로 되어 있다. 그 당시 문단에서 장시는 아직

47) 김기림, 「동양인」, 〈조선일보〉, 1935. 4. 25.
김기림, 「시론」, 앞의 책 2, p.162.

익숙하지 않은 양식이었다. 이런 점을 인식한 김기림은 다음과 같이 설명한다.

> 시는 짧을수록 좋다고 한 「포―」는 長詩의 일은 잊어버렸던 것이다. 장시는 장시로서의 독특한 領分을 가지고 있다. 어떠한 점으로 보아 더 복잡다단하고 굴곡이 많은 현대문명은 그것에 적합한 시의 형태로서 차라리 劇的인 발전이 가능한 장시를 환영하는 필연적 요구를 가지고 있는 것처럼 보이기도 한다. 현대시에 혁명적 충격을 준 「엘리어트」의 「황무지」와 최근으로는 「스펜더―」의 「비엔나」같은 시가 모두 장시인 것은 거기에 어떠한 시대적 약속이 있는 것은 아닐까? 나는 있다고 생각한다.[48]

위에서 보듯 그는 엘리어트의 「황무지」나 스펜더의 「비엔나」와 같은 장시를 염두하고 있었다. 단지 모방의 입장이 아니라 "더 복잡다단하고 굴곡이 많은 현대문명"에 적합한 형태이기 때문에 필연적이라고 밝힌다. 이러한 장시는 형태상 단시와 구분되며 여러 개의 정서를 결합시킨 일련의 긴 시이다. 내용상으로 나눈다면 서정시 외에 철학적인 시, 풍자시, 묘사시도 있다고 덧붙여 설명하고 있다. 분류에 따른다면 「기상도」는 내용상 풍자시인 장시라고 규정지을 수 있다.

우리 시사에서 단형이 아닌 장형의 시는 이미 김동환의 「국경의 밤」과 같은 서사시의 형태로 시도된 바 있다. 그러나 서사시나 서술시(narrative poem)와 「기상도」와 같은 장시(long poem)는 구분되어야 한다. 서사시에는 일정한 주인공을 중심으로 줄거리가 극적으로 전개되므로 발단, 전개, 위기, 절정, 결말의 순서를 밟게 된다. 「기상도」와 같은 장시는 길이는 길되 중심적인 인물의 등장이나 인간적인 갈등의 사건이 없다. 단지 구성은 태풍의 발생과 진행 그리고 그 소멸되는 추이에 따라 전개되며 태풍 자체보다 그것을 계기로 여러 형태의 인간과

---

48) 「시인으로서 현실에 적극관심」, 〈조선일보〉, 1936.1.1~5. (「시론」, 앞의 책 2, pp.100-101.)

사회를 드러내는데 초점이 있다. 때문에 각 연과 행들이 불연속적이고 파편화되어 있으며 구성도 비유기적이다. 이 점들은 모더니즘 계열 장시의 특징이다.

1930년대에 나온 모더니즘 계열의 장시에는 김기림의 「기상도」외에도 모더니스트인 오장환의 「전쟁」[49], 「수부」, 「황무지」등이 있다. 김기림의 장시 형식 실험은 장르 확산에 기여하였다고 평가된다. 동시성, 병치, 몽타주는 모더니즘 시에서 구성을 이루는 원리이다. 공통적으로 두 개 이상의 사물이 시간적인 맥락을 깨뜨리고 동시 배열되면서 새 의미를 낳고 사물을 낯설게 만드는 수법이다. 특히 몽타주 기법은 장면과 장면을 병치적으로 연결시키는 영화의 편집 기술에서 유래되어 "이질적 요소들의 병치"라고 정의할 수 있다.[50] 몽타주 기법은 고전적인 연속성을 파괴하면서 시간적 생략이나 짧은 시간 안에 많은 정보를 다루기 위해 사용된다. 김기림의 「기상도」는 언어의 몽타주를 주로 사용하고 있다며 여러 논자에 의해 지적된 바 있다.[51]

中央氣象臺의 技師의 손은
世界의 1500餘 구석의 支所에서 오는
電波를 번역하기에 분주하다.
(第一報)
低氣壓의 中心은
「발칸」의 東北
또는

49) 이 시집은 모더니즘 계열의 장시로 추정되는데, 일제 검열에 걸려 출판되지 못하다가 편집진에 의해 발굴되었다. 〈한길문학〉 1990. 가을호 참조.
50) 유리 로트만, 박현섭역, 『영화기호학』, 민음사, 1994, p.107.
51) 「기상도」에 나타나는 몽타주 기법과 알레고리적 성격, 풍자의 양식은 아래 논의를 참고로 하였다. 서준섭, 앞의 책, pp.132-134.

南未의 高原에 있어
690밀리
때때로
적은 비 뒤에
큰 비
바람은
南北의 方向으로
35미터
…

(市의 揭示板)
「紳士들은 雨備와 現金을 携帶함이 좋을 것이다 」

제3부 〈태풍의 기침시간〉에서 끝 부분인 위의 인용은 몽타주를 잘 보여주고 있다. 중앙기상대의 분주한 모습 다음에 통신전보의 내용이 삽입되고 시의 게시판이 나타난다. 이질적인 사물들이 단속적으로 배열되면서 태풍의 진행속도를 긴박하게 알려주며 내습전야의 불안감을 불러일으키는 효과가 있다. 감상이 배제되면서 객관적 사물이 나열되지만 이것을 평면적 구성방식으로만 이해해서는 안된다. 통신전보와 게시판은 현대 사회의 문물이며 우리 생활에 몽타주처럼 불연속적으로 감각을 자극하는 작용한다. 다음은 태풍의 내습 과정에 포함되는 〈자최〉의 서두이다.

「大中華民國의 繁榮을 위하야-」
슳으게 떨리는 유리컵의 쇳소리
거룩한 「테-블」보재기 우에
펴놓은 歡談의 물구비 속에서
늙은 王國의 運命이 흔들리운다
「솔로몬」의 使者처럼
빨간 술을 빠는 자못 점잔은 입술들

색깜한 옷깃에서
쌩그시 웃는 흰 薔薇
「大中華民國의 分列을 위하야-」
찢어지는 휘장 저편에서
갑자기 유리窓이 투덜거린다…

위 부분은 중국이 서구열강에 의해 식민지화되는 장면이 우회적으로 나타난다. 중국의 번영을 외치는 만찬의 건배 소리에 이어 솔로몬의 사자처럼 '빨간 술을 빠는 입술'과 새까만 옷깃에서 '쌩긋시 웃는 흰 장미'와 같이 음험한 인물들의 표정이 그려지면서 중국의 분열을 도모하는 야심이 드러난다. 흔들리는 유리창의 이미지는 외면적으로 중국의 번영을 말하지만 내심에는 분열을 목적으로 한다는 기만성과 위선이 폭로된다. 중국의 불운한 운명이 흔들리는 유리창에 의해 간접적으로 전달된다. 이처럼 이질적인 내용을 병치시키면서 이미지와 이미지의 연결이 비약하는 몽타주 기법이 나타난다.

2) 감각적 표현, 객관적 상관물

헐덕이는 들 우에
늙은 香水를 뿌리는
教堂의 녹쓰른 鍾소리
송아지들은 들로 돌아가려므나
아가씨는 바다에 밀려가는 輪船을 오늘도 바래보냈다

〈'세계의 아침'의 9-13행〉

한가한 시골 풍경을 연상케 하는 들이 배경으로 설정되어 있다. 구체적으로 '헐덕이는 들'이며 교당의 종소리는 맑은 복음을 뿌린다는 공감각적 이미지를 보여준다. 1연에의 해안을'들'이라는 공간을 설정하여 배경화시킨 것과 '교당의 녹쓰른 종소리'를 수식하는 '늙은 향수'가 감각적이다. '교당의 녹쓰른 종소리/송아지 들은 들로 돌아가려므나/아가씨는 바다에 밀려가는 수선을 오늘도 바래보냈다'에서 보다시피 이 3행은 각행이 독립된 장면이다. '종소리'와 '송아지', '아가씨'와 '수선'은 상관관계가 없다. 이는 엘리어트의 특징적인 표현기법 중 하나인 갑작스런 전이의 기법과 일치한다.

> 바기오의 東쪽
> 北緯 15度
>
> 푸른 바다의 寢床에서
> 흰 물결의 이불을 차던지고
> 내리쬐는 太陽의 金빛 화살에 얼골을 어더맞으며
> 南海의 늦잠재기 赤道의 심술쟁이
> 颱風이 눈을 떴다.
>
> 〈'태풍의 기침시간'의 1-7행〉

세계의 위기를 비교적 안이한 비유로 예고한다. 이 부분은 작품 전체적으로 볼 때 배경제시의 시작단계이다. 지리적인 위치가 구체적으로 제시된 다음 '푸른 바다의 침상'이라는 공간이 설정되어 있다. '흰 물결의 이불'이란 파도를 일컫는 말로 태풍을 예고하는 추상적인 액션에 해당한다. 광활한 바다를 침상으로 비로소 눈을 뜨기 시작한 태풍을 '남해의 늦잠재기 적도의 심술쟁이'로 한 표현은 회화적인 이미지를 연상케 한다. 태풍의 시작 예고는 전쟁의 시작을 의미한다. 왜냐하면 태풍의 기습이라는 이면에 상징적인 의미가 내포되어 있기 때문이다.

> 날마다 黃昏이 채여주는
> 傳燈의 勳章을 번쩍이며
> 世紀의 밤중에 버티고 일어섰던

傲慢한 都市를 함부로 뒤져 놓고
颱風은 휘파람을 높이 불며
黃河江邊으로 비꼬며 간다……

〈'자최'의 105-110행〉

태풍이 도시를 강타하는 단계에서 태풍경과의 장면묘사가 세밀하게 되어 있는 부분이다. '오만한 도시'를 '황혼이 달아주는 훈장'에 비유한 것은 새로운 주지적 방법으로 '감각 속의 지적요소를 함축함으로써 실재를 파악케한다. 이를 문덕수는 문명의 태풍이 우리들에게 주는 미묘한 감각, 복잡하고도 선명한 이미지들은 이윽고 문명의 모진 태풍이 휩쓴 황폐한 도시 정황과 허무, 절망 등 현대인의 다양한 체험세계가 그 이면에 게재되어 있다고 지적해 놓고 있다.[52] 이윽고 태풍은 문명세계를 강타하고 의기양양하게 중국 황하강변으로 모습을 감춘다.

헝크러진 거리를 이 구석 저 구석
혓바닥으로 뒤지며 다니는 밤바람
어둠에서 벌거벗은 등을 씻기우면서
말없이 우두커니 서 있는 電線柱
엎드린 모래벌의 허리에서는
물결이 가끔 흰 머리채를 추어든다.
요란스럽게 마시고 지껄이고 떠들고 돌아간 뒤에
테블 우에는 깨어진 盞들과
함부로 꾸기어진 芳名錄과……
아마도 署名만 하기 위하여 온 것처럼
총총히 펜을 던지고 客들은 돌아갔다
이윽고 記憶들도 그 이름들을
마치 때와 같이 빨아버릴게다

〈'올배미의 주문'의 4-17행〉

52) 문덕수, 「김기림론」, 『한국모더니즘연구』 시문학사, 1983. p.192.

태풍이 쓸고 간 황폐한 상황에서 절망적인 탈출과 좌절이 느껴진다. '밤바람'의 무생물을 '헝크러진 거리를 이 구석 저 구석/혓바닥으로 뒤지며 다니는' 것으로 표현한 점이나 '전선주'를 '어둠에서 벌거벗은 등을 씻기우면서/말없이 우두커니 서 있는' 것으로 의인화는 시각화한 작가의 이미지즘적 기법이다. '모래벌'을 인간의 육체인 '허리'로 '물결'을 '흰 머리채'로 표현한 것 역시 마찬가지이다.

자장가도 불을 줄 모르는 바다

바다는 다만
어둠에 叛亂하는
永遠한 太平家다

바다는 자꾸만
헌 이빨로 밤을 깨문다

〈'올배미의 주문'의 75-80행〉

'바다는 다만/어둠에 반란하는/영원한 태평가다'에서 태풍이 끝난 후에도 암흑세계에 반란하는 영원한 불평가인 바다로 이빨로 어둠을 깨문다고 하여 현실의 어둠과 비애 극복을 암시한다. '자장가도 불을 줄 모르는 바보인 바다'를 '영원한 불평가'로 한 것은 엘리어트의 시적기교의 차용이다. 형이상학파 시인들의 '사유의 직접적인 감각적 파악'이며 '사유의 감각화'이다. 김기림이 모더니즘 시론에 입각한 감정배제나 센티멘탈리즘에 젖은 시를 배격하기 이전에 쓰인 시들은 시인 자신의 단편적인 감상에 지나지 않거나 자기시의 옹호에 지나지 않았다. 이를 최재서는 '詩 自體의 非現實性과 詩論傳統의 訣無……詩人의 부질없는 孤獨癖[53] 때문이라고 지적한 바 있다.

---

53) 최재서, 「시단개관」, 『조선문예연감』, 인문사, 1939, p.20.

이마지스트는 이메지(影像)의 創造를 目的하였으므로 따라서 感覺을 새로운 價値에 있어서 發見하였다. 그러한 影像의 感覺을 通하야 亦是 感情의 世界를 象徵하려고 하였던 까닭에 그것도 抒情詩의 範疇를 아직 完全히 벗어나지 못했다.

象徵主義 時代에 와서는 그 詩는 훨씬 이러한 感情의 거친 部分을 떨어버렸다. 이마지스트는 情緖까지를 아주 떨어버리지는 못하였지마는 이미 그 內部에 抒情詩의 强한 敵을 길르면서 있었다. 彫塑性에의 追求가 그것이다. 그것은 다만 다른 方面으로 보면 繪畵에의 憧憬이다.[54)]

이미지즘의 핵심이라 할 수 있는 감정의 배제와 이미지 창조의 중시, 새로운 감각과 회화성의 동경 등 중요 내용이 제시되어 있음을 알 수 있다. 자연발생적인 감정유출의 시를 배제하고 주지성의 시를 강조함으로써 현대시의 기초가 되는 시의 시각적 이미지를 창출했다는 문학사적 의의로 귀결된다. 시인은 자기 자신만의 고유한 정서나 사상을 그대로 언어화시켜 자기와 비슷한 정서나 사상을 직접 독자에게 전달한다는 것은 난감한 일이다. 그렇기 때문에 정서나 사상을 대신 전달해 줄 수 있는 어떤 종류의 매개물이 있어야 하며 엘리어트의에 의하면 객관상관물이다. 이것은 시의 긴장과 갈등의식이 바탕이 된다. 상반되고 대립되는 요소가 공존할 때에 거기에 긴장과 갈등이 있다. 엘리어트가 17세기 형이상파의 시를 현대에 부활시킨 시는 그들의 시가 극적인 시이기 때문이다.[55)] 다시 말해 특정한 정서의 등식이 될 수 있는 일련의 대상이나 상황 혹은 일련의 사건을 말하는 것으로 하나의 체계 있는 이미지를 조직할 수 있는 제반 사물을 두고 이름이다.[56)] 시에 있어서 개관상관물의 기법을 사용함으로써 얻어지는 시적효과로는

---

54) 김기림, 「시의 회화성」, 『시원』, 1934. 5.
55) 이창배, 「T. S 엘리어트의 시」, 『동국대학교 논문집 제22집』, 동국대학교 1983, p.39.
56) 오세영, 「이미지즘」, 『문예사조』, 고려원, 1983, p.261.

상징주의 시에서 흔히 볼 수 있는 난해하고 애매모호한 정서나 분위기의 탈피이다. 또한 낭만주의 시의 막연하고 음습한 분위기와는 대조적으로 건실하고 건조하고 명확한 시가 된다[57)]

> 슯으게 떨리는 유리컵의 쇳소리
> 『大中華民國의 繁榮을 위하야
> 거룩한 테-블』
> 펴놓은 歡談의 물구비 속에서
> 늙은 王國의 運命은 흔들리운다
> 『솔로몬』의 使者처럼
> 빨간 술을 빠는 자못 점잔은 입술들
> 색깜한 옷깃에서
> 쌩그시 웃는 흰 薔薇
> 『大中華民國의 分裂을 위하야-』
> 찢어지는 휘장 저편에서
> 갑자기 유리窓이 투덜거린다 ……

〈'자최'의 1-12행〉

중화민국의 흔들리는 운명을 노래한 부분이다. '유리컵의 쇳소리'를 '슯으게 덜리는'이라는 개인의 사사로운 감정과 '유리컵의 쇳소리'를 결합시켜 개인감정을 최대한 배제시켜 객관적인 관계를 형성하려 했다. 그래서 보다 선명하고 명확한 시적 이미지를 보여주고 있다. 만약 이상과 같은 것을 무질서한 개인감정만으로 표현해 놓았다면 불완전한 낭만시로 전락하고 말았을 것이다. 또한 '솔로몬'과 '대중화민국의 분열'과는 극적 효과를 이루며 동원하고 있다.

---

57) 한계전, 「김기림의 모더니즘 시론」, 『한국현대시론연구』, 일지사, 1983, p.162.

바위틈에 엎디어
죽지를 둘이운 물새 한 마리
물결을 베고 자는
꺼질 줄 모르는 鄕愁
짓밟혀 느러진 白沙場우에
매맞어 검푸른 빠나나 껍질 하나
부푸러 올은 구두 한짝을
물결이 차던지고 돌아갔다
海灣은 또하나
슬픈 傳說을 삼켰나 보다
黃昏이 입혀주는
灰色의 隧衣를 감고
물결은 바닷가 타는 葬送曲에 맞추어
病든 하루의 臨終을 춘다 〈'병든 풍경'의 15-28행〉

정체된 삶의 현실이 비극적으로 묘사되어 있다. '비뚤어진 성벽', '부러진 소나무', '지치인 바람', '표백된 풍경', '썩은 탄식', '주린 강아지' 등이 예이다. '부러진 소나무', '물새 한 마리', '빠나나 껍질 하나', '구두 한짝', '海灣은 또하나', '병든 하루의 임종' 등의 이미지는 고독, 상실, 허무, 비애 등의 부정적 감정을 자아낸다. 맥을 같이하여, '수의', '장송곡', '임종' 등의 시어가 등장한다. 그밖에 '회색', '화석', '황혼' 등이 죽음을 예고한다.

김기림은 엘리어트의 영향으로 구체적 사물을 이용해서 현대문명의 파멸과 절망의 관념들을 의미하는 객관상관물을 즐겨 사용했다. '죽지를 들이운 물새 한 마리', '매맞어 검푸른 빠나나 껍질 하나', '부푸러올은 구두 한짝'에서 '물새', '빠나나', '구두', '한짝' 등이 바로 이에 해당한다. 비극적인 삶의 현실이 단지 개인적인 감정에 머물지 않고 객관적으로 표현되어 있다.

헝크러진 거리를 이 구석 저 구석
혓바닥으로 뒤지며 다니는 밤바람
어둠에서 벌거벗은 등을 씻기우면서
말없이 우두커니 서 있는 電線柱
엎드린 모래벌의 허리에서는
물결이 가금 흰 머리채를 추어든다.
요란스럽게 마시고 지껄이고 떠들고 돌아간 뒤에
테불 우에는 깨어진 盞들과
함부로 꾸기어진 芳名錄과 ……
아마도 署名만 하기 위하여 온 것처럼
총총히 펜을 던지고 客들은 돌아갔다.
이윽고 記憶들도 그 이름들을
마치 때와 같이 총총히 빨아버릴게다

〈'올배미의 주문'의 4-16행〉

'헝크러진 거리를 이 구석 저 구석/혓바닥으로 뒤지며 다니는'으로 전선주를 '어둠에서 벌거벗은 등을 씻기우면서/말없이 우두커니 서 있는'으로 표현했다. '엎드린 모래벌의 허리'는 모든 사물들을 동물화, 시각화한 작가의 특유한 이미지즘적 기법이다. 태풍의 위기 후 체념상태이다. '밤바람', '물결', '깨어진 잔', '꾸기어진 방명록' 등의 이미저리는 모두 객관상관물로 엘리어트의 〈J.A푸르푸록의 戀歌〉에서 영향을 받은 것으로 보인다.

窓琉璃에 등을 부비는 노오란 안개
窓琉璃에 주둥이를 부비는 노오란 煙氣
저녁의 구석구석을 혓바닥으로 핥고는
수채에 고인 물에 서성거리다가[58]

---

58) 엘리어트, 김종길역, 「J.A 푸르푸록의 戀歌」, 『20세기 영미시』, 민음사, 1983. p.9. 원문은 다음과 같다.
"The yellow fog that rubs its back upon the windowpane
The yellow smoke that rubs its muzzle on the windowpane

여기 인용된 엘리어트의 시에도 저녁의 구석구석을 핥고 있는 표현이 보인다. 『기상도』의 '밤바람'이나 〈J.A푸르푸록의 戀歌〉의 '노오란 안개'와 '노오란 연기'도 동류의 객관적 상관물이다. 김기림이 엘리어트의 이미지를 패러디한 것이 아닌가 하는 느낌이 들며 유사하다. 〈올배미의 주문〉 중 '엎드린 모래벌의 허리에서는/물결이 가끔 흰 머리채를 추어든다'는 엘리어트의 시에서 '희고 검은 파도들이 바람이 불때/뒤로 불리우는 파도의 흰 머리를 빗기면서'와 닮은 객관상관물이다.

3) 풍자, 알레고리, 의식의 흐름

『기상도』의 전체 구성은 앞에서 말한 것처럼 태풍의 진행 과정을 따라간다. 태풍이라는 기상 현상에 뒤이어 사회 문화적 현상을 병치시켜 풍자한다. 1단계 태풍 이전의 〈세계의 아침〉에서 국제열차와 여객선에서 여행을 떠나는 사람들의 모습이 나타난다. '「스마트라」의 동쪽은 가장 먼저 식민지가 된 인도네시아의 지명이며 작가의 관심사는 제국주의의 침략적인 행보에 놓여 있다. 이어서 2부 〈시민행렬〉은 태풍이 몰아치기 전 일상에서 서구 열강의 야욕과 전쟁의 광기가 나온다.

넥타이를 한 흰 食人種은
나그로의 料理가 七面鳥보다도 좋답니다.
살갈을 희게 하는 검은 고기의 偉力
醫師 「콜베-르」氏의 處方입니다.
「헬매드」를 슨 避暑客들은
亂雜한 戰爭競技에 熱中했습니다.
슳은 獨唱家인 審判의 號角소리
너무 興奮하였으므로
內服만 입은 파씨스트

Licked its tongue into the corners of the evening
Lingered upon the pools that stand in drains "

〈시민행렬〉의 서두는 서양의 침략적인 제국주의 전쟁에 대해 폭로다. 이것은 풍자에 힘입어 현실과 이상의 차이를 의식하고 가치관을 확실하게 드러낼 때 효과적이다. 서구인들의 인종차별주의와 파시스트의 전쟁에 대한 광기의 풍자는 사회적인 문제를 건드리며 비정상적인 도덕행위에 대해 회화화하고 있다.

이외에도 〈시민행렬〉에서 서구 양식을 익힌 '송미령 여사'와 니그로는 생쥐와 동일하다는 사실에서 유색인종에 대한 서구인들의 인종차별주의, 실업자의 실태, 타락한 교도들을 꼬집고 있다. 그러나 작가가 풍자하기 위해 집산시키고 있는 사물들 간의 긴밀하지 못한 관계나 사회적 현상의 이면을 꿰뚫어 보게 하는 연상의 비약이 부족하다. 작가는 단편적인 사물들의 피상적인 외피에 치중한 것으로 보인다. 뒷부분에 구걸하는 거지와 무명전사의 기념제행렬이 있는 도시의 거리를 통해 화려한 도시의 이면에서 거짓과 몰락과 죽음을 직시하고 있다. 이러한 도시에 몰아치게 될 태풍이 발생하는 것이 2단계인 3부와 4부이다. 3부는 다소 난해한 내용이 삽입되어 있다. 어족들을 동요시키고 굵은 빗발을 거느리며 태풍이 북상하기 시작한다. 그런데 늙은 사공과 마주치고 대화가 이어진다.

「오 파우스트」
「어디를 덤비고 가나」
「응 北으로」
「또 성이 났나?」
「난 잠　고 있을수가 없어 자넨 또 무엇땜에 예까지 왔나?」
「괴테를 찾어 다니네」
「괴테는 자네를 내버리지 않엇나」
「하지만 그는 내게 생각하라고만 가르쳐 주엇지
어떻게 行動하라군 가르쳐 주지 않엇다네
나는 지금 그게 가지고 싶으네」

흠 막난이 파우스트
흠 막난이 파우스트

여기에서 파우스트는 사공으로 이해되고 성이나 북으로 가는 자는 태풍이다. 파우스트는 괴테의 소설에서 지식과 우주의 원리를 터득한 학자이지만 회의를 느끼고 악마의 힘을 빌려 행동에 뛰어든 인물이다. 시인은 소설의 인물을 등장시켜 행위하지 않는 지식의 한계를 비판한다. 때문에 태풍의 기상과 북상은 지식에서 행동으로의 전환이라는 의미를 갖는다.

4부〈자최〉는 태풍의 급습을 받는 도시의 혼란이 나타난다. 여기서 타락한 인간들의 행태가 그려진다. 총 13연으로 되어 있는 각 연들은 독립된 장면들로 구성되어 있다. 1연은 중화민국의 분열모습이고 서서히 "찢어지는 휘장 저편에서 갑자기 유리창이 투덜거린다"는 표현 속에 태풍의 접근이 암시된다. 2연은 만국공원의 벤취에서 잠을 자던 걸인이 등장한다. 그 걸인은 "하이칼라한 쌘드윗취의 꿈 / 貪慾한 「빼-프스테잌」의 꿈/ 건방진 「햄살라드」의 꿈"도 꾸지만 그의 현실은 "비겁한 강낭죽의 꿈만" 허락되고 그는 "꿈꾼 죄밖에 없는" 빈한자이다. 걸인의 눈에 태풍은 "묵시록의 기사"처럼 보인다. 묵시록의 기사는 세상의 종말에 나타나서 세계를 재앙에 몰아넣는 인물이다. 태풍은 세상을 혼돈과 파괴로 몰아넣는다. 3연에서 산과 바다가 동요하고, 빌딩들이 무너지는 사태가 일어난다.

4연에서는 국무경(國務卿) 「양키」씨가 층계로 굴러 떨어지는데 자신의 직권으로 강탈한 증권 위에서 쓰게 웃으며 '워싱턴'의 정직을 이야기한다. 양키라는 단어를 고유명사로 써서 직접적으로 서구를 대표하는 의도로 보인다. 부정직한 행위에 이어 정직을 강조하는 대사를 덧붙이며 외관과 현실의 차이를 날카롭게 드러낸다. 태풍의 혼란 속에서 교회당의 신도들이 기도의 중품에서 도망치는 풍경(5연)이 나오고 도

서관에서 '거꾸로 서는 소크라테스', '헤겔의 서투른 산술', 紙錢우에 인쇄된 박사논문을 낭독'하는 교수(6연), 쫓겨나 잉잉 울고 서 있는 공자님(8연) 등등 문명 속에서 타락한 고대의 정신적 가치들을 꼬집는다. 이에 대해 조창환은 표피적이고 외면적인 단순 비유로 냉정한 시니시즘에도 미치지 못하고 억압받는 대상물에 대한 동정이나 연민의 정도 지니지 않은 상태이며 풍자의 수단인 비유의 수법이 너무 유치하다면서 김기림이 시도한 풍자의 한계를 지적하고 있다.[59]

김기림의 문명비판은 시보다 시론에 입각한 가치 평가가 우선으로 작용하고 있다. 시와 시인은 동떨어진 것은 아니지만 일방적으로 동일시될 수도 없다. 더구나 시인이 시론가를 겸하고 있을 경우 그의 시론은 시와 갈등을 일으킬 수 있다. 김재홍은 김기림에 대해 "이론적인 면에서 상당한 수준에 도달하고 있음에 비추어 시는 저급한 수준에 머물러 있다"[60]고 평가하였다.

7연에서는 보초병의 성적인 욕망의 얼굴에 박애주의자의 웃음을 겹침으로써 위선을 폭로하고 화류가의 타락을 이야기한다. 태풍의 위력에 의한 교통수단들의 전복과 사람들의 동요(8연), 화재와 불자동차(9연), 광장의 파손된 동상(10연), 비행기와 빌딩의 파괴(11연), 해안 가도의 황폐화(12연) 등이 묘사되다가 태풍은 도시를 파괴하고 지나간다. 인류문화에 대해 김기림이 적극적으로 해석하고 비판하고자 했던 대상은 바로 문명이었다. 구체적으로 서구 열강의 식민정책, 시민사회의 위선, 자본주의 이면의 빈곤, 타락한 종교와 가치를 상실한 학문 등이었다.

『기상도』는 시집의 제목과 내용이 근대문명의 혼돈에 대한 하나의 알레고리이다. 태풍의 진행방향은 서구열강의 침략방향과 일치한다. 인도네시아의 수마트라는 가장 먼저 식민지가 된 지역이며 발칸 반도는 제1차 세계대전의 진원지이다. 5부 〈병든 풍경〉은 부제 그대로 황

59) 조창환, 『한국시의 넓이와 깊이』, 국학자료원, 1998, p.202.
60) 김재홍, 『시와 진실』, 이우출판사, 1983, p.99.

폐한 바닷가의 풍경이다. 도시적인 사물이 배제되고 서정적인 형상화에 성공하고 있다.

바위틈에 엎디어
죽지를 들이운 물새 한 마리
물결을 베고 자는
꺼질줄 모르는 鄕愁
짓밟혀 느러진 白沙場우에
매맞어 검푸른 빠나나 껍질 하나
부프러올은 구두 한짝을
물결이 차던지고 돌아갔다.
海灣은 또하나
슬픈 傳說을 삼켰나보다
黃昏이 입혀주는
灰色의 隨意을 감고
물결은 바닷가 타는 葬送曲에 맞추어
病든 하루의 臨終을 춘다…

- 〈병든 풍경〉 부분

바위틈에 엎디어 있는 지친 "물새", "백사장 위의 바나나 껍질", 물에 "부프러올은 구두 한 짝" 등은 태풍이 휩쓸고 간 해안의 황폐함을 적절히 드러내고 있는 객관적 상관물들이다. 황폐한 광경의 고요함은 죽음 같은 적막일 것이다. 수의, 장송곡, 임종 등과 같이 죽음의 이미지를 환기시키는 단어들이 등장하는 것은 그러한 분위기를 고조시킨다. 태풍은 또 하나의 '슬픈 전설'을 삼기고 소멸하였다. 이제 화려하며 난숙했던 퇴폐의 문명은 전설처럼 사라질 것이다. 김기림은 태풍을 그러한 자본주의 말기의 퇴폐한 문명을 소멸시키는 계기로 삼았다.

태풍으로 도시의 퇴폐 문화가 쓸려가고 폐허만 남은 곳에서 시적화자의 목소리가 돌발적으로 튀어나오게 되는 것이 6부 〈올배미의 주문〉

이다. 올배미는 저녁에 나는 짐승으로 세기적인 문명의 밤에 시인이 불러낸 새이다. 시적 화자는 희망이 떠난 상황에서 절망에 싸여 다음과 같이 묻는다.

> 戀愛와 같이 싱겁게 나를 떠난 希望은
> 지금 또 어디서 復讐를 준비하고 있느냐
> 나의 머리에 별의 꽃다발을 두었다가
> 거두어간 것은 누구의 변덕이냐
> 밤이 간 뒤에 새벽이 온다는 宇宙의 法則은
> 누구의 실없는 작난이냐
> 동방의 전설처럼 믿을 수 없는
> 아마도 失敗한 實驗이냐
>
> - 〈올배미의 주문〉 부분

태풍의 급습으로 폐허가 된 절망의 도시에서 시적 화자는 쉽사리 희망을 품지 못한다. '밤이 간 뒤에 새벽이 온다는 우주의 법칙'이 인류의 문명에도 적용될 것인지 시적 화자는 회의하고 있다. 근대문명이란 전설과도 같이 믿을 수 없는 "실패한 실험"인가 묻는다. 시적 화자를 통해 작가가 보여주는 근대에 대한 인식을 살펴보면 근대의 실험이 실패했다고 인정하지 않는다. 그는 시론에서 근대를 비판적으로 초극하고자 했고 재생의 희망을 잃지 않았다. 그것은 7연에서 나타난다.

한편 김기림의 문명비판을 풍자와 알레고리 수법을 통해 볼 수 있으나 여러 논자의 지적처럼 그는 신문기사적인 이미지들을 나열하면서 보다 깊은 비판으로 나아가지 못했다. 이러한 한계는 식민지 지식인으로서 어쩔 수 없는 한계로 김기림은 체념하기보다 세계사적 중심에 동참하려했다. 세계의 근대역사를 자신의 기상도에 담으려 했던 점을 보면 알 수 있다. 그가 진정 근대시에서 목표로 삼았던 시대성, 사회성과 기교와의 종합은 이 양상이었다. 그가 발견한 언어의 형식적인 가치들인 몽타주, 풍자(새타이어), 알레고리에 근대문명의 파산이라는 시대성을 담았던 것이다. 그러나 김기림이 근대와 세계사라는 거대한 시대성을 추구한 탓에 관념적이고 비현실적인 공허한 사회성이 되어버렸다는 것은 비판되어야 할 것이다.

엘리어트의 영향으로 김기림은 의식의 흐름 수법을 시도하였고 당시 시단에서 경이적이다. 현대문명의 비판과 기독교의 모순에 대한 풍자, 성도덕과 윤리도덕의 타락 등을 독백이나 대화체 형식을 빌어 풍자한다.

> 敎徒들은 언제든지 치일 수 있도록
> 가장 簡便한 곳에 聖經을 언저 두었습니다.
> 祈禱는 罪를 지을 수 있는 口實이 되었습니다.
> 『감사합니다.』
> 『아-멘』
> 『감사합니다 마님 한푼만 적선하세요』
> 『내 얼골이 요로케 이즈러진 것도
> 마님과니 말이지 내 어머니의 죄는 아니랍니다』
> 『쉿! 無名戰士의 記念節 行列이다』
> 뚜걱 뚜걱 뚜걱 .....
>
> 〈'시민행렬'의 29-39행〉

'『아-멘』' 바로 뒤에 '『감사합니다. 마님 한푼만 적선하세요』'라는 말이 연속적으로 등장한다. '아멘'이라는 신성한 기독교의 종교의식에도 걸인과 불구자가 여전히 존재한다는 현실의 비리를 폭로하고 있다. 세계 도처의 모순되고 불안정하고 불합리한 상황의 단편적 이미지들이 예상치 못한 당돌한 상태와 연결되어 있다. 교회에서 신에 대한 간절한 기도, 불구자의 구걸행위, 무명전사의 기념제 행렬 등의 이미지가 중첩되어 있다. 의식의 흐름의 수법이며 엘리어트의 〈황무지〉와 유사하다.

하여튼 엘버트가 가만 두지 않는다면 어떻거지,
아이가 낳기 싫은 걸 뭘하러 結婚하는 거야. 해주었지.
빨리 해 주십시오. 時間이 됐습니다.
그런데 空日날 엘버트가 돌아왔을 땐 따뜻한 돼지고기를 장만해 놓고
그들은 나를 저녁에 불러 따뜻한 걸 맛보라 했겠지[61]
어저께의 同志를 海邊으로 보내기위하야
자못 變化自在한 刑法上의 條件이 調査됩니다
敎授는 紙錢우에 印刷된 博士論文을 朗讀합니다.
『녹크도 없는 손님은 누구냐』
『………』
『대답이 없는 놈은 누구냐』
『………』
『禮義는 지켜야 할 것이다』

〈'자최'의 53-60행〉

각각 다른 이미지들이 나열되어 있다. 가령 '동지를 강변으로 보내기 위함'과 '형법상의 조건이 조사', '교수의 박사논문 낭독'은 상호 아무런 관련성이 없다. 독백형식의 무응답은 의식의 흐름이다. 엘리어트의 특이한 표현법을 평해 놓은 글을 보면 김기림의 표현이 어디에서 연유한 것인지 분명해진다.

이 詩는 하나의 이야기의 形式을 된 하나의 小說과 같은 것으로서, 單純한 創作品이다. 여러 가지 挿話로 되어 있다. 또 이야기를 운반하는 方式은 '意識의 흐름이라는 樣式으로 표현되어 있으므로 보통의 小說을 읽는 것 같이 明確

61) T.S 엘리어트, 김종길 역, 『20세기 영미시』, 민음사, 1983, p.33.
원문은 다음과 같다.
"Well, if Albert won't leave alone, there it is, I said
What you get married for if you don't want children?
Hurry up, please. It's time
Well that Sunday Albert was home, they had a hot gammon
And they asked me into dinner, to get the beauty of it.

하지 않는 것은 當然하다. 이 詩 全體의 이야기는 그 자체에 統一이 있는 하나의 줄거리라는 것이 없다. 단지 여러 가지 挿話가 '意識의 흐름으로서 連結되어 있을 뿐이다.[62]

이 같은 문학적 기법들의 사용은 장시에 어울리는 자유분방한 주제 선택에 따른 심상을 제시할 수 있는 효과를 거둔다. 또한 시의 내용이나 형식면에서 전혀 별개의 것으로 보이는 대목들이 모여 총체적으로 집약되는 독특한 효과를 나타낸다.

3. 모더니즘 시의 교육방법

1) 반고백적인 시의 교육적 접근

낭만주의 시에서는 고백의 형식을 통해 일상적 현실에 대한 저항이 가능했다. 세계와 대립하는 자아의 동일성이 확보되었던 낭만주의 작가는 자아의 내면세계를 고백하는 것으로 세계에 대해 저항할 수 있었다. 학자에 따라 모더니즘이 갖는 강렬한 주관성을 낭만주의에서 이어받은 것으로 보고 이 둘을 연속적인 것으로 파악하는 경우도 있다. 그러나 낭만주의가 우리의 의식을 이상적이고 연속적인 것으로 보는 데 비해 모더니즘은 이를 불안정하고 불연속적인 것으로 본다는 점에서 커다란 감수성의 차이가 있다.

이는 세계관의 차이로도 설명될 수 있다. 19세기의 낭만주의 문학과 사실주의 문학에서는 개개의 인물들이 고도로 구조화된 인격체로 제시되었고 사회화의 상호 관계적 삶을 통해 개별성을 발전시키는 것으로 묘사되었다. 반면에 모더니즘 문학에 나오는 인물들은 일관되고 해명 가능하며 잘 구조화된 전체로서가 아니라 심리적인 싸움터, 해결될 수

---

62) 西脇順三朗, 『T.S エリオット』, 동경:견구사, 1956, p.120.
문덕수, 앞의 책 p.224에서 재인용.

없는 수수께끼, 또는 지각이나 감각의 흐름으로서 나타난다.[63]

낭만주의 문학에서는 훼손된 세계가 궁극적으로는 회복될 수 있는 것으로 믿었고 그러한 세계 회복을 가능하게 하는 수단이 자아의 동일성이다. 모더니즘 문학에서는 훼손된 세계의 실상에 관심을 기울이면서 회복 가능성에 대해 회의한다. 그 이유는 자아 내부의 통일성이 확보될 수 없다는 데 있다.

모더니즘 시의 형식이 취하는 저항의 방식이 근대적 개인주의에 대한 부정의 방식이라는 점은 왜 모더니즘 시가 고백의 형식에서 벗어나 있는가를 설명해 준다. 문학을 통해 일상에 저항하고자 하는 모더니즘 시인에게 있어 고백은 피해야 하는 글쓰기 방식[64]이었다. 모더니즘 시인의 글쓰기를 이해하는 데에는 그들의 가족사와 생활에 대한 이해가 도움이 된다. 이들에게 가족은 글쓰기 주체(작가)가 일상적인 생활을 해나가지 않을 수 없도록 만드는 존재, 어쩔 수 없이 주체가 편입되어 살아가는 하나의 사회 제도로 인식되었기 때문이다. '허허벌판에 쓰러져 까마귀 밥이 될지언정 理想에 살고 싶다'[65]했던 李箱이 일본으로 떠나기 전 김기림에게 쓴 편지에서 '여지껏 가족들에게 대한 恩愛의 정을 차마 떼이기 어려워 집을 나가지 못하였던 것을 이번에 내 아우가 직업을 얻은 기회에 동경 가서 고생살이 좀 하여볼 작정'[66]이라고 고백한 점, 김수영이 '여편네를 욕함으로써 자기만 잘난 체하고 생색을 내려는 것은 稚氣'[67]라고 생각하면서도 막상 시에서는 자신을 무능한 가장으로 만드는 생활력 강한 아내를 끊임없이 경멸했던 점은 가족으로 인해 강요당하는 생활로부터 벗어나고자 했던 노력을 말해 준다. 이럴 때 저자란 글로 쓰이는 것이 귀속되는 장소로서의 주체이며, 이

63) Eugene Lunn, 김병익 역, 『마르크시즘과 모더니즘』, 문학과 지성사, p.49.
64) ed. by Malcolm Bradbury and James Macfarlane, 앞의 책, p.29.
65) 이상, 「私信 (一)」, 김윤식 편, 『이상문학전집』 3 수필, 문학사상사, 1993, p.217.
66) 위의 책, p.223.
67) 김수영, 「詩作 노우트 4」, 『김수영 전집 2:산문』, 민음사, 1981. p.293.

런 담론의 존재 양태를 특징짓는 기능일 뿐이다.[68] 우리는 모더니즘 시 텍스트의 글쓰기 양식을 반고백적으로 조직한 주체로서 볼 필요가 있는 것이다.

중요한 것은 개별 작가의 개인사가 아니라 모더니즘 시 텍스트의 내적 형식으로서의 반고백과 그것이 생겨나는 문화적 맥락에 대한 이해가 도움이 된다. 이렇게 저자를 상정할 때 우리는 개별 작가에 대한 신비화를 막고 이들의 작품을 읽는 독자(학생)들에게 작가나 작품에 대한 거리감을 없앨 수 있다. 현대 문화의 한 형식으로 모더니즘 시를 이해하게 할 때에 우리는 현대문학을 제대로 가르칠 수 있다.

2) 『기상도』를 통한 교육방안

「문학」교과의 목표는 다음과 같다.

> 국어과목(특히 '문학' 영역)의 교육 성과를 바탕으로, 한국문학 작품을 통하여 문학에 관한 체계적인 지식을 갖추고 창조적 체험을 함으로써, 미적 감수성을 기르고 인간의 삶을 총체적으로 이해하게 한다.
>
> 가. 문학 일반과 한국 문학에 관한 체계적인 지식을 습득하게 한다.
>
> 나. 문학 작품을 즐겨 읽고 감상하게 함으로써 미적 감수성과 문학적 상상력을 기르게 한다.
>
> 다. 한국 문학에 나타난 민족의 삶과 정서를 이해하며, 이를 토대로 세계 문학 속에서의 한국 문학의 바른 위상과 방향을 추구하는 데 이바지하는 태도를 가지게 한다.

위의 두 규정에는 문학 교과의 최종적인 목표가 문학에 관한 체계적인 지식을 갖춤으로써 인간의 '삶에 대한 이해' 또는 민족의 '삶에 대한

68) Michel Foucault, 「저자란 무엇인가?」, 김현 편, 『미셸 푸코의 문학 비평』, 문학과 지성사, 1989, pp.242-249.

이해'라고 명시하고 있다. 여기에는 문학교육이란 '교육적으로' 가치 있다고 여겨지는 제재들을 통해 어떤 지식을 가르치는 것이라는 생각이 공통적으로 내재한다. 그런데 이 이념에서는 완전한 인간의 이상으로서의 '인간'을 길러내려는 생각이 전제되어 있기 때문에 자연히 이상적 인간을 길러내는 적합한 작품들 '오랜 세월에 걸쳐 오면서 그 가치가 검증된 작품'으로 그 교육 대상을 한정하게 된다.[69] 이런 이유로 문학교육의 제재는 문학사적 평가가 완료된 정전으로 될 수밖에 없다. '문학 일반과 한국 문학에 대한 체계적 지식의 습득'의 강조까지 겹치면 기존의 해석 이외의 다른 창의적 해석의 가능성은 차단되어 버린다. 이러한 인문주의적 교육관에서는 규범적 해석을 지향한다.

그러나 위의 이념에 따라 오랜 기간 동안 '현대문학'을 배워온 학생들은 실제로 생산 소통되고 있는 당대의 문학을 향유하는 데 어려움을 겪는다. 대부분의 독자들이 서점의 문학 코너에서 처하게 되는 상황은 한편에서 순수문학 작품들이 또 다른 편에는 대중문학 작품들이 산더미처럼 쌓여있는 공간에서 어디로 향해야 하며 어느 책을 골라 읽을 것인가. 어떻게 평가할 것인가에 대해 당황해 하게 되는 현실이다. 그 이유는 현 문학교육의 목표에 있다. '있어야 할 전범 또는 규범'으로 학습하는 데에 문학교육의 목표가 치우쳐 있는 나머지 현실을 이해하고 비판할 수 있는 눈을 키우는 일에는 소홀했던 탓이다. 중요한 것은 순수문학과 대중문학을 구분하여 예술성을 지니고 있다고 판단되는 것을 가르치는 것이 아니라 어느 편에 속하는 문학이든 그것이 우리 시대의 어떤 문화적 상황을 보여주고 있느냐를 학생들 스스로 읽어내고 나름대로의 문화적 흐름을 만들어 내게끔 하는 것이다. 규범적 해석을 지향했던 기존의 문학교육은 문학의 자율성을 옹호하는 이론과 결합함으로써 문학 자체의 논리에만 충실한 문학 이론을 학생들에게 강요하게

69) 이성원, 「무엇이 고전인가? 왜 고전인가?」, 서울대학교 인문과학연구소 『고전읽기 활성화 방안 연구』, 1993. 12. p.3.

되었고 그 결과 학생들은 문학에 대한 흥미를 잃어버리게 했으며 주어진 제도적 권위에 종속되는 주체로 되어버렸다.[70]

본고는 "문학교육에서 중요한 의미는 어떤 작품의 해석에도 적용될 수 있는 마스터키와 같은 공식을 가르치는 것이 아니라 학생들의 '문학적 체험' 자체를 향상시킬 수 있도록 고무하는 것[71]이라는 견해에 기본적으로 동의한다. 더욱 중요한 것은 '문학적 체험'을 어디로 귀결시킬 것인가이다. 체험을 통해 도달하려는 문화적 혹은 인간의 이상으로 단순하게 설정된다면 앞으로의 문학교육도 지금까지와 마찬가지로 하나의 규범적 원론 교육에 그치고 말 것이다. 진정한 의미에서의 현대문학을 이해하고 이에 동참 또는 비판하게 하자면 학생들로 하여금 당대의 문화적 현실에 대해 이해하고 참여할 수 있게 돕는 실질적인 방안을 마련해야 할 것이다.

모더니즘 시 교육에 있어서도 사정은 마찬가지이다. 만약 교육 방향을 인문주의적 이념에 따라 찾으려 한다면 모더니즘 시 교육은 기껏해야 과학적 진리에 대비되는 정신문화의 고양에 도움이 된다는 식의 소박한 내용주의로 귀결될 것이다. 그러나 이를 정전이 아니라 당대 문학 및 문화와 연관을 지어 가르치고자 한다면 시가 갖는 난해성에 대한 이해를 통해 현대시의 존재 방식과 그것이 반영하는 문화적 배경의 이해로 진행해야 한다.

문학적 기법과 문화, 사회적인 배경을 중심으로 김기림의 『기상도』를 중등학생들에게 학습시키기 위한 효과적인 교육방법을 모색하면 우선 1930년대의 전반적인 시대상황과 사회의식을 학생들에게 설명한 다음 시인의 시대정신을 이해하게 한다. 당시는 과학문명의 발달로 인간

70) 정재찬, 「〈죽은 시인의 사회〉와 문학 교육」, 『국어교육연구』, 서울대 사범대학 부설국어교육연구소, 1994, pp.10-11.

71) 김은전, 「詩와 評價」, 국어교육연구소 정기 학술발표회 〈국어교육과 평가〉 발표문, 서울대학교 사범대학 부설 국어교육연구소, 1993. 11. 19, pp.47-48.

의 생활이며 감정에도 변화를 가져오는 시기였다. 전근대적인 사고방식에서 탈피하여 현대적인 생활문화를 누리고자 하는 기술자본주의 의식이 싹트고 있었다. 당연히 시와 시대정신의 상호관련성이 따를 것이다. 다음으로는 당시의 문단상황을 이해시켜야 한다. 당시는 우리시가 현대시로 향하는 과도기적 양상을 띠고 있는 무렵의 시다. 1930년대 이전까지의 감정의 무절제한 유출과 부자연스러운 리듬에서 벗어나 자연스러운 내적 리듬의 창조와 시작자체의 미학을 추구하는 새로운 가치체계를 확립하기 시작한 시라는 것을 충분히 알게 한다. 그리고 1930년대에 와서야 비로소 시의 현대적인 체제와 의식을 시의 내용구조 속에 담기 시작했는데 그 중의 한 작품이 바로 『기상도』임을 주지시킨다. 아울러 『기상도』 작품을 통해 앞서 제기한 모더니즘시의 시정신과 표현기법의 상관성을 구체적으로 검증해 보여야 한다. 이와 같은 선행학습이 충분히 이루어지면 모더니즘 시 교육과 학습자는 가까워질 것이다.

Ⅲ. 결론

본 연구는 모더니즘 시를 교육적으로 활용하는 방법을 모색하였다. 1930년대 모더니즘의 실천적 기수였던 김기림의 시론과 대표작인 『기상도』는 문학사적으로 의미 있는 발자취임에도 불구하고 현행 중등학교의 문학교육에서 배제되었다. 그 이유로 김기림이 6.25당시 납북된 상황을 들 수 있으나 문학교육에 있어서 모더니즘 시의 중요성을 재인식한다면 그의 시에 대해 심도 있는 분석과 본격적인 학습 적용으로 이어져야 할 것이다.

김기림은 과거의 시들을 센티멘탈 로맨티시즘이라고 공격하면서 새로운 시의 조건을 탐색하였다. 감상적 태도 대신에 주지적 태도, 음악성 대신에 회화성, 병적인 퇴폐성 대신에 원시적 명랑성, 적극적인 문명비판 등을 주장하였고 실제 창작을 통해서 실천하고자 하였다. 이러한 새로운 시의 이론을 가지고 의욕적으로 실험했던 작품이 『기상도』이다. 이 시집은 장시형식이라는 점이 새로운 시도로 장르 확산을 가져오며 몽타주적인 구성방식을 취하고 있다. 근대 사회의 복잡 다양한 현상들과 문물들을 시의 소재로 취하였는데 형식과 구성방식은 근대문명에 의해 변화된 현대적 감각을 효율적으로 전달하고자 한 의도에서 계획되었다.

그러나 그는 소재를 구성하는 데에 있어서 피상적인 차원에 그쳤으며 풍자와 알레고리를 이용하여 근대문명에 비판을 가하고자 하였으나 문명비판의 시로 보기에 풍자의 방법이 약하다. 2부 '시민행렬'에서 '넥타이를 한 흰 식인종이 칠면조보다 즐겨하는 니그로의 요리'라는 식으로 표현한다든가 '백인 여자들이 모두 해수욕 갔으므로 망향가를 부르는 니그로와 생쥐가 친구가 된다'는 식의 비유는 표피적이고 외면적인 단순 비유다. 냉정한 시니시즘에도 미치지 못하고 억압받는 대상물에 대한 동정이나 연민의 정도 지니지 않은 상태이며 4부 '자최'에서 '지붕을 베끼운 골목 어구에서 쫓겨난 공자님이 잉잉 울고 섰다' 역시 풍자의 수단인 비유의 수법이 유치하여 김기림이 시도한 풍자에 한계가 있다.

문명비판에 대해 어느 입장에 서든지 김기림은 시보다 시론에 입각한 가치 평가가 우선한다. 시와 시인은 전혀 동떨어진 것은 아니지만 그렇다고 일방적으로 동일시할 수도 없다. 더구나 시인이 시론가를 겸할 경우 그의 시론은 시와 견주었을 때 갈등과 모순을 일으킬 수도 있다. 김기림은 근대문명의 파산을 의미하는 태풍 이후에 나타나는 태양의 이미지로 건강한 역사를 암시하면서 너무 낙관적인 전망의 환상으로 간단하고 쉽게 해결하고 있다. 현대 문명의 모순과 위기를 태풍처럼 일어났다 지나고 마는 것으로 파악하여 대단원인 '쇠바퀴의 노래'에서 '날개와 같이 가벼운 태양의 옷을 갈아 입어도 좋을게다'로 끝을 가볍게 마무리 하고 있다. 위에서 지적된 한계와 비판을 인정함에도 불구하고 김기림의 시론과 『기상도』가 모더니즘 시를 실험적으로 실천했다는 점은 우리 근대문학사에 자취를 남긴 것으로 평가된다. 그러므로 중등학교의 모더니즘 시 교육에 충분히 적용할 수 있다. 중등학교의 학습에 적용하려면 먼저 학습자들에게 당시의 문단상황에 대한 이해가 선행되어야 한다.

김기림은 모더니즘 시론에 입각해 시를 썼으며 시적 가치를 전대의 감상성을 배격하고 신선한 감각 위주의 이미지를 강조하면서 문명비판에 두었다. 초기 작품인 『기상도』에는 현대적인 체제와 의식이 반영되어 장시형식, 몽타주적인 구성, 감각적인 표현, 객관적 상관물, 문명비판과 풍자, 알레고리, 대화, 내적 독백, 의식의 흐름들이 나타난다.

이 논문은 앞서 제기한 모더니즘의 시정신과 표현기법의 상관성을 구체적으로 더 학습하고 연구하기 위해 실제 학교 현장의 문학교육수업을 통해 보완할 것이다.

참고문헌

1) 1차 기본 자료

김기림, 『김기림 전집 1,2』, 심설당, 1988.

2) 논문

강은교, 『1930년대 김기림의 모더니즘 연구』, 연세대 박사논문, 1987.

고영화, 「용비어천가 텍스트의 구성원리 연구」, 서울대 석사논문, 1997.

김윤태, 「한국모더니즘시론연구」, 서울대 석사논문, 1985.

김창원, 「시 텍스트 해석 모형의 구조와 작용에 관한 연구」, 서울대 박사 논문, 1994.

류수열, 「사설시조의 텍스트 구성 원리 연구」, 서울대 석사논문, 1994.

문혜원, 「김기림 문학론 연구」, 서울대 석사논문, 1990.

박상천, 「기상도 연구」, 『한국학논집』제6집, 한양대 한국학연구소, 1984.

박정희, 「김기림 시 연구」, 서울여대 박사논문, 199.6

안수진, 「모더니즘 시의 부정형 형성 연구」, 서울대 석사논문, 1994.

유영희, 「시 텍스트의 담화적 해석 연구 - 화자를 중심으로」, 서울대 석사 논문, 1994.

윤여탁, 「시문학의 이데올로기와 교육」, 『국어교육』, 71 · 72, 한국국어교육연구회, 1990.

이미경, 「김기림 모더니즘 문학 연구 - 근대성의 의미 변화를 중심으로」, 서울대 석사논문, 1988.

이창배, 「T.S 엘리어트 시」, 『동국대학교 논문집 제22집』, 동국대학교 1983.

장도준, 「김기림 연구 - 1945년 이전의 시와 시론을 중심으로」, 연세대 석사논문, 1984.

전일숙, 「김기림 시론 연구」, 전남대 석사논문 , 1989.

정재찬, 「현대시 교육의 지배적 담론에 관한 연구」, 서울대 박사논문, 1996.

정현선, 「모더니즘 시의 문화교육적 연구」, 서울대 석사논문, 1995.

조달곤, 「김기림 연구」, 동아대 박사논문, 1991.

조영복, 「1930년대 문학에 나타난 근대성의 담론 연구」, 서울대 박사논문, 1996.
최미숙, 「시 텍스트의 해석 원리에 관한 연구」, 서울대 석사논문, 1993.
최지현, 「한국현대시 교육의 담론적 분석」, 서울대 석사논문, 1994.
하태욱, 「김기림 시론의 전개양상 연구」, 연세대 석사논문, 1996.
한계전, 「1930년대 모더니즘 시에 있어서의 '문명비판'」, 『국어국문학』114호, 1995.5.

3) 단행본

김용직, 『현대시원론』, 학연사, 1988.
— 『김기림-모더니즘과 시의 길』, 건대출판부, 1997.
김우창, 「한국시의 형이상」, 『궁핍한 시대의 시인』, 민음사, 1977.
김유중, 『김기림』, 문학세계사, 1996.
김윤식, 「전체시론-김기림」, 『한국근대문학사상사』,한길사, 1984.
김은전, 『시와 평가』, 서울대학교 사범대학 부설 국어교육연구소, 1993.
김재홍, 『시와 진실』, 이우출판사, 1984.
문덕수, 『한국모더니즘 시 연구』, 시문학사, 1983.
서준섭, 『한국모더니즘 문학연구』, 일지사, 198.8
송욱, 「한국모더니즘비판」, 『시학평전』, 일조각, 1963.
신동욱, 「미적거리의 원근법에 의한 김기림 시작품의 이해」, 『현대시』 1990.4.
신범순, 「1930년대 모더니즘에서 산책가의 꿈과 재현의 붕괴」, 『한국 현대시사의 매듭과 혼』, 민지사, 1992.
오세영, 「이미지즘」, 『문예사조』, 고려원, 1983.
— 『20세기 한국시연구』, 새문사, 1989.
이동순, 「김기림 - 한국현대시사의 변증법적 확충을 위하여」, 『월북문인연구』, 권영민편, 문학사상사, 1989.
이명섭 편저, 『세계문학비평용어사전 』, 을유문화사, 1985.
이성원, 「무엇이 고전인가? 왜 고전인가?」, 서울대학교 인문과학연구소 『고전읽기 활성화 방안 연구』, 1993.

이혜원, 「근대성의 지표와 과학적 시학의 실험」, 『근대문학과 구인회』, 상허문학회 지음, 깊은샘, 1996.

정재찬, 「〈죽은 시인의 사회〉와 문학교육」, 〈국어교육연구〉 서울대 사범대학 부설국어교육연구소, 1994.

조창환, 『포우즈의 시학 - 그 지향과 한계』, 월간 현대시, 1990.

— 『한국시의 넓이와 깊이』, 국학자료원. 1998.

최혜실, 「모더니즘의 의미와 한계」, 『한국현대시사의 쟁점』, 시와시학, 1991.

한계전, 『한국현대시론연구』, 일지사, 1983.

Eugene Lunn, 김병익 역, 『마르크시즘과 모더니즘』, 문학과 지성사, 1988.

Michel Foucault, 김현 편, 「저자란 무엇인가?」, 『미셸 푸코의 문학 비평』, 문학과 지성사, 1989.

T.S엘리어트,김종길역, 「J.A푸르푸록연가」, 『20세기영미시』,민음사, 1983.

관능의 월경(越境)

1. 시작하며

현대의 특징 중의 하나는 에로티시즘의 대중화이다. 그래서 우리는 여러 매체로 섹스 산업이 널리 유통되는 시대에 살고 있다. 에로티시즘의 기원은 그리스 신화에 나오는 사랑의 신 에로스에서부터 뿌리가 깊다. 성은 감각적이고 감정적인 측면이 강한데, 환기하거나 이미지의 암시를 통하면 더 에로틱하게 느껴지기 마련이다. 고대 그리스의 여러 신화에서부터 성서의 아담과 이브의 이야기는 문화 · 노동의 발생 근원에는 남녀의 에로티시즘이 놓여 있음을 예시하는 본보기가 된다.

이렇게 에로티시즘은 역사와 문화를 관통하며 음으로 양으로 중요한 역할을 해왔다. 이성이 담론의 중심을 이루던 과거에는 본능으로서의 욕망을 은폐하려는 경향이 있었다. 플라톤은 육체가 정신의 하위주체라고 여겼고 데카르트는 이성을 중심으로 이원론적 세계관을 펼치는 등 현상학의 한 하위 단위로 존재했으나 니체에게서 전복되기에 이른다. 영혼이 몸의 단면을 말해주는 것이라며 몸을 부각하기 시작한 것이다.

우리 시문학사에서 몸에 대한 접근이 풍요로워진 시기는 1990년대부터이다. 현대 사회에서 몸은 생물학적인 접근에서 발전하여 사회와 관계하는 매체가 되며 나아가 권력이 오가는 매개물이 되기도 한다.

몸은 각종 미디어 매체들의 상업성과 뗄 수 없이 밀접하며 생산과 소비를 하고 있다. 현대의 자유롭고 분방한 것을 추구하는 헤게모니의 이동으로 에로티시즘은 곳곳에 노출되어 있다.

에로티시즘의 큰 줄기를 만나게 되는 시인으로 김선우를 들 수 있다. 그녀의 시는 여성에 대한 전통적인 남성중심의 사고를 그대로 답습하지 않으며, 성이라는 과거의 폐쇄된 주제에 대한 여성의 진솔한 접근과 재해석을 보여준다는 점에서 위상을 차지한다. 이는 여성시의 새로운 영역을 확장했다는 의의가 있다.

그동안 남성의 성욕은 인간의 원초적인 욕망으로 당연하게 여기던 것에 비해 여성의 성욕은 남성의 성욕을 자극하는 수단 혹은 남성 성욕에 맞추는 소극적인 대상으로 간주되어 왔다. 그러나 김선우의 시는 '몸'을 모티브로 주체적인 여성성에 대한 사유, 생태주의, 불교적인 연기관, 습속 규범 등이 그의 네 권의 시집[1)]을 관통하는데 이제부터 구체적으로 어떻게 나타나는지를 밝히려고 한다.

2. 인식주체로서의 몸

김선우의 시에서 몸의 역할은 인물과 사건, 사물의 내력을 인식하는 주체로서 여러 시편들에 나타난다. 제 1시집 「산청여인숙」에 화자는 모서리를 통해 등장한 여인의 정체를 "다래순 냄새", "초록빛 순의 향기", "포마이카 옷장의 서랍 냄새", "찔레 꽃 향기", "여름 소나기의 먼지 냄새" "엄마 속곳 냄새", "잘 마른 밀짚 냄새", "허물어진 흙담 냄새", "할머니의 수의에서 나던 싸리 꽃향기", "오월의 가두에 흩어지던 침수향" 등의 후각적 이미지로 묘사한다. 끝부분에 그녀가 모서리로 돌아간

1) 김선우의 시집은 2000년에 출간된 첫 시집 『내 혀가 입 속에 갇혀있길 거부한다면』과 2003년의 『도화 아래 잠들다』, 2007년 『내 몸 속에 잠든 이 누구신가』, 2012년 『나의 무한한 혁명에게』가 있다. 본고에서는 편의상 발행연도 순서대로 제1시집, 제2시집, 제3시집, 제4시집으로 칭하기로 한다.

뒤 “자궁에서 빠져 나올 때 맡았던 바닷물 냄새”가 난다면서 그 여인이 “어머니” 이었음을 후각적 이미지로 제시하고 있다.

제 2시집의 「나생이」에서는 화자를 비롯한 생태적 자아를 가진 여성들은 나생이가 돋아나는 것을 청각과 촉각으로 직접 표현한다. 두 귀를 모아 듣고, 구릉에 앉아 소피를 볼 때의 “짜릿”함으로 느끼고 있다. 인간-자연 관계에서 시각중심적인 모더니즘 논리보다 몸에 근거한 자연과의 직접적인 접촉을 통해 상호관계성을 깨닫고 자연에 대한 존중의 마음을 갖는 것이다.

「탁란」에서는 뻐꾹새가 다른 새의 둥지에 알을 맡길 수밖에 없는 슬픔이 “노보살의 빨래 방방이질 소리”로 제시된다. 그리고 「귀」라는 작품에서는 뱀의 귀를 통해 “미끼로 던져진 개구리의 마지막 울음소리와 그 개구리를 덥썩 문 가물치의 사그라드는 소리”를 통해 화자는 순환하는 관계속의 삶의 이치를 깨닫는다. 이처럼 김선우의 시에서 몸은 인식의 주체로서, 자연과 생명, 여성성의 문제를 다루며 아래와 같이 구체적인 감각과 이미지로 육화시켜 관능을 발휘한다.

2.1. 에로티시즘의 구현

여성의 신체 부위나, 생식 기능과 관련된 단어들이 김선우의 시에는 많이 등장한다. 그의 시에 나타나는 여성적 편향성은 작품 속에 에로스를 지향하는 강렬한 힘으로 표출된다. 성 행위의 이미지를 환기, 암시하거나 또는 표현하는 것이 ‘에로티시즘’의 주된 관심[2]인데 작품에서 구현되는 ‘몸’은 에로티시즘이거나 모성화로 대별된다.

우선 ‘자연’이 여성의 관능적인 신체에 비유된다. 그 다음으로 ‘관능성’을 ‘모성화’하여 관능성이 커질수록 모성성도 증폭이 된다. 김선우의 「얼레지」를 볼 때 성의 자기결정권이 있고 남성의 성욕에 보조역할을

2) 정영자, 『문학 속에 나타난 성 표현의 역사』, 문학사상, 1993, p.357.

하지 않으며 그렇다고 모성이라는 이름으로 여성의 성욕을 가장하거나 포장하지도 않는다. 본능을 그려낼 뿐, 성행위 자체에 몰입되어 있지도 않다. 그의 작품에 등장하는 몸은 '모성성'을 환기하는 '어머니의 몸'인 경우가 많고 여기에 강한 성적 메타포를 내재함으로써 '노년기 여성의 몸'과 '증상'들에 건강한 활력을 부여한다.

예로부터 시인들은 대지와 인간의 관계를 주제로 삼으며 전략적으로 인간과 자연의 대화 수단으로 성애화나 제식적인 성교행위를 형상화하려고 시도해 왔다.[3] 성행위는 생명과 직결되는 문제이기 때문이다. 김선우의 시에서 몸이 관능화 되어 있는 것도 이 맥락과 같다. 다음의 작품 「민둥산」에서 우리는 화자가 알몸이 되어 자연과 관계하는 자유로운 상상의 세계를 볼 수 있다.

> 세상에서 얻은 이름이라는 게 헛묘 한 채인 줄/ 진즉에 알아챈 강원도 민둥산에 들어/ 윗도리를 벗어올렸다 참 바람 맑아서/ 민둥한 산 정상에 수직은 없고/ 구릉으로 구릉으로만 번져 있는 억새밭/ 육탈한 혼처럼 천지사방 나부껴오는 바람 속에/ 오래도록 알몸의 유목을 꿈꾸던 빗장뼈가 열렸다/ 환해진 젖꽃판 위로 구름족의 아이들 몇이 내려와/ 어리고 착한 입술을 내밀었고/ 인적 드문 초겨울 마른 억새밭/ 한기 속에 아랫도리마저 벗어던진 채/ 구름족의 아이들을 양팔로 안고/ 억새밭 공중정원을 걸었다 몇 번의 생이/ 무심히 바람을 몰고 지나갔고 가벼워라 마른 억새꽃/ 반짝이는 살비늘이 첫눈처럼 몸속으로 떨어졌다/ 바람의 혀가 아찔한 허리 아래를 지나/ 깊은 계곡을 핥으며 억새풀 홀씨를 물어 올린다 몸속에서/ 바람과 관계할 수 있다니!/ 몸을 눕혀 저마다 다른 체위로 관계하는 겨울풀들/ 풀뿌리에 매달려 둥지를 튼 벌레집과 햇살과/ 그 모든 관계하는 것들의 알몸이 바람 속에서 환했다/ 더러 상처를 모신 바람도 불어왔으므로/ 햇살의 산통은 천 년 전처럼/ 그늘 쪽으로 다리를 벌린 채였다/ 세상이 처음 있을 적 신께서 관계하신/ 알 수 없는 무엇인가도 내 허벅지 위의 햇살처럼/ 알몸이었음을 알겠다 무성한 억새 줄기를 헤치며/ 민둥한 등뼈

---

3) 로즈마리 푸드남 통 저, 이소영 외 편역, 『자연, 여성, 환경』, 한신문화사, 2000, p.179.

를 따라 알몸의 그대가 나부껴 온다/ 그대를 맞는 내 몸이 오늘 신전이다

- 「민둥산」 전문, 제2시집, pp.8~9.

화자는 강원도 민둥산에 간다. 민둥산의 정상은 수직은 없고 "구릉으로만 구릉으로만" 펼쳐져 있다. 이것은 남성중심사회의 수직적 권위가 민둥산에는 없기 때문이다. 민둥산에서 알몸이 되어 구름과 교감하고 바람과 관계하는 상상력을 펼친다. "알몸"은 관능성의 대표적인 표지이며 문명 파괴가 없는 자연 자체임을 상징한다. 여기서 자연은 생명력으로 치환될 수 있겠다. 마지막 부분에서 "내 몸이 오늘 신전"이라는 표현은 자연과 관계한 화자가 세상을 창조한 신처럼 생명을 탄생시킬 수 있는 "모체"로 성장하였다는 것을 암시한다.

에로티시즘은 신성하고 아름다운 생명력으로 수렴되는 성에 관심을 갖는다. 그러기에 생명으로 충만한 원초적 질서를 회복하려는 의식 속에서 유토피아를 엿보는 것은 어렵지 않다. 자연의 질서는 생명의 생성순환 관계에 있다. 따라서 생명을 전제로 한 성적 행위는 자연의 본연의 질서를 효과적으로 보여주는 방법이 된다. 다음에 이어지는 「69-삼신할미가 노는 방」에서는 더 확연히 드러난다.

무슨 조화를 부렸는지 방이 무덤처럼 둥글게 부풀어오르더니만 사방이 69 천지인거라 방구들과 천장의 69, 전등과 전등갓의 69, 문틀과 문의 69, 한 시와 두 시의 69, 이불과 요의 69, 자음과 모음의 69, 모서리와 벽의 69, 두 시와 세 시의 69, 얼룩들의 69, 얼룩이 얼룩을 낳고 얼룩이 얼룩 속에 제 몸을 비벼넣으면서, 쥐오줌과 곰팡이꽃의 69, 숟가락과 국그릇의 69, 주춧돌과 두꺼비집의 69, 옛날 옛적 산이었던 이 터와 지붕 얹힌 것들의 69, 죽은 것과 산 것들의 69, 어머니 태 속의 나와 어머니의 69

- 「69-삼신할미가 노는 방」 2연, 제2시집, pp.76~77.

'69'는 궁극적으로 대립되는 것의 조화와 무질서한 것의 질서화를 통

해서 생명을 선취하려는 상징적 기표이다. 조화와 질서는 생명을 낳는 원리이며 에너지여서 생명을 지닌 것이든, 그렇지 않은 것이든 간에 화자의 의식 속에 우주에 존재하는 모든 것들은 바로 '69'의 자세를 통해 생성된다. 이에 "무덤처럼 둥글게 부풀어 오르"는 방은 '자궁'으로 볼 수 있고, '69'라는 이 외설적인 기표는 생명을 낳는 에너지이자 탄생의 접점인 것이다.

에로티시즘은 섹스 자체에 초점을 맞추고 있는 섹슈얼리티와 조금 다르기 때문에 이러한 상상력이 가능하다. 에로티시즘은 생물학적 성을 뛰어 넘어 심리학적 성을 문제 삼는 것이다. 에로티시즘에서 성은 성 행위 자체의 의미에 만족하지 않고, 그 행위를 통한 생명에 더 관심을 갖는다. 에로스 이론가인 마르쿠제가 생태 운동이 해방을 향한 심리 운동이며 에로스의 운동임을 강조하고 있는 것도 이 때문이다.[4]

위에서 살펴보았듯이 김선우 시의 에로티시즘의 핵심은 '생명'이다. 그 생명은 여성의 몸을 통해 촉발되고 이러한 생명성의 발현은 여성의 몸에 대한 긍정성을 부여한다. 여성의 자위행위를 얼레지 꽃을 비유하여 쓴 시 「얼레지」의 경우, 남성 위주의 관점으로만 여성에게 터부시되는 행위를 되물음으로써 여성의 성을 대상화한다. 화자는 당당하고 솔직하게 "벌 나비를 생각해야만 꽃이 봉오리를 열겠니"하면서 반문한다. 이는 여성의 주체적인 자아의식을 드러내면서 성에 대한 자기 결정권을 발휘하는 대목이다. 사랑은 어떤 대상에 의해 지배되지도 지배할 수도 없는 자기의 선택임을 보여주는 것이다. 이 같은 주체적인 발언은 남성중심적인 사회에 대한 전복적 사유로 받아들여진다.

또한 김선우의 시에서 늙음에 대한 사유는 노년기 여성의 몸에 나타나는 증후에 있어서 '강한 생명력'을 부여하는 데까지 나아간다. 제2시집 「요실금」에서는 여성의 갱년기 증후인 '요실금'을 "혹한기 겨울에도

---

4) 하버트 마르쿠제, 『생태학담론』, 솔, 1999. pp.50~65.요약.

얼어붙지 않는 개울"에 비유하고, "여자의 아랫도리"는 "개울의 아득한 뿌리"로 표현된다. 이는 자연과 여성의 몸이 하나가 된 순간이며, 그의 작품에서 자연과 여성이 결합될 때는 강한 에너지가 발생된다. 이에 요실금이라는 병은 "개울이 얼지 않기 위해 개울의 뿌리가 흘려보낸 따뜻한 수액"으로 형상화하고 있어, 늙음의 추레한 병이 아닌, '생명현상'의 일부로 여긴다.

이어서 「완경(完經)」에서는 엄마의 '폐경'을 '완경(完經)'으로 표현한다. 완경(完經)은 최근에 페미니스트들이 여성의 폐경을 여성의 끝이 아니라 완성임을 주장하는 것에서 유래된 것이다. 이 작품에서 여성의 생명력이 다한 어머니의 몸은 '폐경'이 아닌 '완경(完經)'으로 승격된다. 김선우의 작품에서는 여성과 관련된 '유방', '어머니의 성기', '월경' 등이 중요한 모티브가 된다. 그의 작품에서 여성의 '유방'은 생명력의 교감이나 생명 복원의 의미로 자주 등장하는데, 이는 젖을 빨거나 젖을 물리는 행위에 빗대어 표현된다. 이와 관련된 작품으로는 제1시집 「무덤이 아기들을 기른다」, 「어미木의 자살2」, 「포구의 방」, 「해질녘」, 「얼레지」 제2시집 「69-삼신할머니가 노는 방」, 「민둥산」등이 있다. 여성이 젖가슴을 당당하게 내놓으며 젖 물리는 행위는 아주 관능적일 수 있지만 김선우의 시에서 그것은 곧 '생명'을 살리는 것과 관련이 있기에 음란하게 느껴지지 않는다.

자주 등장하는 '성기' 역시 여성의 몸을 환유하면서 개인의 삶의 내력을 보여주는 기표로 읽힌다. 제1시집의 「내력」을 인용하면 "몸져누운 어머니의 예순여섯 생신날/ 고향에 가 소변을 받아드리다 보았네/ 한때 무성한 숲이었을 음부/ 더운 이슬 고인 밤 풀여치들의/ 사랑이 농익어 달 부풀던 그곳에/ 황토먼지 날리는 된비알이 있었네/ 비탈진 밭에서 젊음을 혹사시킨/ 산간 마을 여인의 성기는 비탈을 닮아간다는, 세간 속설이 내 마음에 천중 소낙비를 뿌려 어머니 몸을 닦아드리다 온통 내가 젖는데"라는 표현을 봐도 수긍이 간다.

'월경(月經)' 또한 단순히 여성의 달거리 차원에서 확장하여 '월경(越境)'에 이른다. 예를 들어 "월경 때가 가까워 오면/ 내 몸에서 바다 냄새가 나네// 깊은 우물 속에서 계수나무가 흘러나오고/ 사랑을 나눈 달팽이 한 쌍이 흘러나오고/ 재 될 날개 굽이치며 불새가 흘러나오고/ 내 속에서 흘러나온 것들의 발등엔/ 늘 조금씩 바다 비린내가 묻어 있네"로 독백하는 제2시집의 「물로 빚어진 사람」을 읽으면 공감할 수 있다. 월경이 생물학적으로 여성을 특징짓는 의미에서 더 나아가 인간의 삶과 창조의 힘에 어떻게 관여하는지에 대한 사유가 잘 녹아 있다. 이는 여성의 몸에 대한 긍정의 시작이고, 여성이 자기 삶의 주체가 되는 중요한 통과제의이다. 생태학적 사고와 불교의 윤회적 세계관을 바탕으로 하는 김선우의 시에서 '몸'은 끊임없이 순환하는 양상을 보인다.

'오줌'도 '월경'과 마찬가지로 기피어가 아니라 여성의 건강함을 상징하는 긍정적인 용어이며, '오줌'과 '똥'을 누는 '기관'은 그의 시에서 '자궁'과 같은 계열체로 간주된다. 제2시집 「너의 똥이 내 물고기다」에서 원효가 눈 "똥"은 혜공이 잡은 "물고기"가 된다. 「어느날 석양이」에서도 "저물녘 태양"이 "우리의 하루"를 낳는 "금빛 항문"으로 묘사된다. 「오동나무의 웃음소리」에서는 여성화자가 오동나무 아래에 눈 자신의 오줌이 오동나무의 열매가 되는 경험을 통해 몸의 월경(越境)을 구체적으로 확인할 수 있다. 2연과 3연을 인용해보면 "마흔 넘은 여자들과 시골 산보를 하다가 오동나무 아래에서 오줌을 누게 된 것이었다 뜨듯한 흙냄새와 시원한 바람 속에 엉덩이를 내놓은 여자들 사이, 나도 편안히 바지를 벗어내린 것인데// 소리 한번 좋구나! 그중 맏언니가 운을 뗀 것이었다 젊었을 땐 왜 그 소릴 부끄러워했나 몰라, 나이 드니 졸졸 개울물 소리 되려 창피해지더라고 내 오줌 누는 소리 시원타고 좋아라 하는 것이었다".

이 작품은 남성위주의 관점에서 터부시 되어온 여성의 '방뇨'하는 장면을 생명력 있게 그리면서 여성 몸에 대한 긍정성을 부여하는 한편,

여성과 자연의 긴밀한 소통을 그리고 있다. 나아가 여성 화자의 몸은 자연과 고밀도로 삼투하게 되면서, 몸의 분비물인 '오줌'이 오동나무의 '열매'가 되는 '월경(越境)'을 경험하고, 능동적인 주체임을 느낀다.

이러한 '월경(越境)'의 체험은 자궁을 지닌 여성들로 한정하는 것이 아니다. 김선우에게 모든 생명체의 '몸'은 그 자체로 하나의 '자궁'으로 보고 있다. 그리고 몸에서 몸으로 순환하며 월경하는 몸들은 서로를 넘나들면서 뒤섞인다. 이것은 제1시집의 「숭고한 밥상」에서 화자가 자신의 생일상을 '누대에 걸친 근친상간의 밥상'이라고 인식하게 되는 계기가 되고, 「북엇국」에서 '사내'와 화자는 한 천 년 전에 만났던 몸들이며, 만취한 사내를 위해 끓이는 북엇국의 '북어'는 '화자'와 한 몸이 되는 것이다. 제2시집 「오, 고양이!」에서는 화자가 자신의 피 속에서 고양이를 보고, 수천 개의 다른 눈동자, 즉 자신이 거쳐 온 수많은 몸들을 본다. 제3시집 「주홍글씨」의 화자는 자신을 스쳐 지나간 '손' 즉, 어떤 몸의 내력들을 떠올리고, 연꽃은 '자기의 몸을 나누어 먹은 이들이 자신을 꽃 피울 것이다'라고 하며 한 존재가 다른 존재로 거듭나면서 섞이고 동일화가 된다.

제3시집에 실린 「사랑의 빗물 환하여 나 괜찮습니다」에서 화자의 '그대'는 "풀여치", "몽돌", "꽃", "샘물", "사향노루", "새", "나비", "자작나무", "회화나무", "명자나무", "해당화", "패랭이꽃", "도라지" 등 다양한 몸들을 변주해 등장한다. 이처럼 몸은 자연과의 소통에서 '관계적 자아'를 깨닫는다. 화자가 만나서 교감을 나누었던 일련의 자연물들이 결국 오래전에 잃은 화자의 '그대' 였다는 인연을 감지할 때, 주체와 타자, 인간과 자연의 분별은 무화된다. "그대를 만나러 가는 길"에 화자가 만나서 논 것들은 바로 자신의 "고단함을 염려하던 그대의 목소리" 였다는 것을 간파하고 찾아온 전율은 '관계적 자아'의 통찰로 실현되는 '월경하는 몸'을 입증한다. 이 밖에도 제 4시집 「사과꽃 당신」, 「반짝, 빛나는 너의 젖빛」, 「첫번 째 임종게」 등에서 상통하는 면을 발견할 수 있다.

시인이 발견한 관계적 자아는 시간의 경계를 뛰어 넘어 누대에 걸친 인연으로 묘사된다. 즉 자연물에서 확인되는 모습은 만물이 윤회하고 있다는 시적화자의 깨달음을 드러내고, 몸에서 몸으로 월경하는 몸들은 서로 넘나들며 경계를 뛰어넘는다. 이때 '몸'들은 자신이 그동안 거쳐 온 몸의 내력을 동시간대에 펼쳐 보임으로써, 그의 시에서는 주체와 객체, 과거와 현재가 구분되지 않는다. 이처럼 '관계적 자아'의 지극한 경지를 시간적인 차원에서 뛰어넘는 것이 김선우 시의 특징이자 성취라고 하겠다.

2.2. 관능의 모성화

그동안 김선우의 시집 제1권과 2권에서는 '몸'들의 희생과 고통이, 완벽한 유기체적 통합을 이루기 위해 어쩔 수 없는 것이라는 운명론적이고 당위적인 경향을 띄었다. 그런데 제 3시집에 오면서부터는 과거에 현상학 철학의 한 하위 단위로 존재했던 몸이 이 시대에는 사회 문화적 현상을 해석하는 중요한 요소[5]가 되는 것을 적극적으로 반영하여 격상되고 실천적인 모습으로 나타난다. 은폐되거나 당연시 되었던 폭력과 희생, 소외받는 타자들이 부각되기 시작한다. "어리고 아름다운 것들의 치욕"(「보름달 종려나무 그림자에 실려」, 제3시집)이 계속되고 있는 현실을 외면하지 않고, 그들에 대한 '아주 오래된 오늘날의 이야기'를 시작한다. 시인은 이러한 인식의 변화를 '연민'의 감정을 통해 되살려 낸다. '연민'은 모든 유한한 존재에게 바쳐지는 '비애'의 감정이자, 소통과 교감을 전제로 하는 지극히 '이타적인' 정서이다. 다음에 나오는 제3시집의 「사골국 끓이는 저녁」의 "찬바람 일어 사골국 소뼈를 고다가/ 자기의 뼈로 달인 은하 물에서/ 소가 처음으로 정면의 나를 보았다// 한 그릇.......한 그릇......./ 사골국 은하에 밥 말아 네 눈동자 후

---

5) 이재복, 『한국문학과 몸의 시학』, 태학사. 2004, p.17.

루룩 삼키고/ 내 몸속에 들앉아 속속들이 나를 바라볼/ 너에게 기꺼이 나를 들키겠다//는 부분을 보면 공감하게 된다. 제 4시집에서는 세계의 지배질서 재편과 잉여자본의 구축을 통해 권력과 이익을 보장받으려는 제국과 거대자본의 욕망을 시에 전면화하고, 이에 맞선 반란과 치유를 부각한다. (「축구장 묘지」, 「구석, 구석기 홀릭」, 「모터사이클 다이어리 」, 「그림자의 키를 재다」, 「아무도 미워하지 않은 자의 죽음」, 「나의 무한한 혁명에게」 등)

김선우가 그의 작품에서 '연민'의 감정으로 바라보는 타자들의 삶의 모습은 참 많다. 먼저 자본주의 시대에 소외된 사람들의 참상과 관련된 것으로 제1시집 「간이역」을 들 수 있다. 이 작품에서 화자는 어린 시절 자신의 풋사랑이었던 '그 애'의 삶을 연민의 눈으로 전달한다. '그 애'는 어려운 집안형편에 공고를 자퇴하고 아버지를 따라 태백으로 가서 광부가 되었지만 사북사태와 연루된다. 그리고 지금은 가리봉 어디에서 철공 일을 하고 있지만 그는 자식의 출생신고도 미처 못 한 상태이다. 이렇게 비극적인 타자로서의 삶의 모습은 제2시집 「불경한 팬지」에서도 나타난다. 신문기사를 토대로 상상한 이 시에는 동대문야구장 전화 부스 옆에서 쓰레기 더미에 덮인 채 발견된 한 노숙자의 주검과 관련된 기사를 다룬다.

이 외에도 김선우는 아물지 않은 역사적 상처와 그 어느 때 보다 골이 깊어진 정치적 갈등, 경제적 불평등, 인간 소외, 전쟁, 환경 파괴 등 사회의 여러 모순 속에서 고통 받는 타자들을 그의 작품 곳곳에 담는다. 제3시집 「제비꽃밥」을 보면 "전쟁과 폭격 속에서 폭탄을 몸에 감아야 하는 팔레스타인의 아이들"이 등장하고 제3시집 「봄잠」에는 "다른 이념을 가진 이에게 밥 지어 먹인 죄로 죽임을 당한 여자", 제3시집 「보름밤 종려나무 그림자에 실려」에는 "미혼모가 된 가난한 항구의 섬소녀들", 제3시집 「열네 살 舞子」에는 "일본군 위안부", 제3시집 「다른 손에 관하여」에는 "아파트 놀이터에서 아이들의 손에 눌려 죽는 개미"

(제3시집)에 이르기까지 다양하다.

김선우의 시는 불교의 연기관과 인접하면서 '해탈'을 목적으로 하기보다는 오히려 해탈 이전의 고통을 나누기 위한 삶에 집중한다. 한 몸에서 다른 몸으로 거듭나는 과정에서 송두리째 바뀌게 되는 운명에 주목하고, '너'와 다른 '나'의 위치를 통해 우리는 완벽하게 한 몸이 될 수 없음을 인식하는 것이다. 그래서 내가 이곳에 태어나지 않고 "전쟁과 폭격 속에 난민의 유배지를 떠돌아야 할 그 땅의 아들" 이었다면 "나 역시 폭탄을 몸에 감고 검은 외투를 입었을지 모른다."고 하는 것이다.

인간과 자연을 비롯하여 우주 속의 모든 존재가 신성과 고립되어 있는 것이 아니라면, 그리고 대지와 자연 속의 모든 존재들이 신성을 갖춘 살아있는 존재라면, 각각의 개체들 또한 다른 개체들과 고립되어 있을 수 없다. '조안나 머시'는 불교의 화엄 사상에서 나타나는 중중무진(重重無盡)의 존재의 연결성을 강조한다. 그는 진정한 자아란 이 지상에서 모든 생명체들과 우리가 공존하는 것이라고 하면서, 여기서는 우주가 한 몸을 형성하고 있다는 자각을 하게 되고, 이러한 자각이 일어날 때 사랑이나 자비심이 발생하지 않을 수 없게 된다. 이렇게 되면 생존을 위협하는 모든 문제에 대하여 이러한 자비심이 우러나오는 어떤 조치나 행동을 하지 않을 수 없게 되는 것이다.[6)]

거듭되는 윤회의 과정 속에서 우리는 약자, 소수자 그리고 고난 속의 이들과 나누는 연민과 연대의 마음을 통해서만 평화를 얻을 수 있다. 즉, 이것은 주체와 타자를 구별하지 않고 평등한 관계로 보는 연기론적 태도의 실천 행위인 '자비'를 실천하는 것이다. 이를 위한 연대의 고리를 만들기 위해 김선우는 제3시집 「Everybody shall we love」에서 "그러니 우리, 사랑할래요?" 라고 묻는다.

'자연'과 '여성'이 생명의 탄생과 양육을 책임지는 일에서 동질적인

---

6) 하정남, 『생태적 삶, 에코페미니즘, 새로운 문명』, 환경과생명사, 2001, pp.59~60.

존재로 인식되며, 이를 '모성성'[7]이라는 가치로 연결시켜 시의 중요 계기가 되고 있다. 이때, 작품에서 '자연과 여성의 동일화'는 여성적 이미지인 '자궁', '생리', '임신', '출산'등을 자연과 접목시키는 상상력으로 드러난다. 자연의 본성을 여성성으로 여성의 본성을 자연성으로 환치시킴으로써, 이 둘을 동질적인 존재로 포용하게 하는 것이다. 특히 생명의 문제 있어서 동질적인 삶의 패턴을 보여주는 경우가 많다. 다음에 나오는 작품 「입춘」에서는 자연의 몸이 '모체'로서 형상화되고 있는데, '임신을 원하는 여성'의 이미지를 자연인 '대지'에 접목시키는 상상력을 보여준다.

> 아이를 갖고 싶어/ 새로이 숨쉬는 법을 배워가는/ 바다풀 같은 어린 생명을 위해/ 숨을 나누어갖는/ 둥근 배를 갖고 싶어// 내 몸속에 자라는 또 한 생명을 위해/ 밥과 국물을 나누어먹고/ 넘치지 않을 만큼 쉬며/ 말을 나누고/ 말로 다 못하면 몸으로 나누면서// 속살 하얀 자갈들/ 두런두런 몸 부대끼며 자라는 마을 입구/ 우물 속 어룽지는 별빛을 모아/ 치마폭에 감싸안는 태몽의 한낮이면// 먼 들판 지천으로 퍼지는/ 애기똥풀 냄새
>
> -「입춘」, 제1시집 전문, p.36.

「입춘」이라는 위 작품에서 생명체를 탄생시킬 수 있는 '자궁'의 역할을 자연과 여성이 함께 지니고 있다는 점에서 동질적으로 인식하는 근거를 발견할 수 있다. 자연과 여성의 본질이 바로 '모성성'임을 확인한 것이다. 이처럼 김선우 시에는 자연과 여성이 '모성성'이라는 관련성을 근거로 발현되고, 이러한 전언을 담은 작품으로는 제2시집 「어리고 푸른 어미꽃」에서 단비 끝에 라일락과 감꽃을 피워내는 지구를 "50억 살 푸른 어미꽃"에 비유하는 장면과, 그 밖에 「운주(雲柱)에 눕다」, 「그 마을의 연못」, 「가을 구름 물속을 간다」, 「산청 여인숙」, 제 2시집 「요

7) 본고는 김선우의 시에서 발견되는 '여성성'의 개념을 '모성성'으로 보았다.

실금」, 「물로 빚어진 사람」, 「흰 소가 길게 누워」, 「유령 난초」 등에서 확인할 수 있으며 제4시집에서는 「12월 마지막날 B형 여자의 독백」, 「하이파이브」등에서 나타난다.

생물학적인 특징으로만 모성성을 강조하는 것은 남성의 가치관, 적어도 여성의 주체적인 개입이 없이 형성된 일반화된 상징에 불과하다. 그러므로 모성성이 진정한 여성성으로 작동되기 위해서는 여성 스스로 자연과의 친화적이고 동일적인 정서를 느끼고 인식하지 않으면 안 된다.[8] 다음에 나오는 「나생이」라는 작품을 통해 여성화자들이 스스로 자연을 깨닫고 체득하는 과정을 살펴볼 수 있다.

> 나생이는 냉이의 내 고향 사투리/ 울 엄마도 할머니도 순이도 나도/ 나생이 꽃 피어 쇠기 전에/ 철따라 다른 풀잎 보내주시는 들녘에/ 늦지 않게 나가보려고 조바심 낸 적이 있다/ 아지랑이 피는 구릉에 앉아 따스한 소피를 본 적이 있다// 울 엄마도 할머니도 순이도 나도/ 그 자그맣고 매촘하니 싸아한 것을 나생이라 불렀는데/ 그 때의 그 '나새이'는 도대체 적어볼 수가 없다// 흙살 속에 오롯하니 흰 뿌리 드리우듯/ 아래로 스며드는 발음인 '나'를 다치지 않게 살짝만 당겨 올리면서/ 햇살을 조물락거리듯/ 공기 속에 알주머니를 달아주듯/ '이'를 궁글려 '새'를 건너가게 하는// 그 '나새이',/ 허공에 난 새들의 길목/ 울 엄마와 할머니와 순이와 내가/ 봄 들녘에 쪼그려앉아 두 뒤를 모으고 듣던/ 그 자그마하니 수런수런 깃 치는 연둣빛 소리를/ 그 짜릿한 요기(尿)氣)를//
>
> -「나생이」, 제2시집 전문, pp.12~13.

이 시에서 자연친화적인 경험과 정서는 생명을 길러내고 확장시켜준다. "나생이"라는 고향 사투리를 통해 화자는 이성적인 언어가 아닌 청각과 촉각과 시어의 음운 효과를 사용해 표현한다. 위의 작품에서 화자가 느끼는 "짜릿"함은 '나생이의 탄생'인 동시에 '여성의 자아 인식의 깨달음'이다. 이는 삶의 체험과 기억이 단순히 몸을 통해서만 이루어지

---

8) 남진숙, 「에코페미니즘적 관점에서 본 여성주체의 태도와 인식」, 한국사상과 문화 제49집, 2007. p.114.

는 것이 아니라, 그것을 의식하는 자아가 더 중심에 있음을 보여준다. 여성이 남성보다 더 자연친화적이고 생명력을 길러내는 힘을 가진 존재, 대지의 어머니로서 상징화한다.

시인의 감성은 여성 자신의 몸을 통해 체득한 결과이며, 이는 여성성에 대한 주체적인 자기인식의 출발이 된다.[9] 제3시집 「아욱국」에서는 "사랑이 아니라면 오늘이 어떻게 목숨의 벽을 넘겠나"처럼 생명의 강한 원동력으로 나타나고, 「등」에서는 죽어서도 자신의 등을 사랑하는 대상에게 내어주는 죽은 새의 모습으로 형상화 된다. 「낙화, 첫사랑」의 경우, "추락하는 그대보다 먼저 바닥에 닿아 강보에 아기를 받듯 온몸으로" 타인을 받아내고 있으며 「잠자리, 천수관음에게 손을 주다 우는」에서는 "쓰러지는 것들이 쓰러지는 것들 위해 우는" 모습 등으로 다채롭게 발현이 되고 있다.

3. 맺으며

위에서 여러 작품들을 살펴보았듯이 에로티시즘과 김선우의 시적 세계관은 일맥상통한다. 미학적 감성이나 표현방식들에 있어서도 점철된다. 에로티시즘은 근대 이성 중심적인 사고 아래 억압되었던 '몸'의 감각과 영성을 중시하며 정신과 육체를 분리하지 않은 하나의 대상으로 보고 몸을 사유하는 주체로 인식한다. 김선우 역시 감각의 총화라 할 수 있을 정도로 다양한 감각적 체험들을 재현해 낸다. 과거의 기억을 떠올리거나 사물이나 사건의 내력을 인식하는 주체로서 몸을 중요하게 여긴다. 작품에서 여성은 육체를 통해 자연과 연결되고 자연은 여성의 관능적인 신체에 비유된다. 그 관능미는 다시 모성성으로 이어진다. 그러므로 관능성이 커질수록 모성성도 비례하여 커진다.

또한 '몸'은 강한 성적 메타포를 내재함으로써 노년기 여성의 몸과

---

9) 위의 글, p.118.

증상들에도 건강한 활력을 부여한다. '유방', '자궁', '월경', '성기' 등의 성과 관련된 직접적인 단어가 시적 제재로 활용되면서 여성의 몸에 관심과 긍정성을 부여한다. 만물을 영성이 깃든 존재로 파악하게 하고 이러한 만물이 교감하는 상상력을 제공하는 김선우의 시들은 '죽음'도 순환의 일부로 받아들인다. 이러한 인식은 '노년의 어머니의 몸'에 긍정성을 담보하기에 이른다.

더불어 불교의 연기관적 세계관을 바탕으로 '몸'은 순환하고 승화하는 양상을 보인다. 이는 '자궁'을 통해 이루어진다. 월경(月經)하는 자궁은 더 나아가 다른 몸으로 월경(越境)하며 여성의 몸은 한 단계 높은 영역으로 발전하는 의미를 갖는다.

지금까지 고찰한 여러 시들은 축자적인 것에 급급하지 않고 당대 사회 문화적인 국면과 맞물려 시인의 내면적 정서의 표출로 드러난다. 그러한 수단으로의 김선우의 시는 여성의 몸에 대한 자각으로부터 시작하여 기존의 울타리에 갇혀 있던 수동적인 자세의 성을 적극적으로 묘사한다. 남성성에 대한 도발과 전복을 꾀하기도 하나, 대치를 고집하지 않고 남성성을 포괄하여 대지의 생명성을 추구하고 있다.

이는 인간 존재에 대한 성찰을 통한 각성으로서 21세기의 바람직한 시의 한 방향이 된다 하겠다. 김선우 시의 특징과 성취인 생명성 확보는 억압과 차별에 맞서는 것이며 궁극에는 휴머니즘을 향한다. 생명지향의 모성성은 문명기술사회를 이끌어온 가부장적 남성 중심의 사유와 대립이 되고, 기득권 세력 위주의 가치관을 뛰어넘어 양성의 포용을 지향한다.

구태의 남성 중심적인 세계관을 정정하기 위해서는 문학 내외적인 노력이 필요하다. 우선 내적으로는 여성이 피해의식을 고수해서 남성을 적대시하기보다는 왜곡된 의식을 규명하기에 적극적이어야 하며, 외적으로는 건강한 문학의 담론을 생산해서 이끌어 가야 할 것이다. 이때 대지의 여성성 즉 모성성이 핵심이다.

기본자료

김선우, 시집 『내 혀가 입 속에 갇혀있길 거부한다면』, 창작과비평사, 2000.

____, 시집 『도화 아래 잠들다』, 창작과비평사, 2003.

____, 시집 『내 몸속에 잠든 이 누구신가』, 문학과지성사, 2007.

____, 시집 『나의 무한한 혁명에게』, 창작과비평사, 2012.

단행본

이재복, 『한국문학과 몸의 시학』, 태학사, 2004.

하정남, 『생태적 삶, 에코페미니즘, 새로운 문명』, 환경과생명사, 2001.

로즈마리 푸드남 통 저, 이소영 외 편역, 『자연, 여성, 환경』, 한신문화사, 2000.

하버트 마르쿠제, 『생태학담론』, 솔, 1999.

논문 및 평론

남진숙, 「에코페미니즘적 관점에서 본 여성주체의 태도와 인식」, 한국사상과 문화 제49집. 2007.

박종덕, 「여성시의 어머니- 몸 구현 양상 연구」, 한국비평문학회 제38호, 2010.

정선아, 「몸-사유의 시 쓰기」, 한국프랑스학논집 제60집, 2007.

정영자, 「문학 속에 나타난 성 표현의 역사」, 문학사상, 1993.

공광규의 『말똥 한 덩이』에 나타난 불교적 사유

수레는 한 쪽 바퀴가 고장 나면 굴러갈 수 없다. 공광규의 시는 이처럼 양쪽이 소통하는 삶을 소홀히 하면 진리로 향하는 길도 멀어진다는 논리가 저변에 깔려 있다. 이른바 공동체의 상생 정신이 두드러지므로 시집 『말똥 한 덩이』는 불교 용어 '상구보리 하화중생(上求菩提下化衆生)'의 맥락으로 이해 가능하다. 어원은 보살이 위로는 자신을 위해 깨달음의 지혜를 구하고 아래로는 깨닫지 못한 중생을 제도한다는 뜻이다. '보살'은 '보리살타'의 줄임이며 인도의 원어 '보디삿트바'를 소리나는 대로 옮긴 것이다. '보디'는 깨달음을 의미하고 '삿트바'는 중생을 뜻한다. 즉 자신을 이롭게 하면서 타인도 이로워지는 마음가짐은 윈윈(win-win)을 지향한다.

그러나 현실은 어떤가. 먼저 농촌의 옛 정서를 회고하는 시 「엉엉 울며 동네 한 바퀴」를 보자. "버려진 산소"에는 "잡목이 정수리까지 박혀 쓸쓸하"고 "친구도 친구 자식도/ 다시는 돌아올 일이 없을 것 같아 울먹해지는/ 이민 간 친구 빈집 마루에 가득한 흙먼지"며 "병을 얻은 친구의 홀아버지는/ 읍내 큰아들 집에 구들을 지고 누워 있"고 "어머니가 걸어서 시집왔다는 고개는 파헤쳐지고/ 개울 건너/ 경순네 빨간 함석지붕은 헐려 보이지 않"는다. 게다가 "젊은 여자의 팔 할이 다방아가

씨”인 처지다. 그러다보니 “이제 고향집”에는 “늙은 어머니마저 없으니 / 수돗물도 끊기고/ 따뜻한 쌀밥도 국도 반찬도 없다/ 고향에 오면 국물도 없는 인생이 된 것이다//”(「빈집」).

이런 쓸쓸한 심사의 원인을 시로 짚어본다. “휘어진 시골길을 따라가”면서 “길이 왜 곡선으로 나 있는지 알겠”다고 통찰하는 부분. 그리고 “아쉬워라, 논길에서 뱀을 만난 듯/ 진흙탕을 직선으로 달려가다 넘어진 친구들”(「시골집에 가면서」)을 사유하는 부분을 읽으면 짐작 가능하다. 앞만 보고 급히 직선으로만 달려간 결과 넘어진 것이라고 현실을 진단한다. 자본주의 문명의 성급한 속도전이 지배하는 도시의 일상은 비정해서 상호 소통의 어려움을 낳고 이는 여유로웠던 과거 혹은 곡선으로 회귀하고 싶어 한다.

그 동안 공광규 시의 방향은 현실참여적인 초기의 현장시에서, 구호화된 시에 경사되지 않고 문학의 품위를 지키는 시로 흘러왔다. 1990년대 이후 자본의 총공세가 펼쳐지는 상황에 경박한 세태에 휘둘리지 않으면서 인간에 대한 이해의 폭을 넓혀 왔다. 『소주병』 이후 삶의 소소한 것들이 다양한 시적 재료가 되는데 수식이나 상징, 언어 기교에 구애되지 않고 자연스럽게 풀어왔다. 이 번 시집에서도 알쏭달쏭하거나 이해 안 되는 문장 없이 편안하다. 쉬운 말 속에 내적 긴장이 자리잡으면서 독특한 시의 빛깔을 내고 있다.

지혜롭고 정 많은 것들을 잃어버린 현대인의 삶은 각박하다. 이를 위로하기 위해 공광규시인은 자신과 가족을 돌아보며 시를 쓰는지 모른다. 예를 들자면 “낡은 넥타이를 끌고 당기는 비바람이/ 술집에서 술집으로/ 걸레처럼 끌고 다니는 밤// 빗물이 들이치는 포장마차 안에서/ 술에 젖은 몸이/ 악보도 연주자도 없이 운다.//”(「몸관악기」)는 부분. 몸을 하나의 악기처럼 표현한 데서 울고 싶은 심정을 느낀다.

아내를 「무량사 한 채」로 묘사하여 「무량사 한 채」가 “주방에서 요리하고/ 화장실서 청소하고/ 거실에서 티브이”를 본다는 부분을 읽으면 '자크 데리다'의 '차연(差延)'이론이 떠오른다. 이는 해체 철학의 핵심인 텍스트 이론과 연관성이 있다. 텍스트의 의미는 결정되어 있거나 확정할 수 있는 것이 아니라 의미작용의 연쇄 속에서 하나의 대체 가능한 언어해석으로부터 다른 해석으로 지연된다. 이 주장은 '정도를 헤아릴 수 없을 만큼 많음'을 뜻하는 '무량'이라는 단어에도 물론 적용될 것이다. '무량'이라! 어마해서 읽는 이로 하여금 호흡을 가다듬게 한다.

「자식 놈이 사고 친 날」은 "하늘이 아주아주 깜깜했다"고 표현하는가하면 「법성암」에서는 "어머니는 평생 나를 아름다운 연등으로/ 작은 부처님으로/ 높은 석탑으로 모시고 살았"다면서 회고한다.

주지하듯 시에서 시적 진술은 사실 진술과 다르다. 그래서 시적 화자를 내세워 탈을 쓰고 등장할 수도 있고 화제에 따라 어조가 달라지거나 시점이 달라질 수 있는데 공시인의 경우는 시적 진술이 사실 진술처럼 읽힌다. 「거짓말」에서 "사는 것이 거짓말이다/ 거짓말인 줄 내가 다 알면서도 이렇게 살고 있다/ 나를 얼른 패 죽여야 한다."는 표현은 직설적이라 민망하지만, 그만큼 꾸밈이 없다.

특히 어머니에 대한 시가 진솔하다. 삶에 대한 안쓰러움이 배어있는 「뼛가루를 뿌리며」는 천천히 음미하고 싶은 시이다. "많은 시간/ 가슴을 다친 나무로 살다가 지금은/ 흰 싸락눈으로 날리고 있다// 몸이 이렇게 타고 부서져 가벼워지기까지/ 칠십일 년이라는/ 긴 시간이 걸린 것이다// 한 삽도 안 되는 뼛가루를 만드는 데 이렇게 긴 시간이 필요하다니/"에서 어머니의 '뼛가루'는 '싸락눈'으로 치환된다. 그 밖에 어머니는 "기력이 다해 넘어진 암소가/ 침대 외양간에 모로 누워/ 되새김질을 하고 있다// 되새김질 목록에는/ 어려서 죽은 남동생과/ 일찍 이혼한 여동생들도 있으리라//"의 「병든 암소」였다가 "시골에서 올라온 농기계가/ 흙을 털고/ 아파트 방 안에 누워 있다"의 「고장 난 농기계」였다가 요도가 막혀서는 "사십 몇 년 전 내가 헤엄쳐 나온 곳/ 지금은 검은 주름으로 뭉개진 폐광구이다/ 썩은 핏물이 쏟아지는 폐수구이다//"

의 「샘」으로 각각 환유의 대상이 된다.

알면 알수록 매력적인 것이 시의 세계이다. 아는 만큼 보이고 보이는 만큼 느끼기 때문이다. 소재에 따라 정황을 떠올려 보며 시간적, 공간적 배경을 생각하고 비유와 알레고리, 리듬을 통해 세상살이를 녹여내는 시인은 그야말로 언어의 창조자이다. 보통사람 같으면 단순히 '싸락눈', '암소', '농기계', '샘'인 것을 시인은 대상을 보며 상상하기 시작한다. 어? 어머니와 닮아있네. 일종의 시적 발견인 이런 시선은 사물의 보이는 면 뿐만 아니라 내면이나 이면까지 감각의 촉수를 뻗치게 한다. 대상과 시인의 대화가 시작된다. 동병상련의 마음을 느끼면서 위로 받는 공시인은 그리움이 많다.

"빌딩 숲에서 일하는 회사원"이 "점심 먹고 식당 골목을 빠져나올 때 / 담벼락에 걸린 시래기 한 움큼 빼서 코에 부비다가/ 식당 주인에게 들켜" 경찰서로 넘겨진 일화를 소재로 한 「시래기 한 움큼」에서 "왜 남의 재산에 손을 대!" 식당주인이 반말로 호통을 치자 회사원은 이렇게 응수한다. "그리움을 훔쳤다. 개새끼야!"라고. 회사원을 빌어 공시인은 야박한 인심이 밉고 인정 많던 지난날이 그리웠던 것이다.

「얼굴반찬」의 "옛날 밥상머리에는/ 할아버지 할머니 얼굴이 있었고/ 어머니 아버지 얼굴과/ 형과 동생과 누나의 얼굴이 맛있게 놓여 있었습니다" 그런데 요즘은 "아들도 딸도 아내도 없습니다/ 모두 밥을 사료처럼 퍼 넣고/ 직장으로 학교로 동창회로 나간 것입니다/ 밥상머리에 얼굴반찬이 없으니/ 인생에 재미라는 영양가가 없습니다.//"에서도 향수를 느끼게 된다. 「완행버스로 다녀왔다」를 보면 "넓고 빠른 길로 직행하는 버스를 보내고", "느릿느릿 기어가는 완행버스를 타고 가며" 직행버스로 갈 수 없는 '남원추어탕', '파주옥', '전주비빔밥집', '스캔들양줏집', '희망맥줏집' 등등을 느긋하게 가고 싶어 한다. 느림의 미학을 추구하며 과거로 회귀하고픈 심정이 읽힌다.

시인은 이렇게 생활 속 여유를 그리며 「아름다운 사이」를 꿈꾼다.

"이쪽 나무와 저쪽 나무가/ 가지를 뻗어 손을 잡았어요/ 서로 그늘이 되지 않는 거리에서/ 잎과 꽃과 열매를 맺는 사이"를 바람직한 사이로 제시한다. 가히 "이쪽에서 바람 불면/ 저쪽 나무가 버텨주는 거리/ 저쪽 나무가 쓰러질 때/ 이쪽 나무가 받쳐주는 사이"는 「아름다운 사이」이며 「적당한 거리」일 것이다. "선운사 도솔암 내원궁 수목정원 한쪽/ 바위에 기댄 소나무 허리에 흉터가 깊다/ 일생을 기대보려다 얻은 상처"라고 표현하는 것을 보면 알 수 있다. 그러다 "내원궁 계단을 조심조심 내려오는데/ 진달래꽃과 생강나무꽃이 거리를 두고 환하다/ 당신과 나, 적당한 거리"가 "도솔천"이라고 확장하기에 이른다.

이러한 사유는 중도(中道) 사상을 바탕으로 하고 있다. 반목과 집착을 벗어나 조화를 이루는 중도. 지나친 쾌락추구와 고행의 양극단을 비판하며 넘어서는 이 개념은 『말똥 한 덩이』에 지배적이라 하겠다.

「향일암 가는 길」에서는 그 실천적 자세를 제시하고 있다. '향일암'에 가려면 "바위와 바위가 기댄 암문을 거쳐야/ 암자에 오를 수 있다"고 한다. "암문은 좁고 좁아서/ 몸집이 크거나 짐이 많은 사람은/ 통과할 수가 없다/ 꼿꼿한 허리도 굽혀야 하고/ 머리를 푹 수그려야 할 때도 있다/ 가끔은 무릎걸음도 해야 한다/ 이렇게 겸손하게 올라가도/ 바위가 막아서고 사철나무가 막아서서/ 갑자기 방향을 틀"기도 해야 한다.

「아름다운 회항」은 버리고 비우면서 아름다워지는 관계를 피력하고 있다. "멀리 순항하던 비행기가/ 갑자기 비상착륙을 하려면/ 항공유를 모두 버리고 무게를 줄여/ 출발했던 곳으로 돌아와야" 하듯이 "사람도 그럴 때가 있다/ 갑자기 자신을 비우고/ 출발했던 곳으로/ 돌아와야 할 때가 있"는 법이다. 「아름다운 회항」은 구성이 명료하다. 화자의 심리상태나 상황을 효과적으로 묘사해서 뭉클한 감동을 주는데 일반적으로 살면서 가진 것을 '모두 비운다는 것'이 쉽지 않을 터이다.

그러나 연기(緣起)를 적용해보면 허투루 여길 수 없을 것이다. '인연하여 일어나는 것'. 그 의미가 암시하듯 다른 것과 관계를 맺어 생기는 존재방식을 이 대목에서 짚고 넘어가야겠다. 모든 현상은 그것이 일어나야 할 조건이나 원인의 법칙에 따라 일어난다. 그러므로 위의 시처럼 발생할 더 큰 위험 요소를 잇지 않기 위해 버린다.

사는 일도 마찬가지이다. 이것이 있으므로 저것이 따라서 생기고, 이것이 없으면 저것도 따라서 발생하지 않는다. 이것과 저것의 있음과 없음은 모두 인과(因果)로 존재하는 것이다. 모든 존재는 뭇 인연에 의해 존재하며, 그로인해 생긴 것은 그 자체의 자성을 마냥 존속하는 것이 아니다. 삼라만상은 변화한다. 때문에 『반야경』에 인연으로 생겨난 것은 영구하지 않고 공(空)하다고 하는 것이다. 달이 차면 언젠가 기울기 마련이고 오르막이 있으면 내리막이 있는 법이어서 무상(無常)한 것이다.

표제시 「말똥 한 덩이」가 이를 입증한다. 꼬리를 무는 연상법을 통해 파급되는 효과를 따라가 보자.

> 청계천 관광마차를 끄는 말이
> 광고 위에 똥 한 덩이를 퍽! 싸놓았다
> 인도에 박아놓은 화강암 틈으로
> 말똥이 퍼져 멀리멀리 뻗어가고 있다
> 자세히 보니 잘게 부순 풀잎 조각들
> 풀잎이 살아나 퇴계로 종로로 뻗어가고
> 무교동 인사동 대학로를 덮어간다
> 건물 풀잎이 고층으로 자라고
> 자동차 딱정벌레가 떼 지어 다닌다
> 전철 지렁이가 땅속을 헤집고 다니고
> 사람 애벌레가 먹이를 찾아 고물거린다.
>
> -「말똥 한 덩이」 전문

위의 시는 광고 위 말똥 한 덩이에서 출발하여 꼬리를 물고 연쇄반

응을 일으키다가 결국 "사람 애벌레가 먹이를 찾아 고물거"리는 것까지로 마무리된다. 시를 통해 우주 속에 존재하는 사물과 현상은 동떨어진 것이 아니라 계속 맞물리는 관계라는 것을 보여주고 있다.

그렇다면 공광규 시인이 왜 시집 타이틀도 『말똥 한 덩이』로 하였을까 유추해 볼 수 있다. 우리가 사는 21세기, 힘의 실체는 디지털이다. 디지털이 만들어가는 세상은 변화가 빠르고 불확정적이다. 디지털은 비트로부터 출발하며 비트는 정보의 DNA이며 핵심인자이다. 비트는 켜진 상태이거나 꺼진 상태, 참이거나 거짓, 위 아니면 아래, 안 아니면 바깥, 흑이거나 백, 이들 둘 가운데 한 가지 상태로 존재한다. 또한 비트는 0과 1이라는 숫자를 통해 구현해낸다. 이분화 된 숫자로 모든 존재 자체를 치환할 수 있다는 것은 물론 과학의 힘에서 비롯되었을 것이다.

그런데 과학이 현대인을 물질이 풍요롭게 했으나 환경이며 내면의 정서까지 과연 그런가 하고 반문해 보게 한다. 과학과 문학의 사유를 아우르거나 교류의 담론 선상에 두는 것은 무리수이기만 한가? 예술의 분야에 문학, 음악, 미술 등 여러 분야가 있고 이들은 상호텍스트가 되어 공유할 수 있는 부분이 있으며, 거시적으로 역사와 철학과 과학 역시 통하는 어떤 공통분모가 분명 연기(緣起)할 것이다.

살면서 여러 분야에서 선 긋는 내 편과 너희 편, 가진 자와 없는 자, 지배자와 피지배자, 이렇게 비트화 되고, 파편화 된 이기심을 반추해볼 일이다. 이런 사회 속 현대인은 얼마나 불안하고 피곤하며 소외감 느끼게 하는지 단순히 논리의 비약이며 어불성설이라고 할 수 없을 것이다. 결국 공광규 시인은 이 시대를 의미있게 살려면 어떻게 해야 하는지를 불교식으로 사유하면서 상생과 조화를 지향하고 있다. 삶은 외부 환경 변화에 의해 다양하게 바뀌지만 사람들의 사고와 심성은 다정다감하고 서로 배려하길 바라는 것이 『말똥 한 덩이』의 시편들을 통해 보여주는 시인의 마음이 아닐까 싶다.

수수하고 세세한 언술

눈에 꽂히는 문구. "어떤 벼락이든 한 번은 맞고 볼 일" 이라며 고영 시인은 두 번째 시집 『너라는 벼락을 맞았다』를 연다. 실린 55편의 시들은 대체로 첫 시집 『산복도로에 쪽배가 떴다』에서 보이는 서정성의 맥락을 이어받고 있으며, 제목 자체로 시인의 정신적 풍경을 고스란히 투사한다.

미치지 않으면 미치지 못한다(不狂不及)는 말은 이 시집에도 적용될 것이다. 벼락을 맞은 듯한 전율과 미칠 듯한 열정을 쏟아야 비로소 큰 성취를 이룰 수 있으니까. 2004년 《현대시》를 통해 등단하고 이듬해 첫 시집을 펴낸 이후 이번 시집이 발간되기까지 시의 고삐를 바투 쥔 열의가 느껴진다. 고영 시인은 세상의 구석진 부분에서 상처와 아름다움을 발견하고 삶의 진정성을 찾아낸다. 그의 시는 예민한 촉수를 지녔고 시선 또한 예리해서 독자는 마음이 훈훈해지기도 하며 고개 끄덕이며 씁쓸해지기도 한다. 초현실적이며 언어유희가 난무하는 도시풍의 시와는 사뭇 다르다.

이번 시집 내용을 소재면에서 유형지어보면 사랑을 담론으로 하고 있는 시, 일상사를 대상으로 한 시, 서경시 등으로 대별해 볼 수 있다. 사랑을 소재로 한 시들은 지극한 마음이 담긴 언어로 형상화되어 있다. 시적 대상의 아프지만 아름다운 비의를 토로하고 있다.

마음이 술렁거리는 밤이었다
수수깡이 울고 있었다
문득, 몹쓸 짓처럼 사람이 그리워졌다
모가지 길게 빼고
설레발로 산을 내려간다
도처에 깔린 달빛 망사를 피해
오감만으로 지뢰밭 지난다
내 몸이지만 내 몸이 아닌 네 개의 발이여
방심하지 마라
눈앞에 있는 올가미가
눈 밖에 있는 올가미를 깨운다
먼 하늘 위에서 숨통을 조여오는
그믐달 눈꼴
언제나 몸에 달고 살던 위험이여
누군가 분명 지척에 있다
문득 몹쓸 짓처럼 한 사람이 그리워졌다
수수깡이 울고 있었다

-「고라니」 전문

사슴과 노루의 중간쯤인 고라니의 특성과 생김을 연상하며 시를 읽는다. "몹쓸 짓처럼"에 집중해서 읽어보면 사랑해서 "위험"한 일이 발생할 것 같다. 화자의 "마음이 술렁거리"고 "수수깡이 울고" 있어서 한층 위태로운 느낌이 든다. "모가지 길게 빼고" "설레발로 산을 내려"가는 고라니. "지뢰밭"과 "올가미"가 있어도 무릅쓰고 행하는 데는 화자의 그립고 외로운 감정이 근원에 있기 때문이다. 금기를 행하듯 복잡하고 미묘한 사랑의 감정은 이루 다 표현할 수 없이 다양하며 모순된다. 군더더기 없는 시어로 경제성을 확보하면서 연애시의 특징인 함축성을 살리고 있다.

위의 예시 「고라니」를 포함하여 시집에는 사랑과 연관된 시들이 여러 편이 있다. 「너라는 벼락을 맞았다」, 「자화상」, 「칡 캐러 간다」, 「달 속에 달이 기울 때」, 「사랑」, 「폭낭」등등.

> 너.......라는 말 속에는 슬픔도 따뜻해지는 밥상이 살고 너.......라는 말 속에는 눈곱 낀 그믐달도 살고 너.......라는 말 속에는 밤마다 새 떼를 불러 모으는 창호지문도 살고 너.......라는 말 속에는 물구나무 선 채 창밖을 몰래 기웃거리는 나팔꽃도 살고....... 너라는 말 속에는 스스로 등 떠밀어 희미해지는 바람도 살고 너....... (생략)
>
> -「너라는 벼락을 맞았다」 부분

> 철길인 줄 모르고/ 꽃을 피웠다/ 민들레 노란 입술에 까맣게 때가 묻었다// 날려 보내야 할 홀씨마저/ 까맣게 때가 묻었다//나에게 가는 길을 찾을 수가 없다// 스스로 꽃못이 된/ 꽃모가지// 벼락 맞은 / 꽃모가지// 레일을 베고 잠이 든다//
>
> -「자화상」 전문

> 두 사람이 한 자전거를 타고/ 공원 산책길을 따라/ 한 묶음이 되어 지나간다// 핸들을 조종하는 남자 뒤에서/ 남자를 조종하는 여자// 허리를 껴안고 중심을 잡는다// 남자의 근육 세포가/ 미세함 그대로/ 여자의 가슴에 전해진다// 둘이 하나가 되기 위해/ 서로를 조종해가는/ 완벽한 합일!// 지금,/ 세상의 중심이 저들에게 있다//
>
> -「사랑」 전문

> 그늘에 초가 한 채 짓고/ 그대로 단둘이 누웠으면 좋겠네.// 남들이야 눈꼴이 시든 말든/ 하르방 몸뚱어리가 달아오르든 말든/ 그대와 오롯이/ 배꼽이나 들여다보면서// 여린 그대 배꼽 그늘 위에/ 우악스런 내 배꼽 그늘을 포개면// 묵정밭 유채꽃은 더욱 노랗게 피고/ 돌문 밖 바닷물결 간질이는/ 그대 숨비소리, 숨비소리// 딱 하루만이라도 그렇게/ 물허벅 지듯 그대를 들쳐 업고/ 뒹굴었으면 좋겠네.//
>
> -「폭낭」 전문

팽나무의 제주 방언인 「폭낭」을 비롯하여 위의 예시들은 부연설명이 필요 없을 정도로 보편적으로 느낄 수 있는 사랑의 감정들이 전달되고 있다. 고영 시인이 펼쳐내는 사랑에 관련한 시 속에는 아픈 장면들이 많다. "까만 때"를 어떻게 다 감당하려고 민들레는 철길에 꽃을 피웠을까? 민들레를 바라보는 시인의 시선이 "벼락맞은" 듯해서 이렇게 묘사했을 것이다. 민들레를 그린 「자화상」은 불협화음의 사랑을 그리고 있으나 「사랑」과 「폭낭」은 "합일"을 지향하며 묘사하고 있다.

고영 시인의 시는 본성에 충실하다. 자괴감, 슬픔, 두려움, 쾌감, 그리움 따위들을 감추거나 비틀지 않고 솔직하게 표현한다. 소소한 제재를 바탕으로 시에 향수를 뿌리거나 화장품을 쓰듯 꾸미지 않아 수수하며, 마음을 세세하게 언술하는 특징이 있다. 첫 시집에 이어 이번 시집까지 공통된 것을 봐도 그렇다.

그의 시에 있어 넓이는 시간적으로 과거 회상에 잠겨있을 때가 많으며, 공간적으로 자질구레한 일상의 장소에서 펼쳐지곤 한다. 이는 환상을 넘나든다거나 이상적인 세계를 지향하고 꿈꾸는 것이 아니라 생활의 발견으로 투사된 심정이 시를 탄생하고 있음이다.

「황야의 건달」, 「이사」, 「눈물은 힘이 세다」등은 화자가 시인 자신처럼 느껴지기도 하는 40대 가장이다. 여기서 시적 화자는 가족들에게 무기력하다.

> 어쩌다가, 어쩌다가, 몇 달에 한 번꼴로 들어가는 집. 대문이 높다.// 용케 잊지 않고 찾아온 것이 대견스럽다는 듯/ 쇠줄에 묶인 진돗개조차 꼬리를 흔들며 아는 체를 한다./ 짜식, 아직 살아 있었냐?// 장모는 반야심경과 놀고 장인은 티브이랑 놀고/ 아내는 성경 속의 사내랑 놀고/ 아들 놈은 리니지와 놀고/ 딸래미는/ 딸래미는,// 처음 몸에 핀 꽃잎이 부끄러운 지 코빼기 한 번 삐죽 보이곤 방에서 나올 생각을 않는다./ 그나마 아빠를 사내로 봐주는 건 너뿐이로구나./ 그것만으로도 충분히 고맙고 황송하구나. 예쁜 나의 아가야.// 아무도 놀아주지 않는 식탁에 앉아 소주잔이나 기울이다가/ 혼자 적막하다가/

> 문득,// 수족관 앞으로 다가가 큰소리로 인사를 한다./ 블루그라스야, 안녕! 엔젤피시야, 안녕!/ 너희들도 한 잔 할래?/ 소주를 붓는다.//
>
> -「황야의 건달」 전문

"몇 달에 한 번 꼴로 들어가는 집" 에 반겨주는 이라곤 진돗개와 어항의 물고기이다. 가족들은 제각각 자기 일에 몰두할 뿐, 무관심과 삭막함이 느껴진다. 자신의 집이지만 존재감이 없이 초라하다. 기껏 자조 섞인 행위는 어항에 소주를 붓는 일이다. 이 궁색한 행동에서 연민의 감정이 읽힌다. 이러한 볼품없는 일상의 심상은 「아무도 오지 않는 오후」에서는 "아버지는 왜 하필 불혹 넘어 나를 세상에 내놓으셨을까./ -돌이킬 수 없는 실수는 누구에게나 있는 것/ 태어나면서부터 내 모든 것은 이미 폭삭 늙어버렸으므로,//"를 통해 자신감의 실추로 나타나며, 또는 "나는 결국 상고에 갔다"(「아버지의 안전벨트」)로 묘사되기도 하며, 「못」에서는 "내가 들어가/ 폐만 끼치는 집/ 상처만 되는 집//"이라며 심사를 고백하기에 이른다.

그 외 좌판행상을 하고 (「큰곰자리별 어머니」), 품을 팔러 배추밭에 간 어머니 (「상처」)와 노름빚에 쫓기고(「벅수야! 벅수야!」) 술에 취해 길바닥에 쓰러져 자는 아버지(「아버지의 안전벨트」), "열여덟 이른 나이에 사내를 알아"버려 "집을 나가기 일쑤" 이던 누이(「킥킥, 유채꽃」) 등등 시 속 등장인물들은 감정의 외피를 입지 않는다. 부끄럽거나 감추고 싶을 텐데도, 갑남을녀의 평상을 담박하면서 신산하게 묘사하고 있다.

삼겹살을 먹다가 "몸 뒤틀리고 몇 번쯤 뒤집혀지고 나면/ 내 사명이 끝난 줄 알았지요"(「삼겹살에 대한 명상」)라거나, 친구 상가(喪家)에서 아이러니하게도 입맛이 당기는 이유를 풀어내기도 하고(「떠들썩한 슬픔」) 허공의 거미를 보면서 땅을 디뎌 불편한 평발의 비애를 노래한 것(「평발」)을 보아도, 고영 시인이 찾는 시적 소재는 멀리 있지 않고 일상에 산재해 있다. 손길 가까운 것들이 대상인 셈이다. 현실과 거리가 먼 수사 장치도 눈에 띄지 않는데 이는 치장하기에 앞서 대상의 본질을 제대로 보려는 기저의식이 반영된 것이다.

사랑에 관한 시, 일상을 다룬 시에 이어 서경적인 시들의 특색은 자연과 조화를 이루고 있다는 데 있다. 주로 유년을 묘사한 시들에 해당하며 섬세하게 다듬어진 언어들을 만날 수 있다. 자연 속에서 노닐며 지내는 풍경이 펼쳐지고 거기에 등장하는 아이 화자에 눈여겨 볼 필요가 있다. 아이는 풍경의 일부분으로서 평화롭게 존재하며 분위기를 전달하는 역할을 한다. 「햇발국수나 말아볼까」를 보면,

> 가늘고 고운 햇발이 내린다/ 햇발만 보면 자꾸 문밖으로 뛰쳐나가고 싶다/ 종일 들판을 헤집고 다니는 꼴을 보고/ 동네 어른들은 천둥벌거숭이 자식이라 흉을 볼 테지만/ 흥! 뭐 어때,/ 온몸에 햇발을 쬐며 누워 있다가/ 햇발 고운 가락을 가만가만 손가락으로 말아가다 보면/ 햇발이 국수발 같다는 느낌,
>
> -「햇발국수나 말아볼까」 부분

세상에 대한 적대감이 없이 그저 행복한 느낌이 든다. 아이의 눈으로 묘사를 했기 때문에 이 시는 더 생생한 것이다. 햇발과 국수발의 합성이 멋지며 발음할 때 묘미가 있다.

유년시절 겪은 장마를 묘사한 「목련여관 304호」며, "수면을 박차고 오르는 가창오리"와 "물보라"의 관계를 그린 「그림자」, "먼 길을 오다가/ 너무 비어서/ 몸이 전부 날개가 된 눈발들"(「천사보육원」), "감들마저 떠나지 않고/ 단물을 울궈먹고 있"는 「토종닭 집 감나무」, "길 옆 하얀 찔레꽃/ 백자 잔에/ 빗물이 고여 있다// 잔을 따서 물을 따라 마신다"(「음복」), "산사 마당 돌약수대 위/ 나무로 만든 물바가지 두 개/ 눈을 뒤집어 쓴 채/ 나란히 엎어져 있다// 선방에서 내려다보니/ 꼭, 머리 흰 수도승 같다"(「속죄」) 등은 모두 아름다운 한 폭의 풍경화다.

시는 쓸수록 어렵다고 한다. 이제 고영 시인은 인식의 사유가 수수하면서 섬세한 특장은 살리면서 새로운 뭔가를 찾는 출발선에 서 있다.

세상의 돌탑을 받치며

길상호의 두 번째 시집 『모르는 척』을 읽는다. 길시인은 2001년 한국일보 신춘문예로 등단한 후 주목받는 활동을 하며 첫 시집 『오동나무 안에 잠들다』를 펴낸 바 있다. 이번 시집에서 아프고 불안한 내면을 노래한 시, 지친 삶의 위로가 되는 시, 사물을 미세한 감각으로 관찰하고 존재원리에 다가가는 시 등 크게 세 부류로 계열화하여 살펴보겠다. 표지시 「물의 집을 허물 때」를 본다.

몇 개 상처를 정강이에 새기며
오래오래 걸은 후에야
집 하나 겨우 얻었습니다
발바닥 굳은살 속에 동그랗게 자리 잡은
아픈 물방울의 집 한 채,
지문 훤히 비치는 문을 열고
거기 뜨거운 방 안으로
물고기 한 마리 들이고 싶었습니다
상한 지느러미로 물살 가르다
금방 물 위로 떠오를 것 같은
불안한, 너의 생을 눕혀놓고서
살살 다독이고 싶었습니다
상처는 상처로 치유될 것 같아

닫힌 자물쇠 바늘로 열면
허나 주루룩 눈물 흘러내리는 집,
한순간에 껴져버린 그 집을
오늘도 혼자 맴돌다 나왔습니다

-「물의 집을 허물 때」 전문

위에서 "아픈 물방울의 집 한 채"는 오래 걷다 생긴 물집의 다른 이름이라는 것을 쉽게 읽을 수 있다. 대체로 길상호의 시는 이미지가 간결하고 주제가 선명해서 난해하거나 괴이한 표현과 기법이 난무하는 시들과 양상이 다르다.

그의 등단작 「그 노인이 지는 집」을 기억한다. 한 노인이 집을 짓는 과정에서부터 집에 들어가는 과정, 즉 죽음에 이르기까지를 짜임새 있게 건축하였는데 '집' 이미지들은 지금도 연결된다. 소라를 빼먹다 온몸에 화상을 입은 게 한 마리를 발견하고 "단단한 믿음이었던 집이/소용돌이로 한 생을 삼킬 때가 있다"고 표현한 「집 아닌 집 있다」와 "한때 유행을 탄 적이 있"는 식당이 지금은 "단골마저 식성을 바꿔"버렸다고 노래한 「버드나무가든」등의 예가 그것이다.

앞에 인용한 시 「물의 집을 허물 때」에서 눈에 들어오는 또 다른 이미지는 '물고기'이다. '물고기'는 시집 여러 곳에서 변주되어 나온다. 「길상號를 보았네」에서 "바다가 없어도 물고기 건져야 하는/그 밤 나는 가여운 어부가 됐지"라고 표현하였으며, 「물고기는 모두 꽃을 피운다」에서는 "몸 덮고 있던 비늘 한 장씩 엮어/아가미 빨개지도록 생기 불어넣고/부레의 공기 한 줌씩 묶어/한 송이 꽃 물 위에 띄어올릴 때/둥근 파장이 인다"고 묘사했고, 「세다리물고기」에는 "너도나도 뭍으로 오르려 할 때/햇빛도 뚫지 못한 수만 겹의 물살/그 문들을 열고 들어와/스스로 갇힌 물고기 있다" 고 하였다. 「배관 속을 헤엄치던 한 무리 시인들」에 이르면 심각하다.

보일러배관속에송사리떼한무리풀어놓았지요알에서갓부화한싱싱한놈들 먹이는따로넣어주지않았어요그래야몸부림치면서뜨거워진비늘로물데울수있으니까요잔인하다고해도할수없어요그렇지않고는딱딱해진혈관에피가돌지않거든요 (중략) 보일러아랫도리에달린수도꼭지를틀면녹슨물고기떼쏟아져나와요하나같이배가바짝말라있지요하수구에아가미걸린물고기는이제어디로가야할까요

- 「배관 속을 헤엄치던 한 무리 시인들」 부분

자화상이라고 할 수 있는 물고기가 "하수구에아가미걸"려 있다. 이는 시인의 세계도 경쟁의 세계여서 강해야 살아남는 세태를 반영하고 있고, 여기서 독자는 의지할 데 없어 몸부림치는 영혼을 읽게 된다. 어둡고 부정적인 물고기에 대한 시가 또 있다. 수족관에 엎드린 廣魚가 "미친 듯 울부짖으면/廣魚는 狂魚가 된"다는 심경을 드러낸 작품 「수족관의 겨울」과 "언어는 물고기다/썩으면 지독한 비린내를 풍긴다"고 표출한 「바다에는 썩은 물고기가 산다」 등등. 시적 주체가 하나같이 가혹한 현실에 갇혀 불안한 내면의 시간을 견딘다.

현상에는 상호성이 있듯 시도 마찬가지이다. 시를 읽을 때 다른 시와의 연관성을 살피거나, 테마, 화자, 구조, 비유와 상징 등을 고려해 읽다보면 인과성과 유기성을 발견할 수 있다. 이에 따라 각각의 시는 상호텍스트가 되고 독자들은 시인의 내면세계를 유추할 수 있다. 불안하고 우울한 심리현상의 원인을 생각하며 세심히 읽다가 연결고리가 되는 징검다리 시를 발견한다.

반야사 앞 냇가에 돌탑을 세운다
세상 반듯하기만 한 돌은 없어서
쌓이면서 탑은 자주 중심을 잃는다
모난 부분은 움푹한 부분에 맞추고
큰 것과 작은 것 순서를 맞추면서
쓰러지지 않게 틀을 잡아보아도

돌과 돌 사이 어쩔 수 없는 틈이
순간순간 탑신의 불안을 흔든다
이제 인연 하나 더 쌓는 일보다
사람과 사람 사이 벌어진 틈마다
잔돌 괴는 일이 중요함을 안다
중심은 사소한 마음들이 받칠 때
흔들리지 않는 탑으로 서는 것,
버리고만 싶던 내 몸도 살짝
저 빈 틈에 끼워 넣고 보면
단단한 버팀목이 될 수 있을까
층층히 쌓인 돌탑에 멀리
풍경소리가 날아와서 앉는다

-「돌탑을 받치는 것」 전문

이 시는 "사람과 사람 사이 벌어진 틈마다" 배려와 이해를 끼워 돌탑을 쌓으려는 마음 훈훈한 시이다. 이 시에 비추어 길시인은 상대를 이해하고 배려하는 심성을 지녔음을 유추할 수 있다. 시에서 화자와 작가가 꼭 일치하는 것은 아니지만, 길시인의 시 경우 내면에 숨어 있는 화자의 상상력이 자신을 대변하는 것으로 읽힌다. 시 내용이 어둡거나 아픔이 많은 것은 여린 심성을 지녀서 그만큼 자극받은 것이며, 여린 심성은 쉽게 상처에 노출될 수 있다는 반증이기도 하다. 세상사 파도에 떠밀리는 고뇌가 느껴진다. 이처럼 세상을 아름다운 시선으로 보면서 찌든 삶의 위로가 되는 시의 부류에 「버려진 손」, 「열매 떨어진 자리」, 「못」, 「차 한 잔」등을 꼽을 수 있다. 「버려진 손」은 "도로변에 버려진 손 한 켤레 있다/내가 손놓았던 뜨거운 생이 거기 상한 손가락으로 나를 가리키고 있다"며 용도폐기된 목장갑을 통해 노동을 생각하고 이것을 시인은 자신의 삶으로 끌어와 성찰한다.

「열매 떨어진 자리」는 남은 열매를 키우려고 자리를 양보한 낙과(落

果)를 그렸으며 "이제 얼마 못 살겠네요"로 시작하는 「못」에서는 자식이 부모보다 앞서 가면 가슴에 묻는다는 말처럼 아들을 가슴에 못 박듯 묻고 그 무덤에서 풀을 뽑는 어머니를 묘사하고 있다. 「차 한 잔」은 수종사 차방에 앉아서 "결합을 바라보는 일", "잡음도 지워가는 일", "마음 삭혀내는 일", "풍경소리도 우려내는 일", "마음의 먼지도 씻어내는 일", "내장 속에 흘려보내는 일", "먼 강 바라보는 일"이 반복적으로 어우러져 각운을 형성한다. 잔잔한 여유와 리듬감을 준다.

이 밖에 "생명이 온전히 호수에 들기 위해서는 한 점의 뼈까지 다 녹여야 했다 방부제로 무장한 정신은 울고 울어도 끝내 들 수 없는 곳"이라고 쓴 시 「심해, 그리고 호수」, "바람이 나를 노래하네/속을 다 비우고서도/땅에 발 대고 있던 날들/얻을 수 없던/그 소리,/난간에 목을 매고서야/내 몸에서 울리네/"라며 울림이 있는 짧은 시 「풍경소리」, 아파트쓰레기장 한쪽에 버려진 텔레비전을 의인화한 「어떤 노숙자」, 어머니가 부뚜막에서 말려주시던 운동화에 대한 추억이 평화롭게 느껴지는 「한 켤레 운동화」 등도 눈여겨 볼만하다.

우리 시대 '젊은 시'에 대한 논란이 많다. 2000년대를 전후하여 등단한 젊은 시인들을 '미래파' 칭하며 논쟁이 벌어질 정도였으니 젊은 시의 경향은 어디로 튈지 모르며 열려 있다. 과감하게 어문규정을 파괴하고 언어구사를 하는 시인, 제도와 권력에 반기를 드는 내용을 담는 시인, 1930년대 이래의 전통적인 서정시를 승화한 시인, 새로운 발상에 공을 들이는 시인 등으로 대별할 수 있다.

이 중에서 길시인은 정통 서정성을 고수하면서도 내용과 방법에 있어서는 미세한 감각으로 사물을 관찰하며 응시를 한다. 예민한 감각으로 삼라만상을 바라보며 그 존재 원리에 다가간다. 삼십 대 젊은 시인들은 생이 녹록치 않음을 이미 알지만 사십 대나 오십 대에 비해 인간사를 통달할 만큼 기량이나 연륜이 쌓인 것이 아니다. 그래서 더 방황하며 표류하는 모습의 글을 접하게 된다.

술 취해 전봇대에 대고
오줌 내갈기다가 씨팔씨팔 욕이
팔랑이며 입에 달라붙을 때에도
전깃줄은 모르는 척, 아프다
꼬리 잘린 뱀처럼 참을 수 없어
수많은 길 방향 없이 떠돌 때에도
아프다 아프다 모르는 척,
너와 나의 집 사이 언제나 팽팽하게
긴장을 풀지 못하는 인연이란 게 있어서
때로는 축 늘어지고 싶어도
때로는 끊어버리고 싶어도 하지 못하는
감전된 사랑이란 게 있어서
네가 없어도 나는 전깃줄 끝의
저린 고통을 받아
오늘도 모르는 척,
밥을 끓이고 불을 밝힌다
가끔 새벽녘 바람이 불면 우우웅…
작은 울음소리 들리는 것도 같지만
그래도 인연은 모르는 척

- 「모르는 척, 아프다」 전문

제목에서 '척'이라는 글자를 눈여겨본다. 알긴 아는 데 모르는 척 시치미를 뗀다. 아는 척 했다가는 더 큰 고통이 따르는 두려움이 내재한 것일까? 적극성을 표면에 드러내지 않으려는 것은 어떤 의도일까? 이렇게도 읽히고 저렇게도 해석이 가능해서 독자에게 상상하도록 유도하는 방식을 택한, 이를 테면 앰비규이티(ambiguity). 갈등하는 자아의 내면이 전깃줄에 빗대어 드러난다. 모르는 척, 갈등이 드러나는 시의 예가 또 있다.

그물 속 팔딱팔딱 몸부림치는
네 호흡이 잠을 깨워도
모르는 척 버려두어라
아무리 길게 뿌리를 뻗어도
닿을 수 없는 땅,
여기는 고소공포가 사는 아파트
뜯어먹을 건 네 몸뚱어리뿐
매운 눈물이 너를 삼켜도
양파야 싹을 올리지 마라

- 「양파야 싹을 올리지 마라」 부분

양파에 빗대어 불편한 속내를 드러낸 위의 시 외에도 "내 머리는 갓 태어난 새 한 마리 들어 사는 둥지,/ (중략) 머리맡에 놓아둔 원고지 위에 아침이면 몇 가닥의 머리칼이 뽑혀 있었다."고 고백하는 「악몽은 머리에 둥지를 틀었다」가 있으며 「수상한 냄새」에서는 "내가 부화를 기다리던 곳도/저 상한 계란껍질 속에 있었다/남의 날개 꺾어 가슴에 우겨넣으며/죄의식은 각질로 덮고 덮었다가/탈피를 기다리던 곳"이라고 갈등한다.

시 「거주자우선주차구역」에 가면 요즘의 이기적인 개인성향이 정제 없이 나타난다. "남의 집 앞에서 뭐하는 거예요! 더러워 죽겠네!"하면서 목소리를 높이고 있는 장면을 읽게 된다. 대체로 이러한 시들은 도시라는 공간 특히 서울에서 일어나고 화자는 비인간적인 속성을 토로한다.

"내가 소주병 되어/ 뻐끔뻐끔 기포 토하며 가라앉을 수 있으리라/옥외 광고판들 감시등으로 켜놓고/아파트처럼 거대하게 서 있는 서울이여" 라고 표현한 「서울이여, 안녕」, "비 맞은 생쥐 꼴을 하고 돌아와 보니/풀숲에 숨은 줄 알았던 그 쥐 한 마리/ 가슴팍을 갉아대고 있는 거예요"한 「서울쥐는 울었네」 등 메마른 현실을 여과 없이 반영하고 있다.

현실이 각박하다 보니 '당신' 혹은 '그녀'로 상징되는 갈구의 대상과 '나' 사이에는 원만한 관계가 형성되지 못하고 있다. "내 속의 거미줄 뽑아서 당신 써내려가던 날이 있었습니다/ (중략) 뒤돌아보니 나의 어린 그림자/거미줄에 둘둘 말려서/허우적대는 게 보입니다" (「거미줄로 쓰다」) 라든지 "명치에 줄 내렸던 그녀 시원한 물이 아니라 부들부들 떨고 있는 물살의 그림자만 끌어 올려놓고 더 목이 말랐다" (「명치에 치명적인 붉은 점이」)에서 각각 '당신'과 '그녀'는 '나'를 옭아매는 거미줄이 되거나 명치를 쑤시는 고통으로 묘사된다.

길시인의 시에는 위에 인용한 시 외에 예민한 감각과 부정적인 분위기를 형성하는 어휘가 많이 나오는데 '사라진다', '없다', '뱉다' 등의 어휘로 고통을 호소하고 있다. 「계단이 없다」를 보면 "계단, 처얼컥, 바람이 입구의 철문을 닫고 소리도 없이 사라진다" 하여 폐쇄성을 나타내는 표현이 있고, 「안개에게 물린 자국이 없다」에서는 "안개는 나를 뱉어버렸다/퍠액 퍠액 구역질"한다. 이러한 비극적 인식은 노숙자인 누더기 사내를 형상화한 시 「구부러진 상처에게 듣다」에도 나타나 도처에 아픈 이들이 있다.

'씨와 열매'처럼 오늘은 어제의 결과이며 미래의 원인이 된다. 이 시대 젊은 시의 모습이 과거를 습득한 유산이듯 우리 시의 미래는 이 시대의 활력소인 젊은 시인들에게 달려있다. 물질문명과 매스미디어의 영향으로 대내외적인 상황이 급변하는 시대에 우리가 산다. 받아들이기에 따라 우리 시는 앞날이 밝을 수도 있고 어두울 수도 있다. 확실한 것은 변화의 흐름을 인지해야한다는 것이며 시인이 시를 쓰지 않고 나태한 것은 직무유기이다. 시인들이 "모르는 척, 아프"면서 시를 쓰다 보면 세상의 상처도 정서적으로 감싸 안게 되는 것이 시의 정화의 기능이다. 그런 의미에서 "저 뜨거운 불 속으로 몸을 던지는/나방의 날갯짓, 때로는 절망이/근육을 움직이는 가장 큰 힘이니/오늘은 또 어디서 불빛 찾을까" (「나방의 날개」)의 '절망의 힘'에 콕콕 방점을 찍어 본다.

우주적 상상력이 빚은 언어의 정원

1.

가령 한 권의 시집을 하나의 정원이라 하자. 김백겸 시인이 가꾼 꽃밭의 면면을 보려고 '포스트잇'을 붙여가며 읽다보니 형형색색을 이룬다. 책장을 앞에서 뒤로 혹은 뒤에서 앞으로 넘기면 무지개 빛깔이다. 다채롭고 신비해서 그야말로 『비밀정원』에 들어선 기분이다. 이것이 김백겸의 다섯 번째 시집 『비밀정원』을 읽은 전반적인 느낌이다.

근래 들어 시집 출간이 호황이다. 문예지의 수가 증가하고 시집을 간행하는 출판사 또한 늘었기 때문이다. 특히 중견시인들의 굵직한 시집들이 출간되어 시단의 무게중심을 잡고 있다. 여기에 김백겸 시인도 한 몫을 한다. 지난 2005년에 나온 『비밀방』이후 새로운 변화를 모색한 결과물의 내면세계에 접근하고자 한다.

2.

김백겸의 시는 우선 철학적인 사고를 기반으로 하고 있다. 그 위에 사물과 현상 너머의 이면을 보려는 시도가 상징적으로 나타난다. 어번(W. M. Urban)은 언어발달의 과정을 세 단계로 분류했다. 사실적 단계, 유추적 단계, 상징적 단계가 내용이다. 먼저 사실적 단계는 원시인이나 아이들의 언어처럼 대상을 그저 흉내 내는 것이고, 유추적 단계는 비유적 언어의 용법을 말할 수 있다. 이어서 언어의 가장 높은 단계가 상징 단계라 하였다.

비유와 상징이 다른 점은 비유에서 원관념을 버리고 보조관념만 남아 있는 형태가 상징이다. 예를 들어 "시집은 정원이다." 했을 때 시집(원관념)과 정원(보조관념)이 다 나타나 있으나 "바다는 이상한 생각을 하는 물고기를 부화시킨다"하면 물고기가 암시성만 있을 뿐 원관념은 드러나 있지 않다. 상징에서 숨어 있는 원관념, 즉 불가시적인 것은 대개 관념이거나 정서, 혹은 심리적 정황이고 이념적 세계이다. 김백겸의 시는 이미 상징 단계에 진입한 언어들의 집합이므로, 준비가 덜 된 독자는 그의 시 앞에서 아찔하다.

> 바다는 이상한 생각을 하는 물고기를 부화시킨다/ 물고기들은 이름이 알려지지 않은 심해 숲에서 태어난다/ 물고기의 살은 투명해서 등뼈를 이룬 푸른 어둠이 보이고 물고기의 지느러미는 사자의 갈기처럼 빛이 나는 모습이다// 어느 책에서도/ 어느 어부의 경험에서도/ 물고기의 기원은 알려지지 않았다/ 물고기의 신비와 이상한 생각을 본 사람들은/ 그 날로부터 거역할 수 없는 매력에 끌려 바닷가를 산책한다/ 인생의 목표란 이상한 물고기를 보고/ 물고기의 생각을 수혈 받는 일이라고 믿는 호사가처럼//
>
> -「빛 물고기」 부분

여기서 바다, 물고기, 살, 지느러미... 기표들이 나타내는 상징이 독자를 철학적 사유의 숲으로 인도한다. 그러나 시의 구체적 문맥을 파악하는데 친절하지 않다. 시인은 바다풍경을 제시할 뿐이 독자에게 유영하는 물고기의 모습을 통해 나름의 상상을 펼치게 한다.

물고기는 두루 상징으로 쓰여 왔다. 옛날 기독교인들이 로마에서 박해를 받을 때 신자들끼리 교환하던 암호가 물고기(익투스, 하나님의 아들이자 구원자이신 예수 그리스도라는 뜻의 그리스어 약자)였다. 불교에서 목어는 바다 중생의 구제를 뜻하며, 사찰의 처마에 달린 풍경에도 물고기가 있다. 물고기는 눈을 감지 않고 구도하며, 바닷속에서 걸림이 없으며, 자유롭게 헤엄친다. 여기서 물고기가 상징임을 언급한 것이지 김백겸의 시가 종교로 국한된다는 건 아니다. 김백겸은 종교를 근본적으로 철학에 포함하여 받아들이면서 내면 깊은 곳의 존재론적 의미를 되짚는 경향이 있고 종합적으로 사유한다.

「요나처럼」은 "내 눈은 거대한 고래처럼 보이는 구름의 배에 박혀있었다/ 구름의 배꼽에서/ 피들이 흘러 황혼이 세력을 넓혀가고 있었다/ 화산에서 분출하는 용암처럼 황혼은 붉은 빛을 토해내고 어둠으로 식었다"면서 예언자 요나가 하나님의 명령을 거역하여 고래 뱃속에 갇히는 벌을 받는 데 착상하고 쓴 시이다. 또한 "사회지식이 바벨탑처럼 올라가 구름을 찌를 듯 삼엄했을 때/ 나는 컴퓨터를 가지고/ 장부의 숫자 나비들이 모두 걸리는 큰 거미줄 프로그램을 만들었다"(「미루나무 꿈속으로」)거나 "요한계시록의 검은 용이 세상을 지배하는 시대의 상징은 황금이지요/ 황금은 세상의 모든 욕망과 힘을 빨아들인 자본의 바다이지요"(「황금도시」), 그리고 "신이 식사를 끝내고 지상에 아마겟돈을 시작하려는 천사들의 기안"이라 표현한 「신들의 프로젝트」를 보면 신앙심에 앞서 성찰이 있다.

예컨대 "내 혀가 세 번째 눈이 되는 아라한의 경지가 눈앞에서 닫혔다/ 당신의 몸이 열리지 않아/ 당신의 몸은 보통 여자로 돌아갔다/ 화장으로 늙음을 감추고 옷으로 무너진 몸매를 감추어야 하는/ 시간에 불타는 몸으로 돌아갔다/ 당신은 다시 어느 여자의 몸으로 달라이라마처럼 환생하는지/ 환희불(歡喜佛)은 어디에서 찾을 수 있는지/ 현실의 모든 여자가 암호가 되었다"(「세 번째 눈」)고 하거나 「윤회」에서는 "그 자리와 그 시간의 좌표에서/ 연인과 소쩍새의 모습은 흩어져 다른 인연을 향해 날아가 버리고/ 아뢰야식에 인화된 사진만 오래오래 남았다/ 내 몸과 마음이 땅 속에 묻힌 뒤에도/ 기억은 운명의 부식으로부터 살아남았다"고 술회한다.

아뢰야식은 산스크리트어로 '인식의 보고'라는 뜻이다. 대승불교 〈유식학파〉의 핵심 개념인데 인식의 대상으로서 지식만이 있다고 주장한다. 인식은 의식으로부터 독립된 객관적 실체가 아니다. 내 마음에 나타난 사물의 겉모습이다. 모든 사물은 내 의식의 스크린에 투영된 이미지이다. 결국 주관적 관념론에 해당하는 유식에서는 번뇌 많은 의식을 전환하여 번뇌를 없애려 한다. 이런 배경지식이 없다면 위 시를 이해할 수 없을 것이다.

「천라지망」은 또 어떤가. "풀잎 하나에서부터 우주에 이르기까지 같은 패턴으로 움직이는/ 이상한 음양을/ 누구는 태극이라 하고/ 누구는 프랙탈이라고 하고/ 누구는 공(空)이라 하나/ 이름이 중요하지는 않은 천라지망(天羅蜘網)을 만났네/ 그 때부터 시간의 강물에 투망을 던졌네/ 기표가 아닌 물고기들이 어두운 물 속에서 올라왔네"로 이어지고 있으니. 하늘에 새그물, 땅에 고기그물. 아무리해도 벗어나기 어려운 경계망이나 피할 수 없는 재액을 이르는 이 말을 알아야 공감이 간다. 그런가하면 「점단(占斷)」에서는 "인간의 용인 무당이 눈을 매화 눈을 떠서 매화가 만드는 수(數)와 역(歷)의 관계를 거울처럼 들여다보았다// 무당이 내 고장 난 인생에 대해 말했다// (생략) 용의 변신이자 꿈의 구궁도(九宮圖)에 관한 해석임을 내 이미 알고 있다"고 표현한다. 역시 팔괘의 방위와 그 중앙의 방위를 이르는 구궁도에 대한 상식이 전제되어야 시를 읽을 수 있다. 이렇듯 과거 발행한 시집 보다 이 번 시집은 주술과 신화, 여러 종교 철학들을 넘나들며 깨달은 바가 깊다.

3.

인간과 세계에 대한 근본원리와 삶의 본질에 대해 탐구하는 김백겸의 시는 과학적인 용어를 소재로 한 시들에서도 이어진다. 이 때는 우주적 상상력을 동반하여 스케일이 커지며 신비해진다. 예시를 들자면 "나의 전생의 전생이 기록한 모든 정보가 있어 거대한 하드디스크"라고 형상화한 「컴퓨터」, "철골구조로 틀을 세우고 시멘트로 반죽을 부어서 만든 빵/ 감독과 인부들의 노동이 이스트로 들어가/ 건물은 풍선처럼 나날이 부풀어 올라 커다란 빵이 되었다"는 「오븐이야기」, "매순간을 뇌의 메모리에 저장하지/ 뇌 용량은 무한 기가바이트"라 표현한 「디지털 카메라」, "19인치 모니터에는 피가 흐른다"는 「혈연」, "시간 속의 사건들을 비디오화면의 되감기로 감으면/ 별들의 일생이 빅뱅의 순간으로 돌아"가는 「별들이 빅뱅의 순간으로 돌아간다」, "이미지를 레고 조각처럼 늘어놓고 개인의 역사를 만들었다"는 시 「게임랜드」등등 다양하다.

이 밖에도 시 「공장」에서는 "그 상품은 삶이었고 공장의 이름은 시간이었다"고 묘사하며 「빅뱅」에서는 "내 목숨이 걸어가야 하는 꿈의 도시, 세포핵 DNA에서/ 핵폭발이 있었다/ 빛과 열의 해일/ 문명과 벌판의 나무뿌리들을 모두 날려버리는 폭풍"이라 표현한다. "무한발산전략은 평형선택*에서 균형을 이룬다"는 「게임」에서는 시집 원문의 각주에서 보듯 경제학 기업전략 군사전략에 이용되어 노벨상을 수상한 수학자 존 내쉬의 평형이론을 그대로 시에 적용했다. 「전등」을 차용하길 "내 목숨이 누구인가 스위치를 켠 전등이라는 것을 알았을 때/ 내 목숨은 밝게 빛나는 백만 와트 전등이고자 했다"고 한다. 내면 깊은 곳에서 우러나오는 존재론적 울림이 느껴지는 대목이다. 현실 세계를 빗댄 시적 소재들이 주제의식과 조화를 이룬다.

또한 이야기를 시에 삽입하면서 회상하는 기억이 나타나고 환상적이고 몽환적인 세계상을 만든다. 가령 인기리에 방영되었던 프로 '추억의 명화'를 회상하며 쓴 「추억의 명화」를 보면 "감독이 레디 고를 외쳐/ 내 고달픈 생애가 촬영되었다/ 태몽의 순간부터 죽음의 현몽까지"라고 말한다. 현재의 꿈이 죽음이라는 데 주목할 필요가 있고 정신이 번쩍

든다. 사무실에 잘못 들어온 벌을 보며 "너는 배가 뒤집힌 선장처럼 하늘을 향해 발버둥친다"고 쓴 시 「보선(寶船)」은 명나라 때 해양인 정화가 거대한 꿈을 이루려했던 보물선 이야기를 비유하고 있다. 당대 우여곡절 역사와 야심과 굴절된 의식을 넘나들며 상상이 뻗어나간다.

4.

작품마다 시인은 '나'와 '세계'가 존재하는 원리 혹은 이유를 근원적으로 찾아보려 한다. 우주와 세상 사이, 비의(秘意)를 시로 풀어보려 하는 노력이 보인다. 그 접근이 종교 철학적 사유에서 과학적 원리로 이어지고, 이번에는 음악을 들으며 이루어진다. 「앰프」에서는 "시중에 나온 파워앰프들은/ 아프리카 초원에서 잡아온 호랑이나 사자 코뿔소처럼 힘이 세다/ (생략) 내 귀는 오디오 고수에게 자작앰프를 주문"한다. 고장이 난 「시디 플레이어」를 "나는 유전자 설계도에 의해 제작된 고가의 시디플레이어/ 수많은 데이터를 읽어 들여 그 누구를 위해 연주하다가 픽업의 수명이 다해간다/ 벨트드라이브의 구동이 느슨해져간다/ 데이터를 읽었으나 음악으로 변환하는 목청이 메말라간다"면서 감정이입을 한다.

「새장」의 경우는 삶의 의문에 대한 답으로써 방향성이 읽힌다. "주역과 명리로 천명을 해석한 후 억울한 마음을 간신히 달랬네/ 서가구석의 돈 되지 않는 시를 다시 끄집어내어/ 체념한 인생의 와신상담으로 맹렬히 썼지"하면서 고백하는 부분이 찡하다. 이런 면에서 보면 김백겸 시인은 기독교에서는 원죄라 하고, 불교에서는 업보라 불리는 것을 감내하는 운명론자 같다. 「텔레파시」에서는 "텔레파시 안테나가 모세의 뿔처럼 머리에서 돋는다면/ 당신은 세계의 하모니를 듣는 청중일까요"하며 청유형으로 묻는다. 이 대목에서 대상을 통해 하나의 세계를 들여다보려 하고, 순간을 영원히 포착하려 하는 노력이 보인다. KTX를 놓치고 탄 무궁화열차에서 쓴 「승객들」을 보자. "선로의 이음매에 걸리는 바퀴들은/ 낡은 관절이 처한 장애를 끊임없이 호소하다/ 탈선을 막기 위해 쇠들이 저렇게 노력하는 아비규환을 모른 채/ 실내는 평화로운 요람/ 지상은 지하의 지옥에 의해 유지되는 천국임을 문득 깨닫다"에서 독자도 겸허해진다. 「충전기」는 따로 설명이 필요 없을 정도로 지친 현대인의 삶에 위안이 된다. "몸에 기운이 떨어지고/ 정신은 혼비백산 아무 생각이 없고/ 무덤으로 돌아가 오로지 잠을 자고 싶은 삶에// 충전기 하나가 있으면 얼마나 좋을까/ (생략) 삼성 애니콜 같은 휴대폰 충전기 하나를 영혼에게 설치할 수 있다면".

김백겸 시인이 가꾼 언어의 정원에는 철학적 상징이 펼쳐지고, 과학적 유추를 하고, 음악과 조화를 꾀하기도 한다. 이렇게 범우주적 상상력이 물결치는 가운데, 시인은 자문한다. "정원으로 가는 길을 찾기 위해 /나는 얼마나 많은 이정표를 들여다보았던가"(「비밀정원」)

감회가 남다르지만 정원은 끝내 비밀로 두어야겠다. 그래야 "천의 영혼을 품은 당신과 술래잡기"(「가면놀이」)하듯 신이함 속에 시가 후속으로 펼쳐질 테니.

시로 떠나는 영상여행

첫 시집은 각별하다. 첫사랑이 그렇듯 애틋함이 있다. 2004년 '리토피아'로 등단한 김효선 시인이 그간 갈고 닦은 작품들을 모아 첫 시집 『서른 다섯 개의 삐걱거림』을 상재하였다. "어렵고 힘든 고비를 넘기며 살아온 시간들. 이제 그 슬픔이, 그 고통이 내 시를 이어가는 힘이 될 것이다."는 시인의 시작노트에서 문학에의 열망이 느껴진다.

시집을 하나의 우물에 비유한다면 고인 물을 퍼내는 작업이 시집발간이다. 두레박에 올라온 사유들을 읽어보면 시집 제목이 달리 붙여진 게 아니지 싶다. 담긴 62편의 시를 관통하는 것이 '삐걱거림', 말하자면 서말 구슬을 하나의 맥락으로 꿸 수 있는 관계성으로서 '삐걱거림'이다.

> 그 밤 열대야로 다시 햇살이,/ 어디선가 새어든 물비늘이 어룽어룽 방안을 돌아다니고/ 의자 위에 앉아있던 너 물비늘을 유령처럼 뒤쫓고. (중간 생략) 너는 어디에... 너는 어디에... 너는 어디에... 너는 어디에... 너는 어디에... 너는 어디에... 너는 어디에... 너는 어디에... 너는 어디에... 너는 어디에... 난 니가 필요해.../찌그덕 찌그덕 바람이 불어왔지 아마,/ 반복 또 반복,/ 무릎을 세우고 탁자 아래 쪼그려 앉은 너를 보았어./ 네가 달빛을 다 먹어치울 동안/ 똑같은 노래가 서른 번을 넘기며 핏대를 세우고 있었을 거야 아마,// 왜 코스모스가 여름에 피는지 아니?
>
> -「서른다섯 개의 삐걱거림」 부분

'열대야' 속에 화자가 있다. '새어든 물비늘', 눅눅한 이미지가 유령처럼 뒤쫓는다. '너는 어디에'가 여러 번 반복되면서 부재를 느낄 수 있고, '반복 또 반복'은 짜증과 불쾌감. 잠 못 이루는 열대야 풍경이 그려진다. 그러다 '왜 코스모스가 여름에 피는지 아니?' 하는 마지막 부분의 질문은 뜬금없다. 이것은 주위를 환기시키는 장치로 메시지 전달보다, 심리적 정황을 이미지로 제시하는 데 집중하고 있다.

이어 시집에서 눈여겨보게 되는 것은 「서른넷, 상실」, 「서른넷, 습관」, 「서른넷, 단풍」, 「서른다섯 마리의 뱀」, 「서른다섯 켤레의 신발」등등 '서른넷' 혹은 '서른다섯'과 관련한 연작시들이다. 살아온 내력의 숫자에 연관된 실루엣들이 그려진다.

「서른넷, 상실」에서 "상처마다 사과향기 가득한 등을 달고", "너무 많은 새들이 한꺼번에 그녀의 머리를 쪼아댄다."는 표현. 여기서는 상처 속, 새 이미지가 부각된다. 또한 "진찰을 받고 돌아설 때 의사는 고개를 흔들었어, 어디선가 그르렁 소리가 들리지만 그건 늘 징징거리는 바람 소리. 침묵은 너무 달아, 가끔 지도에도 없는 길을 찾아 떠나지."(「서른넷, 습관」)에서는 여정으로서의 길 이미지가 눈에 들어오고, "내장까지 붉은 단풍이야/ 수화기에서 붉은 목소리가 툭툭 떨어진다. (생략) 가끔은 발밑으로 비가 내린다./ 멈출 수 없는 바람이 분다. 그리움처럼"(「서른넷, 단풍」)도 하나의 영상장면이 펼쳐지는 것 같다. 그 뿐만 아니다. "서른다섯의 저녁 식사는/ 눅눅한 벽지를 타고 흐르는 습기처럼 스며든다./ (생략) 기억이 물방울을 만든다. 굴러가다 멈춰서는, 저녁 식사는 늘 그렇게 또르르 또르르/ (생략) 내가 지나온 길엔 늘 똬리를 튼 뱀이 허물을 벗고 있다."(「서른다섯 마리의 뱀」)를 읽으면서 독자는 눅진한 심사로 저녁 식사 하는 풍경을 떠올리게 된다.

「서른다섯 켤레의 신발」은 행간의 폭이 넓다. 행갈이를 두 행씩으로 했는데 "심하게 어지럼증을 앓은 날.// 굴러가던 햇살에 넘어져 신발은 저 혼자 그네를 타고,// 경계를 허문 하늘.// (생략) 새가 날아간 자리

깃털처럼 날리는 세월,// 노을이 저벅저벅 걸어오는 날이면 신발을 신고 날아갈 수 있을까."라는 마음 저변에는 아쉬움과 쓸쓸함이 있다. 완만한 호흡조절로 읽게 되며 세상현실과 맞물린 갈등이 상기(想起)된다. 영화 한 장면이나 사진 한 컷이 연상되는 데 이런 영상적인 면이 김효선 시의 특색이자 가능성이다.

시로 떠나는 영상여행의 역(驛)에 서면, 우선 '마트로시카(러시안 인형)'가 떠오르는 시들을 주목하게 된다. 러시안 인형이 인형 속에 인형이 첩첩으로 있듯이 김효선의 시에서도 상상을 열면 또 다른 상상이 열리는 시들이 연계되어 있다. 「역사(驛舍)를 지나다」에서는 신화적인 이미지가 주를 이룬다. 보름달밤에 일어나는 상념들이 각각 부제를 달고 있어 화살표로 이어본다. '육체역-에로스의 자장가' → '영혼역-테세우스 그리고 신발' → '욕망역-비너스는 오늘도' → '물질역-외눈박이 3형제' → '이성역-크로노스 시간 죽이기'로 이미지들이 치환된 구조를 이룬다. 「바늘 끝의 시간」도 마찬가지 구성이다. 부제인 '그녀의 퍼머' → '그녀의 쌍꺼풀' → '그녀의 콧날' → '그녀의 입술'들이 하나의 개체이면서, 동시에 전체의 부분이 되어 기억이 통증을 불러오는 시간들로 묘사되고 있다. 「위험한 연극」 역시 '그의 가슴을 열고 들어가면 세 개의 방이 나온다'면서 '기억의 방' → '장난감이 있는 방' → '거대한 방'으로 이미지들이 연결된다. 이는 하나의 이미지를 떠올리면서 그와 관련한 또 다른 이미지를 동시에 떠올리는 발상으로 다의적인 기능을 한다.

예시를 든 시들에서 부제는 시 자체로만 있는 것이 아니라 독립적인 하나의 영상물로 탈바꿈할 수 있다. 상호텍스트가 된다면 전달력이 배가될 것이다. 흔히들 말한다. 디지털 시대에 문학은 위기라고. 활자매체는 고루해졌으며 그 자리를 시각적인 영상매체가 대체하는 현실이다. 위기는 기회가 될 수 있다. 중요한 것은 한계를 어떻게 극복하느냐이다. 그 방법의 하나가 타장르와 접목이라고 본다. 어떤 대상으로부터 받은 느낌, 곧 이미지를 표현하는 것은 예술장르마다 전달하는 방법이 다르지 호환성이 있다. 한 텍스트의 의미가 상호텍스트로 정해지려면 크게 두 가지가 전제된다. 첫째는 텍스트 생산과 관련한 상호성으로 동시대, 동일 작가, 비슷한 내용과 형식, 장르 등의 요소를 중시하는 방식이며, 둘째는 텍스트 수용과 관련한 것으로 수용매체, 수용집단 등과 교류를 중시하는 방식이다. 생산과 수용 어느 입장이든지 상호텍스트는 쌍방향 소통이 가능하다. 시문학의 좌초를 논하는 요즘, 시 장르만을 고수하는 소극적인 자세에서 적극적인 접근이 필요하고 김효선의 시에서 가능성이 열려 있다.

김효선의 시는 '꽃', '새', '길', '비', '물' 이미지들이 많이 등장한다. '꽃'은 '피'와 연관지어 붉은 흔적을 남긴다. 「뱀파이어와 봄을」에서 "스파르타식으로 건너오고 건너가는 계절, 되돌리고 되돌려도 도돌이표처럼 돌아오는 꽃잎들. 가려고 하면 붙잡아 기어이 붉은 흔적을 남긴다. 지구 밖에는 아직 붉은 피가 돌고 있다. 벚꽃이 피었다 지는 동안에도 여자는 수화기를 든다."는 표현에서 흡혈귀와 피어나는 꽃의 붉은 이미지가 각인된다. 브램 스토커의 소설 '드라큘라'는 영화로 만들어지면서, 즉 상호텍스트가 되어 더 유명세를 탔다. 붉은 와인이나 장미를 피로 비유하고, 햇빛에 닿으면 재가 되고, 영혼이 없기 때문에 거울에 모습이 비치지 않고, 흡혈귀의 혈액이 체내에 들어가면 흡혈귀가 되는 특이성들이 시에 용해되어 있다.

「유도화 피는 계절」을 보자. "유도화 향기는/ 어지러웠다,/ 투박한 손으로 꺾을 수 없어/ 그냥 지나친다./ 가난의 질기고 독한 바람이 따라왔다." 는 표현에서 유도화의 치명적으로 예쁘고 독하고 강한 이미지가 전해온다. 제주에서 나고 현재 제주에 살고 있는 시인이므로 제주에 많이 피고 지는 유도화에 대한 감회가 남다를 것이다. 「지다 아니, 진다」는 멈칫거리게 된다. "흐린 하늘 아래// 핀다 아니, 진다 벚꽃이// 아니 그 아래// 강아지 한 마리 누워 있다// 아니, 아이가 서 있다// 아니, 떨어진 코트를 입은 노인이 서 있다"를 읽는 순간, 강아지와 아이와 노인이 있고 '아니' 하는 사이 벚꽃 피고 지는 풍경이 오버랩 되는 효과가 있다.

'새' 이미지는 '길' 이미지와 연관된다. 길목의 구두수선집을 묘사한 「길, 버드나무 숲에 들다」의 경우, "헐거운 구두를 벗는다. 어디론가 날아가고 있는 것은 새들이다."가 인상적이다. 「늙은 새들은 풍경을 만들지 않는다」에서 "깃털에서 사라진 불빛들이/ 폭죽처럼 터지기도 한다./ 전깃줄에 걸터앉아, 불빛들/ 넌 마치 늙지 않을 것처럼 거기 서 있구나.// 길 잃은 바람 몇 점 전깃줄을 흔들고, 넌 마치 늙지 않을 것처럼 거기 서 있구나."는 길을 걷다 전깃줄의 새를 바라보며 착상했다. 「빙하를 꿈꾸는 K씨」는 '한평생 바닥에 붙어사는 새 한 마리'로 길거리의 장애인을 그리고 있는데 "절망처럼 누룩곰팡이가 피어난다."는 끝부분에서는 읽는 이를 착잡하게 한다. 「없는 길」은 지하도 입구에서 구걸하는 사람을 그린 시이다. "꽁지 길게 늘어뜨린 햇살 아래, 그는 느린 포즈로 깃털을 손질한다. 그러다가 쭈뼛한 부리로 허공을 톡톡 쪼아댄다"면서 새 이미지와 병치해 놓는다.

이 시집 곳곳에서 가장 많은 비중을 차지하는 것이 '비' 혹은 '물' 이미지이다. 이들은 시적 배경상황으로 전이되기도 하는데 그만큼 김효선 시인의 경사된 내면의식을 반영한다. 「클림트를 읽다」는 클림트의 〈입맞춤〉을 보며 쓴 시이다. "뭉글뭉글 비가 내리고 있는데, 들판은 온통 눈빛으로 저무는 우기의 하오(下午). 슬픈"이라면서 우울한 심사에 젖는다. '빗물'은 회상의 매개가 된다. "빗물이 만들어 놓은 길에서/ 철퍽철퍽 누군가 책장을 넘긴다./ 빗장을 열고/ 질펀한 언어들이 떨어져 내린다."고 표현한 「빗물을 읽다」역시 심정이 축축하다. 수도꼭지가 새는 것을 「사랑이 샌다」고 비유하였다. "길게 늘어진 내 손끝에서 똑똑 물이 떨어진다./ 나는 주머니에 손을 넣는다./ 흐르는, 흘러가는, 흐느끼는,/ 잠그지 못한다./ 너를"에서는 허무의식이 느껴진다. 또한 「겨울비」에서는 '비어있는 물관에서 탁구공이 통통 공허하게 울려오는 바람소리'로 그려지기도 한다. 그리고 "비가 내린다./ 흐려진 시야/ 수많은 물고기들이 뇌 속으로 흘러든다./ 각시붕어, 버들매치, 풀망치, 은어, 숭어,/ 뇌 속에서 알을 낳고 있다."고 한 「비계와 은어」에서는 그야말로 '비릿한 시간들이 출렁거'리고 있다. 이렇듯 김효선의 시에서 '비' 혹은 '물' 이미지는 음울의 성향이 강하다.

끝으로 문단은 무서운 세계이다. 적절한 비유인지 모르겠으나 연예계와 닮은 것이 있다면 반짝했다가 사라질 수 있다는 점이다. 노력과 실력과 문운의 삼박자를 빈다.

둥글게 사유하는 시편

턴테이블에 엘피판을 올려놓는 기분이다. 박완호의 시에는 CD나 MP3의 시대에 느낄 수 없는 LP 음질이 있다. 그의 세 번째 시집 『아내의 문신』을 읽으면 다소 직직거리는 레코드처럼 청각적인 표현들이 향수를 자극하며, 그 사이로 세상이 돌고 있다. 이상과 꿈을 노래하는 낭만과 생활 이야기와 굴곡들이 어울려 트랙을 형성하고 있다. 이것은 시인의 모나지 않은 사고에서 비롯하는 것이며 이를 통해 원만을 지향하고 있다. 일반적으로 둥근 것을 생각하면 부드러운 것, 포용적인 것, 무난한 것 등을 떠올린다.

둥근 상상력과 연관된 오브제들이 많은 데, 구체적으로 살펴보면 먼저, 「공(球)에 대한 짧은 생각」을 들 수 있다. '1. 축구공 → 2. 지구 → 3. 생명구슬'로 소제목들이 이어지며 의미망을 형성하고 있는 「공에 대한 짧은 생각」은 사유가 제목처럼 짧지 않고 사려 깊다.

"1. 축구공"은 축구공을 자세히 관찰하고서 터득한 진술이다. "운동장의 축구공은 누구에게나 쉽게 버림받는다. 가슴 열고 기다리던 사람도 품에 와 안기는 순간 빨리 그를 버린다. 모난 곳 하나 없는 둥근 성격으로도 그는 환영받지 못한다."의 기의를 보면 존재의 고독감과 차이면서 감내하는 모습이 느껴진다.

둥근 것에 대한 사유는 이어서 "2. 지구"로 확장되기에 이른다. 여기에서는 "언제부터인가 지구는 둥글기만 한 별이 아니"라고 한다. "손끝에 닿지 않는 기둥들이 자꾸 생겨"나고 "곳곳에 솟아오른 남근들이 무정자의 연기를 쏟아"낸다고 하며 "조물주의 구슬, 생명을 기를 수 없게 된 여자, 엄마의 품에서 쫓겨난 자식들이 집 밖으로 흩어졌다."는 내용에서 우울한 분위기가 감지된다. 본래적 생명력을 상실한 근래의 지구를 가리키며, 남근 중심으로 이끌던 담론들과 물질문명을 추종하기 급급하던 논리들을 경고한다.

다음으로 "3. 생명 구슬"에서는 남성의 심볼이 연상된다. "생명 구슬 두 개"로 "뒤뚱뒤뚱, 비익조(比翼鳥)의 꿈을 꾸"며 아내에게 "생명 심으며 살자"는 장면에서 앞서 부정적인 면면들은 긍정적으로 전환된다.

> 뿌리 근처엔 구겨진 공 한 개/ 바닥에 처박혀 숨소리도 내지 않고/ 무슨 생각에 잠겨 있다. 바람 빠진/ 몸이 형편없이 짜그라졌다. 팽팽한/ 공기의 꿈으로 가벼운 발길질에도/ 통 통 튀던/ 살짝 닿기만 해도 달아오른/ 마음의 탄력으로 골문을 향해 치닫던/ 둥근 몸이 탑골공원의 노인들처럼/ 구겨져서 나뒹굴었다. 나뒹굴면서/ 햇살과 바람을 껴안고 춤추는 초록을 바라본다. 늙은 축구공이/ (중략)
>
> -「늙은 축구공」 부분

시인은 은행나무 아래 놓인 오래된 축구공에서 노인의 삶을 떠올린다. 이 시는 행갈이가 일반적인 호흡단위로 전개되지 않는다. "잠겨 있다. 바람 빠진"을 같은 행으로 배치하고 그 다음을 행갈이 했다. 이 밖에 "짜그라졌다. 팽팽한", "나뒹굴었다. 나뒹굴면서", "바라본다. 늙은 축구공이" 도 의식적으로 배치한 행 걸침들이다. 읊조리다보면 초록으로 상징되는 젊은이와 늙은 축구공에서 연상되는 노인이 오르락내리락 섞이는 느낌이 든다. 공이 튀어 오르길 반복하다보면, 우울하지만 색다른 재미가 있다. 탄력을 잃거나 바닥에 곤두박질했다가도 "통 통 튀"며 등장하는 두드러진 청각적인 심상들은 이 번 시집의 특징이라 하겠다.

예컨대 “딩 딩, 풀잎이 오르간 소리를 낸다”(「풀잎처럼」), 허공을 쩌렁쩌렁 뒤흔들/ 커다란 목청을 갖고도/ 한 번도 땅을 박차고 날아오르지 못한 새처럼(「북」), 누가 못이라도 박고 있는지/ 밤 허공이 퍼렁퍼렁 울린다(「빛그늘2」), 너의 숨결 위에 달콤하게 바람의 음표를 얹으리(「들꽃 여관에 가고 싶다」), 입술 사이로 새어나오는 잇단음표의 허밍을 들으며(「꽃다리」), 왼쪽 가슴에서 둥둥 울리는 망치질소리(「수식어」)… 등등 전반적으로 많다.

「달이 달을 보다」도 둥근 이미지로 시간의 흐름에 달이 변해가는 과정을 묘사하고 있다.

> 달이 달을 보고 있다/ 하루 종일 굶었는지/ 한 끼 밥 같은 얼굴을/ 생면부지의 낯을 대하듯/ 빤히 쳐다본다/ 물에 비친 제 얼굴을 뜯어보는/ 허공의 달,/ (생략) 아예 눈감아버린 달이/ 마음속에 제 그림자를 새긴다/ 이윽고 보이지 않는 달,/ 저를 다 지워버린 달,// 저 달처럼 되기까지는/ 나는 아직 멀었다!//
>
> -「달이 달을 보다」 부분

달이 제 그림자를 들여다보며 반추한다. 그믐이 되어 가는 과정을 “저를 다 지워가는 과정”이라고 시인은 생각한다. “저 달처럼 되기까지는/ 나는 아직 멀었다!”는 직설적인 언술을 통해 시인의 반성이 여실히 드러난다.

「풀잎처럼」의 물방울 이미지도 당연히 둥근 대상으로, 풀잎에 물방울이 떨어질 때 “누가 내 정신의 건반을 두드리는 것일까/ 몸속에서 작은 음계 하나 떠오른다/ 저 풀잎들처럼 나도 어느덧/ 내 몸을 연주하고 있다”는 표현을 보자. 바로 앞에 언급한 「달이 달을 보다」처럼 시인은 둥그런 이미지들을 통해 사물의 본질을 탐색하며 의식도 둥글게 동화하려 한다.

한편 현실이나 환경이 두루뭉술하지 않아서 더욱 이상을 지향하는 시들도 접하게 된다. “북채도 없이 홀로 덩그러니 놓여 있는 북”에서 시인은 새의 이미지를 연상한다. “힘센 소리의 물줄기를 품고도/ 얼어붙은 폭포처럼/ 울지 않는 북// (생략) 울음을 속으로 삼켜가며/ 비상을 기다리는 새(「북」)라고 토로한데서 내재한 능력을 발휘하지 못하는 북의 안타까움을 읽게 된다. ‘북’은 이때 시인의 염원이 담긴 투사이며 객관적 상관물이라 하겠다.

방치된 ‘북’에서 날고 싶은 ‘새’를 떠올린 시인의 성정은 다정하다. “의림지 빙어횟집에 가서/ 아무 생각 없이 소주 몇 잔에 빙어회를 먹다가// 어느 순간, 손에 들고 있는 상추쌈 밖으로/ 불쑥 고개 내민, 순한 눈망울의/ 살아 있는,/ 어린 너를 보았네”(「빙어회를 먹지 못하는 저녁」)에는 측은지심이 담겨있다. 이는 생명에 대한 사랑에서 연유한 것이며 시인은 “차마 빙어회를 먹지 못한다”. “차마”라는 부사어가 여운이 있게 읽힌다.

이러한 생각이 확장된 「사람을 버리다」에서는 더 넓은 사랑으로 감싸 안으려고 한다. “집과 일터에서 밀려나/ 붉은 밤거리를 헤매는 꽃들”을 본다. 그 꽃들은 “술집에서 노래방에서 만나는 그녀들”이다. 그들에게서 시인은 “아내와 딸들을 느”낀다. 그리고 “나는/ 남자를 버리기 시작했다”고 고백하가기에 이른다. 「개구리문신」도 안쓰러움과 공감의 연장선으로 읽을 수 있다. “안개 속에서 헤드라이트 불빛이 몇 번 반짝거리더니, 그 뒤를 따라// 바퀴의 행렬이 한 차례 휩쓸고” 간다. 그러더니 “아스팔트의 한쪽 어깨에 새겨진// 개구리문신 한 개”가 덩그러니 놓이는데 이 역시 가엾게 여기고 있다. “제 몸집보다 수십 배는 커 보이는 아이스크림 조각을 물고”(「개미1」) 개미 한 마리가 땅바닥을 기어가는 경우도 그렇다. “등 뒤의 여백을 늘여보려 안간힘을 쓰지만 여백은 자라지 않고 녹은 아이스크림이 흘러내려 몸을 붉게 물들”이는 것. 이것이 바로 현대인에게 뒤범벅 된 일상이다 싶다. 그러나 시인은 세상살이를 버겁거나 어둡게만 생각하지 않고 있다. "가벼움이란, 때로는/ 견디기 힘든 생의 멍에를/ 제 몸 바깥에 매단 채 먼 길을 가는"(「개미2」) 개미와 같다고 하면서 범사 "반짝이는 순간"이라는 것이다.

「춤판」역시 의인화된 나뭇잎들의 움직임이 생생하다. "바람이 불기 시작하자/ 산 가득 춤판이 벌어진다"고 묘사한다. "나뭇가지에 간신히 매달려 있던/ 작은 나뭇잎 하나가/ 가지를 쥐고 있던 고사리 손을/ 놓는 그 순간"을 "제 혈육을 떠나보낸 아픈 설렘"으로 형상화하며 "어깨를 들썩이고" 급기야 "다른 나무들이 온몸을 뒤"튼다고 말한다. 이때 "도미노처럼 이어지는 나무들의 춤사위"는 그야말로 장관일 것이다. 그러므로 이렇게 표현한 시인의 내면의식은 그늘져있지만 않다. 「신발찾기」역시 그렇다. 나무들을 "지난 봄 여름 내내/ 축구공처럼 둥글게 부풀어 오른/ 햇살들을 던지고 받으며" 놀기 바빠서 "신발 벗어 던"져버렸다. "새파랗게 잊고" 있었다가 비유하길 "집에 돌아가기 위해/ 신발 찾는/ 저물녘의 아이들" 같다고 한다. 그래서 "산 구석구석을 뒤"진다면서 성찰하기에 이르는데 읽는 재미가 있다.

이것은 「그리움을 결제하다」에서 배가된다. 아내가 "태국으로 혼자 여행을 떠"났다. 그런 "아내는 얼마나 내가 그리웠으면"이라고 곡진하게 표출하더니 "값비싼 그 마음을 신용카드로 꾹꾹 찍어// 내게 보내" 준단다. 그 다음 부분이 더 유머러스하다. "나는 왠지 맘이 간지러워// 휴대폰 화면이 바뀔 때마다 단위가 커져가는 마음을 지우지는 못"하면서 "그리움을 결제하"기에 이른다. 만약 여기서 불편하다고 직설적으로 나타냈다면 읽는 묘미가 단순하게 그치고 말았을 것이다.

이어서 아내와의 관계를 빗댄 표제작 「아내의 문신」을 눈여겨본다. "아내의 몸 속엔 내가 지나온 길들이 들어 있다"로 도입부를 제시하더니 "여자는, 몸 속에 지나온 날들의 내력을 숨기고 있"다고 피력한다. 사실 시인의 표현처럼 몸은 살아온 날들의 희로애락이 담긴 자취이다. 그래서 "사랑을 나눌 때 그녀의 몸에는 남자가 걸어온 길들이 문신처럼 새겨진다"는 부분에 대해 독자는 수긍하게 되며, 시에 등장하는 남자와 여자의 소통에 주안점을 두게 된다. 하여 "아내의 몸 속, 길들 위에는 기억나지 않는 내 삶의 이력이 적힌 문장이 여기저기 흩어져" 있게 되고 "그녀가 내 은밀한 속을 들여다보는 동안, 내 몸에도 어느새 그녀의 상처가 새겨"진다는 각성에 도달한다. 이는 앞서 언급한 「사람을 버리다」의 맥락과 통한다. "붉은 밤거리를 헤매는 꽃들"에서 "아내와 딸들을 느"끼고 "남자를 버리"고 "벌레들/ 함부로 피어난 들판의 이름 모를 풀꽃들이/ 불쌍하다고" 생각하는 궁극에는 뭇 생명을 감싸며 삶의 근원적 가치를 재생 혹은 순환하려는 정신이 있다. 이것이 박완호 시의 핵심이며 이때 회상을 동반하고 진행한다.

추억이 담긴 아래의 시를 읽고 있으면 마음의 무늬가 섬세한 것을 알게 되고 감수성이 깨어나는 기분이다. "어린 날 데리고/ 길을 나설 때마다 아버지는/ 저만치 앞장서시고/ 뒤따르는 어머니 손끝에서 난/ 갈팡질팡하는 방패연처럼 자꾸 앵앵댔다" (「나들이」) 든가 "수저통 안에 가지런히 놓인 젓가락들처럼/ 한 이불 속 누이들과 내가/ 스무 개의 팔 다리를 일렬로 뻗고/ 깊이 잠드는 밤" (「마술 장갑」)에 어머니는 "동화 속 요정처럼/ 우리 머리맡에 앉아/ 졸음의 문턱에 한쪽 발을 올려놓은 채" 뜨개질을 하신다는 표현. 급기야 "열 개의 손에 하나씩 벙어리장갑이 끼워지자/ 어떤 바람도 우리의 손을 얼어붙게 하지 못했"다는 회고는 정겹다. 또 「살구나무에게 묻다」의 "고백성사를 받는 신부처럼" "고향집 대문 앞에 서서 흘러가는 가계(家系)를 지켜"보는 살구나무를 통해 "지워져가는 가계의 내력"을 돌이켜 본 장면도 정감이 있다.

현대인은 다들 바빠서 입버릇처럼 '여유'를 갖자고 하면서도 '여유'없이 산다. 가전제품이며 컴퓨터가 편리하게 대신하는데도 피곤하다. 각박한 나날에 그리움 젖은 마음의 쉼표를 박완호의 시에서 찾아보면 어떨까? 종합하건대 박완호의 시는 진솔하다. 사유 또한 원만하다. 그래서 문명의 이기로 편하지만 테러, 분쟁, 기상 이변 등 큰 사고가 언제 터질지 모르는 야누스의 얼굴인 이 시대를 사는 우리에게 지혜를 준다.

건건찝찔한 삶을 투시하며 웃는 시학

칙칙하지 않아 좋다. 이는 신미균의 두 번째 시집 『웃는 나무』를 일별한 후 느낌이다. 현대시로 등단하고 첫 시집 『맨홀과 토마토케첩』을 낸 후, 4년만에 이번 시집을 펴내면서 시인은 첫머리에 "속이, 다, 시원하다."는 단 한 줄로 시인의 말을 대신하고 있다. 이 말은 바쁘고 복잡한 일상을 사는 현대인에게 탄산음료 같다. 수록된 60편의 시 역시 톡 쏘는 상쾌함이 관통하고 있고, 유연한 사고를 바탕으로 글이 자연스럽게 읽혀서 신미균 시의 특장점이라 하겠다. 이는 대상을 동화적으로 발상하고 사물의 특징을 꼼꼼하게 읽어내는 데서 비롯한다.

예컨대 첫 시집에서 탑골공원을 떠도는 노인을 '의자왕'으로 읽어내거나, 게시판의 압핀을 보고 실직한 '막내삼촌'을 형상화하며, '오래된 의자'에서는 풍 맞아 기우뚱해진 아버지를 떠올린다. 뿐만 아니라, 소가죽으로 만든 가방 속에 소가 들어있다고 생각하는 '가방'과 맨홀에 빠진 사람과 토마토케첩을 들고 있는 나의 상황을 견주어 본 '맨홀과 토마토케첩' 시편들에서 이미 기발한 상상력으로 이미지화하였는데, 지금 시집 역시 유효하며 다양해졌다. '낙지', '계란 세알', '서랍', '볼펜', '크래커', '징검다리', '뽕 망치', '유리컵', '수건', '공놀이', '민무늬 타일', '구두', '벽', '스웨터', '금붕어' 등등 생활 속 제재가 시적으로 활용되는 면을 보아도 금방 알 수 있다. 이렇듯이 신미균은 일상의 가까운 주변에서 구체적인 시의 대상을 발견하고 시를 펼친다. 아우라가 있어 읽고서 여운이 남는다. 내용을 형상화하는데 있어서 사회, 역사적인 거시 담론보다, 독자적인 내면을 그린 미세 담론의 시에 기울어 있다. 우선 〈크래커〉의 경우.

돌아오지 않는 엄마대신
크래커를 부순다
건건찝찔한 크래커
별로 비싸지도 않는 크래커
밥대신 하루 종일 먹으라고
두고 간 크래커
부술 때마다 바삭거리는 소리 때문에
자꾸만 부수던 크래커
손가락으로 부수다가
발가락으로 문대다가
온몸으로 뒹굴다보면
가루가 되는 크래커

검은 깨인 줄 알고 함께 먹었던
개미들

- 〈크래커〉 전문

시적 화자는 엄마를 기다리고 있다. 외롭고 심심하다. '건건찝찔'한 맛의 크래커를 부수며 마음을 달래 본다. 구체적인 사물에 소소한 마음을 빗대고 있고, 특별한 미사여구나 시적 장치를 동반하지 않아도 잔잔한 감동이 온다. 〈스웨터〉의 경우도 마찬가지이다. "당신은 나에게/ 코를 잡혔습니다// 나는 한 코 한 코/ 당신을 꿰어갑니다// 당신의 고집이 도르르 굴러/ 식탁 밑으로 떨어지기도 하지만/ 코가 꿰어 있기 때문에/ 어쩔 수 없이 도로 돌아오게 됩니다// 당신은 내 손으로/ 만들어지고 있습니다//" 하는 표현에서 자연스럽게 공감한다. 이처럼 신미균의 작품은 이미지의 순간포착을 잘해서 언술하는 특성이 있다. 다음은 첫 연의 공통되는 예들이다.

가) 말을 캐러 밭으로 갔다/ 가끔 톡톡 튀기도 하고 소근대기도 하는 소리들이/ 나를 잡는다 몇몇 웃자란 잎들은 물고기처럼/ 솟아오르기도 하고 고개를 뒤로 젖혀 웃기도 했다/ 줄기를 쳐내자 싱싱한 유리 섬유의 햇빛이/ 투명하게 쏟아진다/ 나는 그 빛에 취해 눈을 감았다/ 여치와 메뚜기가 정신없이 뛰어올라/ 옷이며 팔 다리에 소리들을 묻혀 놓는다/ 그 소리들은 향기롭다/ 지하철의 소음이나 기계 소리에 섞여 있지 않은/ 녹색의 향기가 섞여 있다//

- 〈감자밭〉 부분

나) 얼굴 하나 화분에서 피어올랐다/ 세상이 신기한 듯/ 고개를 갸웃거리며/ 무럭무럭 피어올랐다/ 얼굴은 자기가 얼굴이라는 것을/ 알리고 싶기도 해서/ 열심히 피어올랐다/ 얼굴밖에 보여줄 것이 없는 얼굴은/ 다른 얼굴들은 상관하지 않고/ 자기만 신나게 피어올랐다/ ·

- 〈얼굴〉 부분

다) 햇볕이 들지 않는 쪽에/ 녹지 않은 눈이 조금 남았습니다/ 빗물에 패이고/ 먼지로 주름 잡힌 몸이지만/ 남은 날이 아쉬운 듯/ 가물거립니다/ 주위를 둘러보니/ 모두 땅 속으로 스며들거나/ 하늘로 날아가버려/ 이제 아무도 없습니다/

- 〈노인〉 부분

라) 벽에 나를 붙인다/ 떨어지지 않게 조심 조심//

- 〈민무늬 타일〉 부분

가)에서 '감자밭과 말', 나)는 '얼굴과 싹', 다)의 경우는 '노인과 눈', 라)는 '민무늬 타일과 나'가 원관념과 보조관념의 대응을 이루며, 첫 연 시작부터 바라보는 사물을 바로 시적으로 전환한다. 이러한 점이 시를 배배꼬지 않고 꼼수를 두지 않아 선명한 효과를 획득한다.

예시에서 보듯 신미균의 시들은 일상생활에서 일어나는 삶의 기쁨이나 현상의 본질에 대한 천착으로 자신의 시세계를 구현한다. 사물에 대한 세심한 관찰을 바탕으로 삶을 통찰력있게 바라보며 작위성이 없다. 그래서 담채화 같다. 고유 빛깔의 조절이 관건일 것이다. 한 시인이 시세계를 드러낼 수 있는 그만의 색채가 없는 것은 문제가 있다. 또한 고유 빛깔을 고집하면서 지나치게 오랫동안 머무르는 것도 안일함에 빠질 우려가 있다. 뿐만 아니라 현란하게 착색되는 경우도 바람직하지 않다.

최근 우리 현대시를 보아도 마찬가지이다. 진의를 찾아 읽어도 난해하고 분절된 의미가 도무지 연결되지 않거나, 충동적이며 직설적인 어휘의 나열에 사로잡혀 있는 시들은 오히려 머리를 아프게 한다. 편한 시가 무조건 좋은 시라는 것이 아니다. 시에는 삶 혹은 세상에 대해 날카롭게 꿰뚫어보는 깊이와 혼이 있어야 한다는 것이다.

『웃는 나무』에는 가족에 대한 글이 유난히 많아서 눈에 들어온다.

> 가) 어머니의 가방 속에는/ 반야심경과/ 성경책이 들어 있다/ 교회에 다니는 큰오빠네 집에서는/ 성경책을 꺼내 놓고/ 절에 다니는 작은 오빠네 집에서는/ 반야심경을 꺼내 놓는다/ 종교가 다르면/ 눈치가 보여/ 무거운 경전을 둘씩이나 넣고/ 계단 많은 지하도를 오르내린다// 어머니의 가방 속에는/ 제대로 읽어본 적도 없는/ 경전 두 개가/ 사이좋게 낡아가고 있다//
>
> - 〈두 개의 경전〉 전문

> 나) 짐 보따리를 싸서/ 둘째 며느리네/ 집 앞에 내려 드린/ 어머니의 그림자가// 일부러 야멸차게/ 꽝/ 닫아버린/ 내 차의 문을 붙든다// 뒤도 안 돌아보고/ 죽어라 가속 페달을 밟아도/ 떨어지지 않는/ 저녁 해//
>
> - 〈저녁 해〉 전문

다) 식구들 모두/ 수건 하나에/ 얼굴을 닦다보면/ 커다란 수건이 푹 젖는다// 오뉴월 뙤약볕에/ 변변한 모자도 없이/ 논에 나가/ 약통 메고/ 농약을 뿌리시던/ 아버지 같다// 젖은 몸 말릴 새도 없이/ 막내가 또/ 몸을 닦으러 온다//

- 〈수건〉 전문

라) 객차를 모두 떼어낸/ 홀가분한 기관차 한 량/ 서둘러 청량리역을 빠져나가고 있다// 덜컹거리며/ 끈질기게 매달리는/ 식솔들을 떼어낸 것이/ 사실은, 시원해서/ 도망치고 있는 것 같다//

- 〈아버지〉 전문

마) 가족이 늘 화목할 수는/ 없지 그럴 때/ 모두를 한 번 섞어 보는 거야/ 신맛 단맛 씁쓸한 맛/ 다 가져와/ 위 아래로 섞고/ 앞뒤로 섞고/ 이리 저리 던지며 섞고/ 빙빙 돌려가며 섞어 보는 거야/ 거기에 눈물 콧물에/ 미움 사랑도 조금씩 섞는 거야//

- 〈칵테일 파티〉 전문

대체적으로 주절주절 설명하지 않고 내용이 간결하다. 읽고 난 후 여운이 남고 여백의 미가 있다. 가) 〈두 개의 경전〉에서는 어머니의 속 깊은 배려를 읽을 수 있고, 나)의 떨어지지 않는 〈저녁 해〉는 어머니에 대한 마음이 아쉽게 남아있는 것이며, 다)의 젖어가는 〈수건〉을 통해서 가족을 떠올리며, 라)는 객차를 떼어낸 기관차가 아버지 같다고 했다. 결국 신시인이 지향하는 가족이란 마기말로 마)의 시로 궁극적으로 승화한다. "미움도 사랑도 조금씩 섞는" 것이 가족이라는 것이다.

그런데 일반적으로 시 〈염소와 그네〉처럼 "앞뒤 돌아보지 않고/ 생각할 겨를도 없이/ 무조건 그네를 들이받는 염소와/ 받혔으니까 하늘로 치솟다 떨어진 그네와/"의 상호관계가 반복되어 갈등이 생긴다.

시 〈남편〉에서 반응과 자세를 모름지기 읽을 수 있다. "나는 지금 샌드백을 치고 있다/ 가볍게 스텝을 밟으며/ 명치끝을 아래에서 위로 짧게 올려치다가/ 팔꿈치를 구부리고 옆으로 치다가/ 팔을 뻗어 잽을

넣는다/ 샌드백은 내 주먹을 받고도 잠잠하다/"면서 감내한다.

그리고 신시인은 "손수건처럼 납작하게 다려지"(〈주눅〉)는 자신의 처지를 느끼면서도 마음가짐은 밝다. 인간 사회에서 서로 소통되지 못하고 고립되어 있는 상황들, 자폐적인 공간들을 허물려 하고 있다. 〈벽〉에서 보면 "그에게 기댔다/ 그에게 등을 붙이고 앉았다/ 누워서 이마를 그에게 찧었다/ 그를 두 손으로 쾅쾅 두드렸다/ (중략) 아무렇지도 않을 것 같았던 그도 무너졌다//"고 긍정적으로 표현하였으며, 〈화살표〉에 착안하기를 "지하철 신도림역에 내리면/ 화살들이 정신없이 쏟아진다// 계단을 올라가라/ 옆으로 돌아가라/ 앞으로 가라/ (중략) 화살에 맞고도/ 그 많은 사람들이/ 피 한 방울 흘리지 않은 채/ 잘 가고 있다//" 표현하면서 활기차다.

그런가 하면 "바다를 복사해 인터넷 창에 띄우고/ 기차를 끌어다 붙여넣기를"(〈연결 마법사〉)하거나, 연령에 빗대어 "마음의 뒤꼍/ 자투리 땅에 쌓여있는/ 오래전 부서진/ 의자와/ 유리병들과/ 잡동사니들을/ 미련없이 버리자/ 작은 공간이 생겼습니다//"(〈오십 세〉) 면서 답답한 도시 생활에 숨통이 트인다.

이렇게 신미균의 시는 다변적이지 않고 조화로운 감각을 기저로 삶을 투시하며 여유를 찾는다. 여유는 웃음을 낳는다. 웃음이 없다면 이 세상은 삭막할 것이다. 관념을 의인화하는 재치있는 유머감각과 도시적인 감수성 발현은 신시인이 지닌 장점이다.

그동안 우리의 시에는 웃음이 부족하였다는 생각이 든다. 굳이 엄숙주의에 사로잡혀있지 않아도 되는데, 현대시의 출발로 보는 100년의 역사는 엄숙주의에 무게중심이 실렸다는 생각이 든다. 고대시가나 고려가요 등에서 얼마든지 우리는 풍자와 해학이 담긴 내용을 읽을 수 있다. 신라의 향가 〈처용가〉에서는 외간 남자(역신)와 아내의 동침을 보고 한바탕 춤을 추는 장면이 나온다. 〈변강쇠타령〉, 〈흥부가〉, 〈춘향전〉 등에서도 웃음을 터트리게 된다. 웃음은 미적개념으로는 골계미에 해당한다. 골계의 유형에는 아이러니, 위트, 풍자, 해학 등을 들 수 있다. 풍자가 공격성의 골계라면 해학은 부드러운 골계로 풍자가 사회의 모순과 허위를 궤변으로 공격하는 비우호적인 태도라면 해학은 현실로 인한 슬픔이나 분노를 익살스럽게 드러낸다. 신미균의 시는 해학성이 있고 어깨에 괜한 힘이 실려 있지 않다. 그 이유는 세상살이가 건건찝찔하지만, 그럼에도 불구하고, 세상을 즐겁게 살기 때문이다.

시집 발간은 하나의 전환 계기가 될 수 있다. 자기경신을 통해 좋은 점을 살리고, 새로운 기법을 자신의 시에 녹이며, 시세계를 넓혀가길 기원한다. 표제시 〈웃는 나무〉를 끝으로 '건건찝찔'한 삶의 활력을 찾아 웃어본다.

> 나무가 웃고 있다/ 자지러지게 웃고 있다/ 뒤로 넘어가면서 웃고 있다/ 징글징글하게 웃고 있다/ 웃다가 웃다가 허리가 끊어지려고 한다// 저러다 죽는 것은 아닐까// 자세히 보니/ 새 한 마리/ 나무에 간지럼을 태우고 있다// 나무가 웃는다/ 바스러지게 웃는다/ 바삭 바삭 부서진 유리조각처럼/ 빛을 반사하면서 웃는다/ 고개를 숙이고 웃는다/ 듬성듬성 웃는다// 자세히 보니/ 새가 떠나갔는데도/ 웃고 있다//
>
> - 〈웃는 나무〉 전문

불이(不二)와 관조의 힘

1. 들어가며

세상살이의 축소판이 여기 있다. 양문규 시인과 신원철 시인이 각각 상재한 『식량주의자』와 『노천 탁자의 기억』에는 가족사, 일상에서 아름답고 쓸쓸한 광경, 못난 것들끼리 의지하고 사는 모습, 욕망의 자제, 자연풍광과 침잠의 세계로 빠져드는 명상들이 많다. 이들은 폭력의 언어를 전면에 부각하지 않는다. 악마성이나 부조리를 노골적으로 드러내지도 않는다.

문체도 화려하지 않으며 과장이 없고 우직하다. 보이는 대로 기술하기 때문에 시적 화자들은 탈을 써서 꾸미지 않는다. 전반적으로 순환하는 거대한 우주의 흐름 속에서 인생은 잠시라는 의식이 지배적이다. 그래서 지치고 힘들 때면 마치 "백 년도 못사는 인생이여" 라고 중얼거리듯 세상사에 급급하지 않고 시야를 멀리 바라본다. 현실이 기형적이고 뒤틀렸어도 이를 자기수양의 계기로 삼는다.

두 시인은 동일성에 기대어 사물을 바라본다. 역발상으로 글을 착상하기보다 시적 대상에 마음을 얹고 조응하면서 세계와 소통을 시도한다. 이는 시창작의 오래된 전통적 방법이며 구관이 명관이어서 실험적이지 않으나 편안하게 읽힌다. 또한 생활의 발견을 소재로 한 시들이 많은데 이는 뜬구름 잡는 탁상공론이 아니므로 독자로 하여금 친근감을 느끼게 한다.

이 같은 교집합을 공유하면서 두 시집은 개별성을 확보하고 있다. 먼저 이 글은 양문규와 신원철 시의 특징을 각각 살펴본 다음 전체적인 맥락으로 종합하려 한다.

2. 불이(不二)의 실천

양문규 시인의 이 번 시집은 한마디로 귀거래사이다. 복잡하고 삭막한 도시를 떠나 농촌으로 회귀한 그의 생활이 말해주며 자연과 사람이 더불어 사는 세상을 이상으로 하고 있는 듯하다. 1989년 한국문학으로 데뷔한 이래 『벙어리 연가』, 『영국사에는 범종이 없다』, 『집으로 가는 길』에 이은 네 번째 작품집이다.

향토적인 경향의 시는 계속 이어져 시적 공간 역시 대부분 농촌을 배경으로 하고 있다.(「곡우」, 「늙은 식사」, 「아버지의 연장」, 「겨울이었다」, 「식량주의자」, 「그늘 속에는」, 「꿩이 날아간 자리」, 「새벽녘」, 「길」, 「오래된 밥상」, 「들길」, 「구수골」...).

대다수의 시편들에서 그리움이 묻어나며 감정의 물기가 많다. 예를 들어 아버지와 시래깃국에 밥 말아 먹는 이야기를 쓴 「시래깃국」에서 "수척한 아버지 얼굴에 박혀 있는 검은 별"을 보며 "세상 어떤 국이/ 얼룩진 자국 한 점 남김없이 지워낼 수 있을까" "세상은 시리고도 따뜻" 하다고 읊으며, 늙은 소가 외양간에서 여물을 먹는 모습을 포착한 「늙은 식사」에는 "어두워지는 때 무엇을 먹는다는 것은/ 그리움을 찾아 나선다는 것/ 따순 햇살 흠뻑 먹은 들녘으로/ 뚜벅뚜벅 걸어 나가고 싶"다고 표현한다. 「감자꽃 핀다」는 지는 찔레꽃과 피는 감자꽃을 묘사한다. "찔레꽃 상여 만장도 없이/ 진다 적막한 산언덕/ 홀로 넘어간다 찔레꽃// 감자꽃, 아들며느리손자손녀도 없이/ 허물어진 돌담 옆 텃밭/ 쓰리고 아프게 핀다/ 땡볕 속에 하얀 슬픔 소복하게 피운다." 는 것으로 보아 슬픈 정서가 배어있다. 「저 느릅나무」를 보면 "나는 언제/ 강물 마주하는/ 저 나무처럼,/ 가파른 물살 재울 수 있을까/"로 토로하고 있고 "박형준에게" 라는 부제가 달린 「시간강사」에서는 "시간강사의 날품이 삶을 말아가도 넌 시를 쓰고 있을 게다/", "불러만 주면/ 허겁지겁 달려가야 하는 불문율/ 삶의 틈바구니에 끼어가듯/ 고속열차 비좁은 의자에 몸을 묻고/"라는 표현들에서 염려 담긴 시인의 섬세한 성정을 읽을 수 있다.

이어서 빠트리면 안되는 키워드는 '아버지'이다. 실로 많은 시들이 아버지를 언급하고 있어 아버지에게 바치는 글로 읽힌다. 그동안 근현대문학사로 넘어오면서 아버지는 이데올로기나 남성 중심의 권력을 상징하였다. 그런데 양문규 시인은 아버지로 대표되는 가부장제의 억압을 다루지 않는다. 오히려 오래되어 퇴물처럼 되어 가는 시간과 기억을 더듬듯 연민과 향수의 대상이다. 그 이유는 아버지가 농촌 생활을 통해 고생하면서도 어쩔 수 없는 농경과 피폐한 현실을 끌어안으며 자식에게 내리사랑을 실천하고 있기 때문이다. 「미루나무연립주택」을 보면 아버지는 "젊은 날 아버지 맨손으로 들판을 일구던 피눈물"이고, 「홍시」에서는 "햇살도 터져 내린 늦가을 저녁/ 찬서리마저 핥아 빨아먹고/ 그렁그렁 한 주먹 살이 된/ 아, 늙은 아버지" 이며, 「늙은 식사」에는 "따순 햇살 흠뻑 먹은 들녘으로/ 뚜벅뚜벅 걸어나가고 싶은,/ 우리 아버지 뜨뜻한 아랫목에서/ 벌겋게 밥 비벼 먹"는다. 이를 보면서 쓸쓸하지만 아름다운 감정이 흐른다. 「아버지의 연장」을 보자. "어깨가 빠진 지게 이가 빠진 낫살 휘어진 갈퀴/ 손자루가 부러지거나 몸통만 남은 괭이 삽 호미 망치 도끼/ 녹슨 쟁기, 농사일에서 없어서는 안 될 크고 작은 연장들"이 "한낮인데도 들판으로 나가지 않고 깊은 잠 속에 빠져 있다." 이렇듯 낡아 노동의 기능을 상실한 연장들은 늙은 아버지와 동일시된다. "해 뜨는 이른 봄부터 해질녘 늦은 가을까지" 아버지의 살붙이 같은 연장들이 이제는 효용가치가 없어져 쓸쓸하고 집에 있는 아버지와 처지가 비슷하다.

양문규의 시는 대상과 반어적으로 접근하는 것이 아니라 유추적 상상을 하는데 이것은 생활이 녹아든 접근이어서 리얼리티를 확보하는 효과가 있다. 아버지에 대한 교감과 감사의 시편들은 비정한 현실에서 가족의 진정한 가치를 생각하게 한다. 이렇게 농촌 생활을 통한 시적 발견은 파편화된 가족을 다시금 훈훈하게 일깨워주며 양문규 가족 서사의 큰 줄기를 이룬다.

> 식량주의자였던 아버지 평생 농사꾼으로 산다/ 논과 밭과 한 몸으로 연민할 것을/ 사랑할 줄 아는 아버지의 연대/ 쌀 보리 밀 콩 감자 고구마를 위하여/ 일흔.하고도 네 해 동안 보급 길 걸어왔다/ 뜨거운 숨을 내뱉으며,/ 땅 속에 낙원이 들어앉길 바라진 않았지만/ 똥막대기보다 못한 농사가 뭐 그리 대단해/ 폐농의 논과 밭 밟지 않고/ 사월과 오월 사이/ 거침없이 자운영꽃 자청한 검붉은 울음/ 아직도 토해내는 것인가/ 새파랗게 빛나는 농사는 어디에도 없는데,
>
> -「식량주의자」 전문

시집의 표제작인 위 시편에서 화자는 한평생 식량주의자로 농사꾼으로 살아온 아버지를 회상한다. 가난 속에서 힘든 노동을 해온 아버지의 지난날과 함께 이제는 소멸해가는 폐농의 시간을 신산하게 담아낸다. "뜨거운 숨을 내뱉으며" 살아온 시간들에 대해 "자운영꽃 자청한 검붉은 울음"을 읽으며 독자는 안쓰러움을 느낀다. 끝부분의 "새파랗게 빛나는 농사는 어디에도 없는데"에서는 회한이 인다. 밀려나는 시간의 덧없음과 세파에 시달리며 사는 일상의 허무감이 내재되어 있다.

이밖에 아버지를 통해 지난날을 회고하고 내가 살아갈 길을 모색하는 시들로 「늙은 탱자나무」, 「아버지의 감나무」, 「쥐 박이 놀이」, 「도둑고양이」, 「능소화 시절」등등 많다. 특히 「능소화 시절」의 "군사개발 독재와 우루과이라운드를 넘으며/ 아버지는 새벽 마당을 깨끗이 쓸고/

담벼락을 타고 올라 초지일관 노래를 불렀다/ 그 노래 하늘로 쭉쭉 뻗는 능소화였다"를 읊조리면 능소화가 된 아버지가 떠오르고 "가는 세월과 오는 세월이/ 아버지를 오래도록 담장 위에 올려놓고/ 온몸에 불을 지"펴 활동하던 모습이 오버랩되어 독자와 공감의 폭이 커진다. 「콩꽃 피었다」는 ㅇ과 ㄹ의 유음이 돋보인다. "피땀으로 결집된/ 콩콩콩/"이라든가 "비리고 /아리고/상큼한,/콩", "진신사리보다/ 알찬 콩/ 알콩달콩/ 콩꽃,"의 기표에 유념하면 리듬감이 살아나고 생명의 움직임을 묘사하는 생생한 안목을 읽을 수 있다. 또한 "어둔 밤에 빛을 묻는/ 반딧불이처럼"을 노래한 「저 느릅나무」 역시 소멸해가지만 안으로 깊은 울림을 간직하며 사물들과 교류한다.

계속 양문규의 시를 음미하다보니 불이(不二)의 실천이라는 생각이 든다. 불이는 불교의 기본사상이다. 침, 오줌, 눈, 비, 눈물이 모양과 색깔, 냄새는 다르지만 모두 물에서 비롯되듯 인간의 본성도 근본이 하나라고 본다. 사람의 생각으로 둘을 만들어서 너는 틀리고 내가 옳다고 싸우는 거다. 정치, 종교, 역사도 그렇다. 예컨대 이슬람 원리주의자들의 자살폭탄 테러 원인은 거슬러 올라가면 얽히고설킨 뿌리가 기독교와 유대교와 이슬람교의 공동조상인 아브라함에 있다. 아브라함은 늙도록 자식이 없다가 여종 하갈의 몸에서 이스마엘을 얻고 그 후 본처 사라의 몸에서 이삭을 얻었다. 사막으로 쫓겨난 이스마엘의 자손이 아랍의 이슬람교도들이고, 아우 이삭의 자손이 유대교도인 이스라엘 종족이며, 거기서 예수가 태어나 기독교 문명을 발원시켰으니 참 복잡한 역사다. 둘이었다가 하나가 된 독일과 여전히 분단된 한국은 또 어떤지. 오래 나뉘어살수록 배타성, 이질감이 커지기 마련인데.

물론 양문규 시인이 종교성이나 정치 이데올로기를 부각하여 시를 쓴 것은 아니다. 그렇다고 단순 음풍농월의 향토지향시도 아니다. 그의 시를 읽다보면 자연과 사람의 경계가 없고 사람 사이도 체면, 허위, 집착 같은 세속적 기준에 휩쓸리려 않는다. 자연과 사람이 더불어 사는 세상이 시인이 꿈꾸는 세상이지 싶다. 녹아든 사유와 관통하는 맥락으로 볼 때 나 잘났고 너 못났다며 배타하는 것이 아니라 소통을 모색한다. 내용에 시간이 흘러 내가 아버지의 나이 되고 아버지의 심정을 헤아린다. 살아온 내력과 향수들로 애틋한 감정이 교류한다. 거칠고 메마른 일상을 사는 현대인에게 삶과 글이 하나라며 분별 아닌 상생을 몸소 보여주고 있다.

3. 관조적 태도

신원철 시인의 두 번째 시집 『노천 탁자의 기억』을 읽는다. 2003년 미네르바를 통해 등단하고 첫 시집 『나무의 손끝』에 이어, 이번에는 가족사를 다룬 1부 '내 다리 짧다', 개인적인 성찰을 담은 2부 '삼우회', 교환교수 경험을 소재로 한 '리노의 석양' 등 3부로 나눠 실었다. 『나무의 손끝』이 신화와 원형적 감각이 돋보였다면 이번에는 그것을 토대로 가족과 일상과 여행경험을 주로 형상화하고 있다. 이때 시인은 시적 대상에 대해 일희일비하지 않고 이성과 지혜로 심사숙고한 다음, 편한 신심과 원기를 얻는 특성이 있다. 비유컨대 그의 시는 한의원에서 침을 맞을 때 같다. 아픈 곳과 연결된 혈 자리를 찾아 침을 놓듯 시의 맥을 짚는다. 그는 전체 그림을 본 후 요소 관계를 생각하는 통합적 사고방식에 익숙하다. 세부 묘사에 집중하기보다 망원경처럼 거시적인 것을 밑그림으로 시적 접근을 하는 경향이 있다. 시를 동양의학에서 말하는 사상체질에 적용해본다면 태음시라고 할까. 여리고 단아하거나 수사가 많지 않고, 묵직하고 오기 있다.

구체적으로 살피기 위해 시집을 펼치면 제일 먼저 「안심이 신가 이야기」가 있다. "12대조"까지 거슬러 올라가 "신가들 얼굴엔 수염이 자라지 않는" 이유를 탐색한다. 여진족의 침입부터 당파싸움의 풍진 세상까지 인용하며, 살아남으려면 독해야 했고 독하다보니 수염이 없어졌을 것 이라는 발상이 흥미롭다. 「3대 사바하」도 가족이야기를 다루고 있다. "조상님 생각하며 사바하, 고학하는 맏아들 생각하며 사바하, 삼팔선 갈리고 그 아들 이북에 갇혔을 때"도 사바하 외치던 할아버지와 "집에 들어오거든 신발부터 간추려라" "집안 어른을 보거든 꼭 호칭을 붙여야 한다" 이렇게 잔소리하는 아버지와 "이놈아 이제 농구 그만하고 공부 좀 해라" 외치는 화자인 나까지 3대에 걸쳐 리듬감 있게 반복되는 입말 "사바하"를 통해 가족의 의미를 짚어 보고 있다. 이와 비슷한 종류의 시들로 「가족」, 「종손」, 「경침」, 「철원에서」, 「묘사」, 「그 술잔 앞에서」 등이 있는데 "미워하면서도 피는 닮아가는 것"(「그 술잔 앞에서」)이라고 올곧게 표현한다.

이상이 자신의 정체성을 탐구하기 위해 조상의 삶까지 거슬러 올라갔다면 이번에는 자식을 키우는 이야기가 이어진다. 「선착순」에서는 "허덕이며 내 선착순이 무사히 마쳐지나 했더니/ 다시 내 아이들이 돌고 있다"로 표현되고, 「식물을 기르며」에서는 "이 학원 저 학원 돌아가는 아이들/ 나도 모르게 물을 듬뿍듬뿍 뿌리고 있었다" 그러다 보니 "이쁘다고 물을 많이 준 놈들은 죽어가고/ 천하다고 굶긴 것들이 무럭무럭 자라고 있었다"는 깨달음을 얻게 되며, 「그래, 내 다리 짧다」에는 "나와 내 아버지의 짧은 다리가 있어 너희들이 길어진 거다/ 고추장아찌의 아픔을/ 피자 스파게티가 어찌 알겠냐?"고 반문한다. 또 「올빼미 가족」을 보면 어미 올빼미가 아들 올빼미에게 "빨리 자야 낼 아침 학원에 지각 안 할 것 아니냐" 고 꾸짖는다. 「인연을 풀다」에는 어항에서 키우던 자라를 바다에 풀어주며 "넓어서 좋지?/ 기죽지 말고 사이좋게 살아라"며 16년 키운 자식도 큰 세상으로 보내는 부모의 마음이 담겨 있는데 이 때 조바심보다 배포 있게 멀리 내다본다.

배짱이 느껴지는 시는 「할!」에 이르러 절정이다. "동해 바다 물결 타고 태평 세상/ 제왕처럼 누리다가" 붙잡혀 햇빛에 말려지는 오징어를 통해 "뭣이 두려우랴/ 가진 것 몽땅 내주고/ 있는 대로 다 드러내었으니//

너희들 이마에 오히려, 깊이 팬 태평양 큰 파랑"이라고 되받아친다.

표제시 「노천 탁자의 기억」은 두 개의 공간이 겹친다. 10년차 시간 강사 시절, 과거 홍인시장 구멍가게에서 마시던 맥주와 오늘 호텔에서 열린 세미나에서 영시를 토론한 후 마시는 맥주의 맛은 사뭇 다르다. 지금이 훨씬 격조 있어졌으나 시인은 과거 노천 탁자의 맥주 맛을 못 잊으며 "그처럼 맛있는 술은 다시 없으리"라고 한다.

공간을 훌쩍 뛰어넘어 미국까지 건너간 시들이 3부 '리노의 석양' 편에 모여 있다. 「천일야화」, 「인화」, 「리노」, 「브룩사이드의 어느 날」, 「드폴」, 「라멘딥」, 「핼로윈」, 「리버사이드파크에서」, 「요세미티의 솔방울」, 「2달러」 등등 많은 시편이 미국경험을 근거로 쓰여 졌다. 「인화」는 한국의 김치부대찌개와 인도 카레와 히스패닉의 바비큐 음식을 비유해 "사람과 사람은 서로 어색한데/ 냄새와 냄새는 이리도 섞이는구나"고 표현한다. 네바다주에 있는 사막과 도박의 도시인 리노에서 해지는 모습을 묘사한 「리노의 석양」을 보면 "가슴에 서늘한 재를 남기는 것이다/ 피라밋 호수 인디언 거주지역으로 넘어가면서"라고 탄식한다. 「불식(不息)」은 불개미처럼 일하는 이민 온 지 9년 된 정씨의 삶을 그리고 있다. 청소부에서 세탁소 잡부며 슈퍼 짐꾼으로, 오늘은 호텔 카지노에 쓰일 카드를 접는 모습이 애처롭다. 「2달러」는 "받지 않았는데 분명히 주었다는/ 잔돈 2달러를 놓고/ 호텔 선물가게에서 설전이 벌어졌"다가 다음날 정확히 계산하여 "1달러도 놓치지 않고/ 1달러의 착오도 찾아"내 사과하는 것을 내용으로 하는데 이게 바로 "아메리카의 얼굴"이라고 표현한다.

신원철의 시를 읽으면서 화이부동(和而不同)이 떠오른다. 그의 시 내용들은 화합과 상대방이 다름을 인정한다. 생각과 살아가는 방식이 다른 타자와 공통의 이해가 만나는 지점을 사유한다. 세대, 추구하는 바, 지역과 문화가 다르지만 그것을 어떻게 아우를 지 과제이다.

생각해보면 한국사회는 참 다이내믹하다. 스포츠에 열광하고 삽시간에 인터넷에 떠돌며 고속도로 휴게소며 관광지에서 뽕짝이 퍼진다. 소리 좀 줄여 달라 하면 사람들이 심심해하니 틀어야 한다고 한다. 우리는 너무 자극에 익숙해져 있고 속도에 강박 증세를 보인다. 좀 더 최신형을 쫓아가는 스마트폰을 봐도 알 수 있다. 어디서나 휴대폰이 쩌렁 울려대고 명상과 여유는 저만치 있다. 가수가 자신이 부른 노래제목을 닮듯이 시인은 자신의 대표작을 닮는 것 같다. 양문규와 신원철의 시적 태도처럼 독자들도 불이와 관조의 힘을 얻는다면.......

동병상련의 시

1. 넌출의 마음

현대시는 복잡한 이 사회를 반영하듯 불화와 부정의 성향이 강하다. 전통적인 서정시가 유사성에 근거한 은유가 주를 이루었다면, 진보적 성향의 시는 인접성을 근거로 환유를 더 비중 있게 다룬다. 그래야 새롭고 폭넓은 의미를 담을 수 있어 현대적 미학을 지닌다고 믿는다. 대립과 부조화를 무기로 하는 시들을 자주 접하게 되는 현상 또한 이와 무관하지 않다. 그러나 기법이 시에 육화되지 않으면 오히려 시적 성취도를 이루기 어렵기 때문에 경험이든 사유이든 깊이 있는 정신을 바탕으로 할 때 탄탄한 시가 될 것이다.

임미리 시인은 첫 시집 『물고기자리』를 통해 시적 대상과 교감하고 숨겨진 진실을 찾는다. 전위적 실험시보다 서정성을 기반으로 하는 시들로 구성되어 있다. 시의 씨앗을 심고 10여 년 만에 피워낸 결실이니 만큼 그동안 다루었던 주제들이 다양하게 나타난다. 가난한 이웃에 대한 연민, 어머니에 대한 회고, 情, 상처, 죽음, 자기성찰, 불교적인 사유들이 투시되어 있다. 또한 역사나 당대의 패러다임 등 거시적인 것에 집중하기보다 갑남을녀의 살아가는 이야기들을 많이 다룬다.

이 특성은 넌출처럼 뻗어나가며 시적 성과를 이룬다. 실제로 임시인은 넌출의 이미지를 즐겨 쓴다. 유사단어 넝쿨도 즐겨 쓴다. 예를 들어 "넌출 같은 마음이 줄달음친다." -「물고기자리」, "생명의 감촉, 담쟁이 넝쿨처럼 나를 휘감아 기어오르네요."-「어머니」, "담쟁이넝쿨처럼 온 몸을 칭칭 감고 올라가는/ 너는 머리가 젖어 있는 한 마리꽃뱀이다."-「붉은 혀」, "폐가의 담장을 타고 오르는 호박넌출/ 어두운 곳을 빠져나오려는 몸부림인 듯", "넌출따라 피어오른 꽃봉오리/ 담장 뒤의 어두운 배경 지켜주겠다는 듯"-「폐가를 지나며」, "넌출처럼 이어지는 봄소식, 나비들 날아오른다."-「봄의 전입신고」, "넝쿨손처럼 줄기가 쭈욱 쭉 뻗어나오네. 순식간에 내 온몸을 칭칭 감아버리네."-「열리지 않는 문」, "나는 단지 혼자서는 일어서지 못하는/ 연약한 넝쿨이라 뼈대가 없을 뿐이다."-「버팀목」, "네 속을 파서 한 줌 쥐어주고 또 쥐어 주었었지/ 그 흔적이 넌출처럼 나에게 뻗어오고"-「박꽃」등등. 여러 곳에 나타나는 낱말 '넌출'과 '넝쿨'을 통해 임시인은 비유 대상과 심정의 유사점을 발견하고 의미 부여한다. 사물과 교류하며 비틀지 않고 상상력이 유기적으로 전개되는 것을 알 수 있다.

2. 이심전심으로 적바림[1])하다

이번 시집의 표제작인「물고기자리」는 묘사와 서술이 아름답게 어우러져 있다.

> 곱사등처럼 굽은 네 등 뒤에도 배경은 있어, 가끔씩 너를 빛나게 한다. 풍경소리 붉게 내며 수평선으로 지고 있을 때, 그 내밀함을 나는 보고 말았다. 물고기 날아올라 노을을 향해 곤두박질치는 것, 배경에 부딪힐 때마다 내는 풍경소리, 두 귀를 의심하며 노을의 붉은 입술을 바라보았다.

1) 나중에 참고하기 위하여 글로 간단히 적어둠 또는 그런 기록.

백일홍 무늬를 수없이 토해내던 노을은 입을 벌려 통째로 물고기를 삼켜버렸다. 두근거리는 심장을 꽃잎으로 누르며 뻘겋게 달아오른 것을 바라보니, 넌출 같은 마음이 줄달음친다. 또 다른 세상이 저 뒤편에서 기다리고 있지 않을까? 끝없는 생각이 나를 뒤척이게 한다.

눈을 감는다. 날개를 달고 노을의 뒤편으로 비상한다. 어둠 속으로 사라진 물고기들 싱싱한 비늘을 세우고 있다. 부끄러운 듯 반짝 빛나는 눈빛, 날아올라 어두운 하늘에 박힌다. 굽은 네 등 뒤의 배경, 환한 옷을 갈아입는다. 한 폭 수를 놓고 있는 물고기자리. -「물고기자리」 전문

정황을 살펴볼 때 노을이 지는 바다와 산사와 풍경소리가 떠오른다. 시각과 청각의 공감각적 상상이 함께 한다. 풍경(風磬)의 물고기를 연상하여도 좋겠다. "곱사등처럼 굽은 네 등 뒤에도 배경은 있어," 도입부가 시선을 끈다. 곱사등처럼 굽은 것으로 보아 네 존재는 초라하고 왜소할 것이다. 이 도입부는 후반부에서 가면 「물고기자리」 별자리로 "한 폭 수를 놓는" 것으로 치환된다. 2연의 노을 풍경은 "뻘겋게 달아오르며" "물고기를 삼켜버린다." 그러니까 "곱사등처럼 굽은" 볼품없는 생을 삼킨다. 이윽고 노을이 지며 "넌출 같은 마음"이 따라간다. "또 다른 세상이 저 뒤편에서 기다리고"를 보면 희망적이고 이상적인 세상을 꿈꾸는 듯하다. 이 시는 물아일체의 경지를 실감하며 이미지를 메시지로 전한다. 아름다운 생이 배경으로 있으니까 힘내자고 격려하는 듯하다. 다음의 시도 「물고기자리」처럼 제재와 화자가 이심전심 이룬다.

봄은 봄동에서부터 서서히 시작되나보다./ 사나운 겨울바람 같은 내 속에도/ 봄 햇살처럼 포근한 마음 한 자락 숨어 있지 않을까./ 숨어 있던 어느 날 봄동처럼/ 꿈틀거리며 싱싱하게 되살아나/ 그늘진 마음 한 자락 밀어내며 환해질 날 오지 않을까./ 좌판에 바짝 엎드려 있는 봄동/ 노스님의 불립문자처럼 내 시선을 붙잡는다./ 마음 한쪽에서 아삭아삭 소리가 난다.

-「봄동」 전문

"봄동" 파는 노점의 할머니에게 "내" 시선이 머문다. "긴 겨울을 묵묵히 견디어냈"을 봄동을 보며 "봄동 속에 공존하고 있는 저 작은 우주"를 읽어내며 자신에게도 "봄 햇살처럼 포근한 마음 한 자락 숨어 있"길 바란다. 발상과 전개가 난해하지 않고 자연스럽게 연결되어 있어 무난히 읽을 수 있다. 이처럼 임시인의 시는 엽기적으로 다루어 읽는 이로 하여금 불편하게 하는 경향의 시와 대척점에 있는데 이는 서정성을 기반으로 구성과 문체가 편안하며 주제 또한 가까운 생활주변에서 찾기 때문이다.

위와 비슷한 경우로 「낡은 집을 묻다」의 "서른과 마흔 사이의 징검다리를 건너 마흔과 쉰 사이 정말 낡았다는 말이 내 것이 되어 출렁출렁 멀미가 났다."와 「곡비(哭婢)」의 "상처로 옹이진 마음 자꾸만 덧나 진물이 마를 날이 없다. 얼마나 많은 세월을 피 흘리며 살아야 나를 말끔히 치료할 수 있을까.". 그리고 「벼랑에 서서」의 "살아오면서 내 벼랑은 많은 것을 앗아갔고/ 젊은 날 나를 지배했던 뿌리 깊은 나무는/ 아직도 내 속에서 상실의 한 롤을 감고 있다.". 「폐가를 지나며」의 "햇살에 반짝이는 환한 지붕과는 달리/ 아래는 어둠이 거미줄을 치고 있어/ 내 몸 그 줄에 옭아매어지는 듯 하다.". 또 「인공눈물」의 "바이오 현미경으로 눈 속을 들여다본다면/ 가뭄 든 논바닥처럼 실금이 나 있을 것만 같다./ 내게 보이는 세상도 그렇게 보이면 어쩌나" 등 여러 사례를 들 수 있다.

3. 죽음에 대한 인식과 방하착(放下着)[2]

여러 편의 시에서 시인의 불교적 상상력을 접할 수 있다.

> 대나무 마디마디의 텅 빈 공허처럼/ 할머니의 뼈마디에도 바람구멍이 생겼

---

2) 집착하는 마음을 내려놓으라는 불교 용어.

으리라./ 읽혀지지 않는 지문과 지문 사이에서/ 숫새벽 같은 할머니의 쪼글쪼글한 지난날들이/ 아무도 모르게 지문 인식기를 빠져나가고 있다./ 서둘러 인감을 챙기는 젊은 아들/ 현관문을 통과하는 모습 물음표처럼 고개가 꺾여졌다./ 검버섯 피어 형체가 없어진 할머니의 얼굴/ 어느새 운주사 돌부처를 닮았다.//

-「지문」 부분

등단작인 「지문」의 매도용 인감을 발급받으러 온 아들 앞세운 할머니를 비춰보건대 신산한 일생이 감지된다. 지문이 닳도록 살아온 할머니의 나날들도 그늘이 많았으리라. 화자는 검버섯 핀 할머니의 얼굴에서 "어느새 운주사 돌부처" 같은 세월의 흔적을 떠올린다.

그 밖에 비슷한 발상을 일일이 열거하여 본다. "당신에겐 마애여래입상불의 간절한 소망이 숨어 있다./ 가만히 있어도 코끝을 스치는 향내처럼/ 당신의 가슴엔 양각으로 새겨 넣은/ 보시의 마음이 예쁘게 돋아있다./어느새 두 손을 모으는 내 마음자락/ 칠선계곡을 흐르는 맑은 물처럼/ 막힘없이 살고 싶다는 화두를 가슴에 담는다." (「당신의 모과향기」), "선정암 대웅전, 그늘을 쫓듯 촛불을 켠다./ (중간생략) 누군가 내 생으로 들어와 흔들지 않아도/ 마음이 고요하지 않으면/ 흔들릴 수밖에 없다고/ 불꽃은 흔들리며 가만히 말한다."(「바람 앞에서만 흔들리겠는가」), "저 무량의 시간 건너보지 못했지만/ 어쩌면 나도 무량사 극락전처럼/ 어긋나 기울어진 마음 치료해야 할는지 모른다."(「무량사는 치료 중」), "떨어지는 햇살을 받아들고 있는 투박한 옥개석 사이로/ 세월의 흔적을 쌓는 고통의 단말마가 스치고 지나가는 것일까."(「오층석탑 내력 보러 가자 하고선」), "지난 시간은 이미 길을 잃어 돌아오지 않고 부처님 앞에서 백팔 배로 눈가림을 해보지만 길 잃은 마음이 서걱서걱 서글픈 풍경소리를 훔치네요."(「바람으로 부치는 편지」), 둥근 꽃잎은 잃어버린 색을 뒤척여도/ 이미 무너진 경계는 자연으로 돌아가고/ 무채색을 고이 간직한 꽃살문 향기롭네요./ 오랜 세월의 풍파를 견디어내고도/ 나무의

결을 그대로 드러낸 문양/활짝 피어난 꽃잎으로 산 세월이 환하네요."(「꽃살문이 부르네요」) 등등. 실로 많은 시편이 불교 용어를 사용하며 사유가 따르고 있다. 이는 대상에 대한 이해와 연민 가득한 감성, 남을 위해 베푸는 마음, 자기성찰로서의 화두, 집착을 버리려는 내적 발화로 풀이된다. 이때 죽음을 접하면서 생을 반추하고 숙연해지며 방하착의 계기가 된다. 불교에서는 고통의 근원이 욕망과 집착에 있으므로 늘 마음 비우는 수행을 권한다. 하물며 공수래공수거 죽음 앞에서야.......

죽음을 다루고 있는 시편을 짚어본다. 「엑스레이 사진 한 장」에서는 "아기를 낳다 고통스럽게 죽은/미라의 엑스레이 사진을 본다./ 산도에 걸린 아기의 모습/ 눈을 감아도 자꾸만 아른거린다./"로 묘사되어 있고, 「마지막 가는 길」에서는 "그를 태운 운구차가 병원을 빠져나간다./ 둥근 발자국이 빗금을 그으며/ 검은색 리본을 가슴에 달고 저만치 앞서고 있다."로, 「염습을 보며」에서는 "염습사는 면도를 하고 스킨과 로션을 발라주었다./ 그는 생전에 받아보지 못한 호강을 받고 있었는데/ 울컥하고 내 목울대를 기어 올라오는 것은 무엇일까" 하며 생각 잠긴다. 「수문해수욕장에서」는 "백사장에 발을 들여 놓자 귓전으로 장고소리가 쉼 없이 파고든다. 모래톱을 걸으면서 바라보니 먼발치에서 굿판이 벌어진 모양이다. 망자의 어머니인 여인이 열심히 두 손을 빌며 머리를 조아리고 있다."로 나타나고 「불꽃이 되어」에서는 "죽어서 슬픔도 새털처럼 가벼워져 날아갔을까. 눈치도 없이 꼬르륵거리는 뱃속을 달래기 위해 화장장 옆 식당에 앉는다."로, 「오래전에 죽은 자를 생각하는 달」에서는 인디언들이 사용하는 달 이름의 의미를 더듬어 보며 "이팝나무 꽃그늘 아래에서 노래 불렀던 '죽은 자의 오월'을 마음으로 더듬는다."고 표현한다.

요컨대 임미리 시인은 이미지가 넌출처럼 뻗고 측은지심으로 대상을 바라보며 죽음에 대한 인식을 하면서 집착을 내려놓는다.

이번 시집으로 거듭나며 다시 시작일 것이다. 다음 시집을 기대해본다.

아픈 마음을 치유하다

1. 자연과 열린 교감

사는 게 답답할 때 정용주의 시들이 위로가 된다. 사람들은 부모, 형제, 친구, 애인, 동료 등등 무수히 맺는 관계 속에서 존재의 이유와 행복을 느끼지만, 또 많은 상처를 받기도 한다. 설레던 사랑이 느슨해지기도 하고, 상대와 틀어져 힘들 때도 있다. 직장에서 만난 사람들은 또 어떤가. 경쟁해서 살아남아야 하니 스트레스이고, 가면을 쓴 사람들을 만나면 쓸쓸해진다.

이럴 때 훌쩍 자연의 열린 공간을 찾아, 그것도 치악산 깊은 산중 해발 700m 고도인 질아치까지 간 사람이 있다. 그가 바로 정용주 시인이다. 시집을 열면 「집」이 제일 먼저 반긴다.

새들의 집은 얼마나 아늑한가
새집을 볼 때마다 찬탄하는 것인데
유독 산비둘기 집을 볼 때 싱겁기 짝이 없다
늙은 소나무 삭정이가 떨어지다
대충 쌓인 것 같기도 하고
파전의 대파 줄기처럼 숭숭하기도 한데
까치집으로 따지면 바닥공사만 하다
부도라도 난 것 같은 이 집을 보면 픽

웃음이 나기도 하고 혹 알이라도
떨어지지 않을까 불안하기도 한데
걱정 말라는 듯 새끼 기르고 산다
가느다란 가지에 얹힌 한 움큼의 거처가
산 넘고 하늘 날아다니는 자유로움의
모태가 될 수 있다니
자유는 얼마나 단순하게 태어나는가

-「집」 전문

편안하게 읽히는 문장이 시인의 소박한 정서를 대변한다. "새들의 집"을 보며 시인은 "아늑"한 둥지를 느낀다. 그는 오래된 화전민의 움막에서 이름도 정겨운 개 '능선이'와 함께 산다. 여기에 "몽유거처(夢遊去處)" 라는 근사한 택호를 걸어두었다. "한 웅큼의 거처" 앞으로는 탁 트인 산자락의 능선이 펼쳐지고 흘러가는 뭉게구름을 바라보는 맛이란! "자유는 얼마나 단순하게 태어나는가" 하는 맨 끝 행처럼 진정한 자유는 부질없는 욕망을 내려놓으면서 탄생한다.

탁 트인 자연에서 정용주는 세상의 온갖 소용돌이로부터 고요해진다. 조용히 자신을 되돌아보며 사색에 잠긴다. 곁에는 다섯 편의 연작 「인디언의 女子」들이 있다. 연가(戀歌)인 이 시들은 신비하고 몽환적인 이미지들로 가득하고, 상처로부터 정화와 화해를 시도하고 있다.

이분법을 좋아하지는 않지만, 현대시를 크게 두 부류로 본다면 전통서정과 모던지향으로 나눌 수 있겠다. 모던한 시의 기법이나 정서가 소통보다는 단절을 추구한다면, 정용주의 시편들은 전통서정에 가까우며 불화나 갈등을 전면에 내세우고 대치하지 않는다. 둥근 시, 더 나아가 우주와 교감하는 시를 지향하는 특색이 있다.

「인디언의 女子」는 행간을 두 행씩 처리하여 천천히 음미하게 한다. 부드러운 음악처럼 숲과 계곡을 유유히 흘러간다. 그녀는 상상 속에서 "검은 허공의 방"(「인디언의 女子2」)이기도 하고 "산안개 휘감긴 먼 능선의 산정"(「인디언의 女子3」) 이기도 하다. 정용주는 이 대기의 정령을 생각하며 "뿌리 둔 것들은 당신을 따를 수 없습니다"라고 한다. 「인디언의 女子5」는 '겨울나무에게'라는 부제가 붙어 있는데 자세히 살펴보면 화자는 '인디언'이 아닌 '인디언의 여자'에 해당한다. 다섯 편의 「인디언의 女子」가운데 마지막 한 편이 다른 네 편에 대한 화답시인 셈이다. "당신의 혈관 속으로 들어갑니다// 잠들어 있는 뜨겁고 순결한 당신의 피를 마십니다"라면서 타자와 내가 동일성의 세계에서 감응한다. '너'와 '나'가 음악이고 바람이고 별이기도 한 '인디언의 여자'가 내뿜는 영혼의 신비는 한층 고조된다.

2. 상처의 고백과 치유

시인이 이렇게 자연과 교감하며 마음을 치유하기까지는 먼저 아픈 내력이 담긴 시편들이 있다. 앞서 살펴본 「집」이외에도 「돌집」, 「새집」, 「집으로」, 「집 앞」, 「먼 집」등등 정용주는 집의 공간과 이미지를 즐겨 쓴다. 그 중에서 「새집」을 본다.

새집 하나 만들어
복숭아나무 가지에 달았다

새는 오지 않았다

그러나 말았어야 했는가
젊은 날
내 집으로 날아왔던
새들을 생각한다면
집을 짓지 말았어야 했는가

눈밭을 헤매는 새의 그림자가 어둡다 - 「새집」 전문

위 시는 젊은 날 자신의 집으로 날아왔던 여러 존재들에게 상처를 입혔다는 추회가 담긴 고백시이다. 글로 고통스러웠던 삶을 털어 놓으며 무거운 마음을 내려놓는다. 상처는 비슷한 상황에 처한 사람들에 대한 수긍과 위로를 받으면서 치유된다. "넥타이 풀어헤친 사내/ 술이 끌고 가는 사내" (「집으로」)라는 구절은 복잡하고 바쁘게 사는 현대인을 묘사하고 있고, 「변신」에서는 "허약한 정신에 이끌려 하루하루 살아가기/또는 견디기"라고 토로하기도 한다.

정용주의 시에는 낭만성과 방랑성이 있다. 「터미널 맨」에서 "나는 낯선 지명의 명패 아래 떨고 있는/ 시외버스의 엔진 소리를 사랑했다" 라거나 「행인일지」에서 "나의 걸음은/ 나의 별을 쫓아가는 것"이라는 표현. 「기쁜 우리 젊은 날」의 "나는 탈영을 생각했고 고깃배를 타고 북대서양 어디쯤 갑판에 누워 별을 보고 싶었다." "학생들은 데모에 열중했고 우리는 술에 열중했다. 1984년 알코올 중독자가 다 되어 나는 해군에 입대했다."는 술회는 모두 얽매이고 머무는 일반적인 삶의 방식을 거부하는 낭만적인 기질과 떠돌이 의식이 있다.

내면 심리가 드러나는 「방랑의 노래」를 조심스럽게 보자. "지금은 없네/ 술 취해 문밖까지 나와 기다리던 아버지도/ 지팡이를 짚고나와 등을 두드려주던 어머니도/ 한때는 아내도 있었고 사랑하는 아들도 곁에 있었지", "원망하는 마음은 끝없이 독한 상처를 주네/ 알코올중독자 정신병원 한 귀퉁이에 쭈그려/ 담배를 피우네"를 읽다보면 시적 화자의 심정이 안타깝고 피폐하게 느껴진다.

이를 치유하는 길로 정용주 시인은 열린 공간을 택해 살며 시를 쓰는 게 아닐까? 그의 시에는 위선이나 가식이 없다. 그래서 시도 담백하다. 시적 화자도 탈을 쓰지 않으며 자신을 거울처럼, 일기처럼, 내면을 들여다 볼 뿐이다. 또한 그가 택하는 시어에는 권력을 추구하는 것과 거리가 멀며 폭력성이 없다. 이미지에 빗대어 마음을 실토하고 궁극에는 삼라만상을 긍정적인 태도로 바라보며 "얼음 밭"의 시간을 견뎌낸다.

3. 얼음 밭에서 일구는 시

정용주의 시에는 '얼음'의 상상력이 많다. '얼음'은 자기절제를 통해 어려움을 견디는 의미를 함축한다.

산당귀 씨앗은
봄밭의 촉촉한 수분만으로
싹을 틔우지 못한다

얼음 밭에서 제 몸을 얼려 견딘다
언 몸을 터뜨리고
싹을 틔운다

잎과 꽃과 뿌리에
한 가지 향이 밴다

-「얼음 밭에 씨를 뿌린다」 전문

"촉촉한 수분만으로"가 아닌 "제 몸을 얼려 견딘" 후에 "언 몸을 터뜨리고/ 싹을 틔"우는 산당귀의 모습에 "향이 밴다"고 하면서, 얼음의 시간이 지닌 강인한 생명력을 묘사한다. 얼음 이미지에서 이러한 견딤의 세계관을 반영한 시는 많은 데, 「개구리」가 눈에 들어온다. "물소리 꼬르륵거리는 주린 배/ 웅크리고 차가운 이불 속에서/헛입맛 다시며 억지로 자는/ 겨울잠의 서러움//너의 얼음 이불 덮는다"에는 위기에 대처하는 시인의 태도가 담겨 있다. 또한 "뽑지 않고 버려진 배추밭으로/ 눈보라 휘몰아간다// (중략) 노란 속살까지 도달할 얼음의 시간이 오고 있다"(「눈보라」)부분. 겨울이 다가오는 시간과 배추가 동일시의 대상이다. 결국 죽음을 맞이하게 될 어둠의 시간을 "눈보라/ 휘몰아간다"고 한 것은 불안과 위기감에 몰린 존재의 상황을 대변하고 있다.

또한 「겨울 가래나무」에서도 "눈밭에/까마귀 앉았던 자리"가 "오래 생각한 자리/ 멀리 바라본 자리/ 꽁꽁 얼어붙은 자리"라 하면서 고통을 인내하는 자세를 담는다.

'얼음'의 시간을 견디는 정용주의 내면에는 불안과 싸우는 치열한 의식이 있다. 「땅콩 한 알」을 보면 쥐덫에 "한 발을 올려놓은 쥐의 심장 팽팽하다" 로 처리한 부분이라든가 「반죽」에는 "개가 제 집 밑구멍 틈으로 기어 들어가려고/ 흙을 파헤친다 귀를 내리고 대가리를 들이민다// (중략) 빈틈으로 들어가기 위해 수천 번 반죽된 마음"에서 읽힌다.

마음을 반죽하려고 자아가 대상에 투사된다. 그래서 "마타리/ 되불러보면// 내가 내 이름/ 부르는 소리"(「마타리)의 기술처럼 동일시된 것을 알 수 있으며, 더 나아가 감정이입이 되어 독자까지 전달된다. 정용주의 시에는 이렇게 고단한 심사를 만나고 공명하며 그것을 통해 삶을 다독이는 과정들이 내재한다. 시로 마음의 위안을 받는 것이다.

"폭설! 모든 움직임 잡아놓고 숨 멈추고 하얗게...... 밖으로 나가지도 못하고 문지방에서 무릎이 시린 사이, 사십 년을 살았다." (「순간」 부분) 는 표현이 시집을 다 본 후에도 여운을 남긴다.

발상과 표현의 묘미

1. 꽃밭에서

정하해의 두 번째 시집 『깜빡』은 상상력이 새롭다. 습관적인 언어 관습에 물든 사람들에게 흥미롭게 다가온다. 요즘 시가 어려워지고 독자도 줄어든다고 입버릇처럼 회자된다. 시의 문법이 어렵기도 하지만, 지나치게 주관적인 사고에 매몰되어 기본적인 합의를 파괴하기 때문이기도 하다. 다시 말해 언어 사용을 지나치게 개인적인 문제로 국한시키는데 이런 자기중심적 사고는 편협한 글을 낳는다. 문학이 개성의 실현이면서 보편의 구현이어야 하는 기본 원리를 놓치고 있는 연유다.

이때 정하해의 시는 교량역할을 한다. 시란 으레 이런 것일 거라고 믿었던 일반인들에게 실험과 도전의 언어를 던지되, 그러한 언어들의 한계를 소재의 서정성으로 보완하고 있다. 이질감이라는 정서적 충격을 가하며 동시에 몰이해라는 냉담한 반응도 감수해야 하는 부분을 살짝 빗겨가는 셈이다. 그녀의 시에 나타난 특징을 중심으로 샘플들을 모아 보았다. 우선 꽃 이미지가 만발한다.

"이른 아침 창문을 열다가 놀라/ 자빠지는 줄 알았다"면서 호들갑스럽게 시작하는 「다시 연애」를 보자. 밤새 창문으로 기어 올라와 핀 나팔꽃을 보면서 "딸을 슬어 놓았"다고 표현한다. 기존의 인식을 바꾸는 묘미에 더 나아가 "이맘 저 맘 거들떠보고 나면/ 황망히 질 거 뻔한데/ 그러는 나도 또 질 거 뻔한데"라는 표현에는 존재의 본질에 대한 사색이 녹아 있다. 피었다 지는 과정에서 생성과 소멸의 본성을 생각하고 제목도 「다시 연애」라고 붙이는 센스라니.

「사진을 찍다가, 알아낸」의 발상 역시 신선하다. "첩첩한 철쭉꽃에게// 그 곁을 핥는 바람에게// 막 헤어져 구불거리는 샛강에게// 일주문 위 낮달에게// 시시때때 끌려 다니는 이유 비로소 알았다// 나는 저들에게 감쪽같이 채용을 당했던 거다" 를 보더라도 뜻밖의 표현이다. 식상한 세상을 맴맴 돌며 사는 현대인의 모습이 감지된다.

인생을 채용 당했다고 하더니 이번에는 「징역」이라고 한다. "홀로 삼키는 밥은 언제나 쉬운 물밥이다 그래서 먹먹한 속앓이가/ 생기지 않아 좋다// 지식으로 꽃을 살 수 없는 애인의 모퉁이"라고 표현하는가 하면 이번에는 「복무」라고 한다. "치매인가 산발한 민들레 갓털/ 목숨 참으로 별것 아니게 한다/ 땅에 뜬 달처럼 시방인가 싶더니/ (생략) / 칸칸이 박힌 저 노란 책임의 값은,/ 봄을 휘두른다는 뜻일 게다/ 생애 복무하다 말고 확 지르고 싶은 것"이라는 표현이 먹먹하다.

「앵벌이 하는 장미씨」의 기법도 생소하다. 장미의 속성을 '앵벌이'하는 사람으로 낯설고 과감하게 형상화하고 있다. "내가 혈화를 피워 무는 순간 세상은 굶은 사랑들로 아우성이지만/ 안다, 편두통 깊은 사람들은, 그 독을 빌미로, 얼마나 혀를 슬프게 하는지를/ 한 덩어리 울음들에게/ 나쁜 위로의 내 피 맛이 스미는 동안"을 보자. "혈화", "굶은 사랑들", "아우성", "편두통", "혀", "울음", "피 맛"에서 알 수 있듯 난무하는 육체언어들로 관능적이고 슬픈 느낌이 든다. "조그마한 혈소판 위로 사내를 뜯어 놓고/ 통째 훔치겠다는 이 구걸을/ 나는 입가를 헹궈내며 조금씩 헐거워지는 빰을 붙들어 맨다/ 몇 송이 나를 꺾어 가는/ 아주 침울해 보이는 거기, 알 만한 당신"에서 전통적인 표현양식을 깨고 새로운 정신영역을 만들려는 몸부림을 읽게 된다.

이처럼 정하해의 시에는 꽃들이 난무한다. '옹골 시편'이라는 부제가 있는 「8월」을 봐도 그렇다. "도대체 막중하여라// 골을 딛고 선 그 칡꽃// 이승에 놓인 음표들 같다// 누가 8월을 저렇게 치는가// 내 헌 뼈까지 스미는// 칡꽃 몇 잎"이라 하였고 「우포늪 칡꽃이」에서는 "가능과 불가능, 의문 들거든/ 우포늪으로 가 볼 일이다/ 팔월 염천 미친 한 여자 만나리/ 치마를 까 내리고 늪을 들이는 그녀"라고 표현한다.

또한 「불면증」을 철쭉 이미지에서 기발하게 끌어 온다. "철쭉 피었다/ 1월의 철쭉치고는 아주 붉다 그 안쪽 어디를 살펴봐도 흠은 없고/ 저것도 설치는 잠이면 생뚱맞게 다 낳아 버린다는 것 음!/ 3월엔 공회전만 하겠다" 라고 하며 「형산별곡」에서는 "마땅히 져야 하는 일이/ 때로는 열화처럼/ 나를 다치게 하는 그쯤/ (생략)거기 맨드라미 같은 당신/ 풀꽃까지 아프게 하는지"라고 토로한다. 라일락을 보며 곱고 아리따운 이미지가 아니라 "부르텄다, 라일락// 봄이 얼마나 치대었는지 알 것 같다// 몇 날을 미친 듯 까발려진// 천치 같은 것"(「한때」)이라고 하며 「꽃무릇 그 위험한」에서는 "내 장지문 깊숙이// 너를 위한// 홍살문// 그러나 네 속정은 알 수 없는 빌어먹을// 생시"라면서 다양한 꽃 이미지를 통해 삶의 본질을 묘파한다. 꽃을 일반적으로 예쁘게 묘사하지 않고 고달프고 냉소적으로 바라보아 낯설어서 새롭다.

2. 동문서답의 울림

다음의 예시를 통해 그녀의 내면에 깃든 자유정신을 감지한다.

> 검은 하늘에 노닥거리는 참새 배꼽들 아래/ 흰 털을 본 적 있니// 종아리부터 껴안는 바람의 사발 같은 젖무덤/ 느껴 본 적 있니// 꽃히는 장대비 그 가랑이 단단한 것/ 오랫동안 훔쳐 본 적 있니// 입추를 건너간 너라는 것에/ 드디어 발정의 문자메시지가 뜨는 걸// 포착한 적 있니// 어떤 질문을 까도 마음이 문맹인 걸/ 고칠 생각이나// 해 봤니 - 「동문서답」 전문

중언부언 설명이 필요 없이 착상이 기발하다. 시인은 앞에서 삶을 징역이라 보았듯이 일상의 감옥으로부터 반역을 꿈꾼다. 새로운 목소리를 내는 시인으로 성장하기 위한 길을 모색한다. 개성을 강화하고 내용에 맞는 구조를 탐구한 결과라 하겠다. 또한 여백의 자리를 내어주는 행과 연을 통해 독자에게 공명이 되고 있다. "마음이 문맹"이라는 부분에서는 시니컬한 자세가 느껴진다.

이러한 태도는 "막과 막 사이 돼지비계처럼 끼는 고시원", "사는 게 외상이다", "모눈 칸칸이 내가 살다간 흔적, 난무하다"(「모눈종이」)와 "친구 딸이 교통사고 사망이라고, 메시지 떴다" "스물아홉 순정품, 구만리가 참 나비처럼 가볍게 오고 간다는 생각이 든다" (「나비처럼」)에서도 나타난다.

그 외에도 「그 여름 판화」에서는 "나무 아래 뒹구는 매미 잡았는데 미약한 음이 새나온다/ 울음인가 보다, 국화꽃잎에 얹어 주자 마지못해 짜내는 소리가/ 꽃잎 속으로 기어들어 가고 만다/ 생의 소임을 끝내고 닫히는 저 과정이 참으로 경건하게 한다"로 표현되며 「애완동물원」에서는 단풍철을 얘기하길 "거대한사람동물원 같다/ 단풍의 군락지마다 사람들은 신간을 풀어내기 바쁘다/ 동으로 서로 허깨비처럼 돌다가 / 그러니까 유기되었다는 누구도 없이// 사육당하는 무진장한 저 힘"이라는 표현에서 즐겁기보다 허허로운 인식이 깔려 있다. 아버지와 어머니를 시적 소재로 할 때도 마찬가지로 돌려 말하며 울림을 준다. "마실 나간 아버지 어둡사리 치도록 돌아오지 않고 나는 저녁밥 푸다 말고 혹여 주막으로 찾아 나서던 길, 이미 술의 술이 된 아버지"를 보며 "아! 주막이 폭파되길 얼마나 바랐는지"(「복숭아꽃 살구꽃」)라거나 "진딧물 한가득 들러붙어 꽃의 진액을 빠는지/ 거적처럼 둘러쓴 흰 꽃받침대가 야위어/ 시들하다/ 나도 저렇게 들러붙을 어머니가 있어 진액을 빨았던가"(「무궁화, 무궁화」)라고 회고하는 데서 가늠할 수 있다.

3. 화두를 통하여

꽃 이미지를 많이 취하면서도, 향토적이거나 낭만적이지 않고 모더니즘 취향이며, 감정이 절제된 근원은 무엇일까? 「배추흰나비 발(發)」을 보면 불가적 세계관이라고 유추할 수 있다. "꽃들은 찰나를 거쳐 어느새 좌정해 앉을 것인데/ 당신을 내게 주던 그때처럼,/ 얼마나 큰 보시인가/ 우리들 생애, 빈 발우가 금시 고봉이 되는/ 참 숨 가쁜 일정이 되겠다". "찰나", "좌정", "보시", "발우" 등의 시어와 녹아든 사유가 말해 준다.

> 거기에는 꽃살무늬가 있다, 그걸 가꾸는 일이 고된지 부처는 앉아서 절을 받는다. 우리가 올리는 절 공양은 나무목단꽃에게 보냈는지 색이 절창하게 깊다. 그래서 궁금해 물어봤다, 묻지 말라는 듯 먼 데 산을 집어 드는 부처
>
> 꽃과는 상관없이 붉어진 문살에, 가만히 부처 손 얹어 놓고 그 위 나를 잠시 바쳤다가, 그렇게 꽃을 빠져나오는 바람처럼 대웅전 나서는데
>
> 쟁그랑 내 몸에 운판 닿는 소리 생에 우레 들었다, 부위마다 떼어 보시하고 싶다던 조금 전 말이, 뻔하다는 걸 안다는 듯, 아득하고 어지러워라 아직은 사람의 몸을 빌려 산다는 너라는 것 깜빡했었다
>
> -「깜빡」 전문

위에 인용한 표제시 「깜빡」에는 공안이 있다. 선(禪)을 하는 사람들에게 정진을 돕기 위해 사용하는 역설적인 문구. 예를 들어 '부처란 무엇인가?' 라는 질문에 '뜰 앞의 잣나무'라는 대답을 공안으로 들기도 한다. "궁금해 물어봤다, 묻지 말라는 듯 먼 데 산을 집어 드는 부처"에서 느낄 수 있다. 생각해보면 사는 게 죄다 "아득하고 어지럽다"면서 "아직은 사람의 몸을 빌려 산다는 너라는 것 깜빡했었다"는 자각을 한다.

「목백일홍」도 명상을 동반하고 있다. "달이 컹컹 짓는 밤/ 부처를

느끼고 싶어 거기 들었지만/ 만나기가 쉽지 않다/ 얼굴에 떨어지는 빛의 점자/ 신기하지 온통 반점 일어 몸이 꽃밭이야// 달빛을 나누어 가졌으나 나무 속은 캄캄해서 도무지 통할 수가 없다/ 어머닌 홍역하다 놓친 꽃들 때문에/ 복장에 절 한 채 실었었다/ 수제비 뜨듯 간을 뜯어 그것 먹여 살렸었다" 는 인용한 시의 1연과 2연이 예사롭지 않다. 달 뜬 밤 개가 컹컹 짖고 어머니는 홍역처럼 겪은 큰일로 절 한 채 지을 정도니. "수제비 뜨듯 간을 뜯는다"는 표현에서 아픔이 묻어난다.

「부처를 찾습니다」는 제목부터 위의 세계관이 드러난다. "동짓날 환승사 부처는 출타하고/ 눈발만 거세다/ 그냥 돌아와 아랫목 이불 들추는데/ 틀림없는 와불이다/ 점점씩 흘려 놓은 공양물들/ 천연덕스럽게 법문을 설파하고 있는/ 눈꺼풀 안으로/ 말 듯, 말 듯한 눈알 두 개 부드럽다"고 표현한다. 중의적으로 읽히는 "환승사"며, "부처", "와불", "공양물", "법문" 등의 시어들에서 불교적 인식을 알 수 있다. 그러고 보니 새삼 이 번 시집 전체가 생의 본질과 의미를 탐구하는 화두로 읽힌다.

위에서 보았듯이 정하해의 시는 발상과 표현이 새로운 화두로 상호 함수관계에 있다. 현대인의 삶은 각박하고, 시도 어렵다보니 일반인에게 시는 뒷전이다. 그러나 보편타당한 점을 이끌어내어 독자와 교감해야 한다. 나와 너의 정신세계와 다르니까 어쩔 수 없다는 생각은 외롭게 한다. 정하해의 시는 모더니즘을 지나치게 추종하여 생기는 난해성을 서정성으로 소통하고 있다. 다음 시집에서도 독자와 많은 감(感)을 나누길. 영감 공감 귀감 정감 호감 자신감 행복감.......

생의 숨겨진 배경들

세상에는 전면에 부각되어 드러나지 않으나 잔잔한 배경들이 더 빛날 때가 있다. 허청미 시인의 시가 그런 아우라처럼 느껴진다. 『꽃무늬파자마가 있는 환승역』을 읽으면서 그녀의 시 세계에 빙그레해진다.

그런데 어떻게 정리해야 할지 막막하다. 곱씹어 읽다가 불현듯 떠오른 '배경'이라는 키워드를 통해 허청미 시의 특징과 그에 대한 생각을 정리해볼 것이다. 표제시 「꽃무늬파자마가 있는 환승역」은 이렇게 시작한다.

> 이쁜 꽃무늬파자마 한 번 입어 봐요
>
> 봐요! 수천 개 달이 떠 있는 배밭, 배꽃들이 자지러지잖아요. 그 위로 물고기가 훠훠 나르고 연인들이 칸디루처럼 입을 맞추고 있잖아요 환상적이죠? 이렇게 한 백년 쯤 살아보고 싶다구요? 그래요, 천 년이면 어때요. 꽃무늬 잠옷을 입고, 행복한 미라처럼 살아봐요
> 그렇게 가로막지 말고 오른쪽으로 좀 비켜주실래요?
>
> 시곗줄에 눌린 맥박이 초침처럼 뛴다
>
> -꽃무늬 파자마 한 벌에 5,000원-

지하철 4호선과 7호선 환승 梨水역
꽃무늬파자마들이 자지러진다

- 「꽃무늬파자마가 있는 환승역」 전문

"이쁜 꽃무늬파자마 한 번 입어 봐요"하면서 오가는 사람들을 부르는 목소리가 들린다. 시적 공간은 지하철 4호선과 7호선 환승역인 梨水역. 그야말로 배 꽃밭에서 "한 백년 쯤 살아보고 싶다"는 걸로 봐서 우리네 생을 가리킨다. 그런데 "꽃무늬 잠옷을 입고 행복한 미라처럼 살아"보자고 한다. 미라는 시체이니 죽어야 행복해진다는 논리인데 살아 "눌린 맥박"이 죽어 편해진다는 것은 기막힌 아이러니이다. 이승에서 저승으로 환승하는 역에 우리가 살고 있다. 배 꽃밭과 어우러진 흡혈 물고기인 칸디루의 대비는 시각적 이미지가 뛰어나다.

「폐경」은 새벽 눈밭에 떨어진 빨간 산수유 열매를 그리고 있으며 흰색과 붉은 색의 시각적 대비가 선명하다. 「수혈」에서 "늦바람에 목숨 건 철부지 넝쿨장미/ 녹슨 철책을 붙잡고 빈혈의 꽃 피"우는 장면, "혈중 헤모글로빈이 부족하시네요"하는 구절의 「빈혈」, "피를 쏟아 길 위에 그림을 그리는" 차에 치인 개의 죽음을 묘사한 「빨간 길 위의 삽화」, 「선운사 동백나무」에서 꽃피는 모습을 "천불 연등이 환하다/ 선운사 뒤란이 온통 붉다"고 묘사한 것은 모두 강렬한 붉은 색 이미지들이다. 붉은 색은 정열과 행동의 적극성을 상징하지만 허 시인의 시에서는 나중에 다시 언급하겠지만 행위주체는 오히려 소극적이며 붉은 색 이미지는 단지 묘사로 차용하는 붉은 속내일 따름이다.

대체적으로 허시인의 시들은 청각적 이미지 보다 시각적 요소들이 두드러진다. 그 중 바다 이미지가 많다. 재래시장 입구에서 생선을 파는 "그녀의 바다가 부정맥으로 출렁인다"고 묘사한 「그녀의 바다 노을이 붉을 때」. "냉장고 안에 바다가 있다/ 바람이 지느러미를 접고/ 파도가 목젖이 잘려 울지 못하는 한 바다가 있다"면서 비닐 팩에 쌓인 비단조개 껍질이 수북이 쌓이는 식탁을 묘비로 형상화한 「묘비」와 "아빠! 물이 왜 자꾸만 때굴때굴 굴러 와?// 네 살배기 아이가 바닷가에서 / 한 줄 제 어록을 작은 혀로 굴리고 있을 때" 아비는 시린 생의 바다가 "낚시 바늘처럼 목젖에 걸렸다"(「아이와 파도」). 「물의 이빨」에서는 "철썩철썩,/ 뾰얗게 모래를 도정하는 바다/ 물의 이빨이 말랑말랑하다"는 표현 등등이 뒷받침한다.

바다 이미지는 시의 밑그림으로 둔 뒤, 요란한 어사로 포장하지 않고 그 위에 언어를 축조하는 방식을 취하고 있다. 비유 낱낱은 유별나지 않다. 어디선가 한 번쯤 들어보았을 표현에 출렁이되 넘치지 않는 찰랑한 물결 같은 수식어를 결합함으로써 의미가 있는 비유로 재생성해 낸다.

그녀의 시는 근본적으로 명상이거나 성찰의 도구여서 삶과 유리되지 않는다. 이는 비관적인 정서로 무장하여 소통되지 않는 경향의 시와 차별되며 세상을 적대시하지 않고 견뎌내는 자세를 읽을 수 있다.

또한 '아이'는 그녀의 시적 모티프로 자주 등장한다. 「은행 줍기」를 보면 "은행 속에는 천둥 번개 바람 햇볕이 다 숨어 있다고/ 할머니는 말했다/ 할머니한테서는 은행 냄새가 났다// 아이가 은행을 줍는다/ 할머니 냄새를 줍는다"는 표현이라든가, "콤콤한 젖내가/ 환하게 불을 켜고/ 내 삶의 옹이를 꼭꼭 쪼아낸다"의 「젖니」, "나의 신위 앞에서 잔을 올릴/ 나로부터의 또 五代가 보행기 타고/ 없는 나에게 짝짝짝 손뼉을 치는구나"의 「朴 五代」, "아이가 가서 친구들을 데려왔다. 수많은 공룡들이 왔다."로 시작하는 「쥐라기에서 온 친구」 등등은 아이를 통한 반추의 계기로 작용한다. 그 밖에 아이가 놀이터에서 노는 모습을 할머니의 관점으로 쓴 「배경」이라는 시는 독자로 하여금 한참 상념에 잠기게 한다.

> 놀이터 모래밭에 은행 落果 몇 개 주워놓고/ 개망초꽃 메꽃 강아지풀 꺾어놓고// 이건 엄마 꺼, 이건 아빠 꺼 강아지풀은 방울이 꺼/ 아이의 작은 손가

락 끝에서 금세/ 一家가 요약된다// 완벽하게 그늘을 내주고 서 있는 할머니는 호명되지 않는다/ 제 일가를 꼭 움켜쥔 주먹이 단단하다// 아이의 머리카락에도/ 손톱 발톱 귓불 입술에도/ 목소리에도/ 솜털 한 가닥에도 자신을 깊숙이 묻은 할머니/ 아비의 어미/ 아이가 주먹 속에 一家를 쥐고 선 뒤에서/ 몰래 그늘을 만들고 서 있는/ 숨겨진 배경//

-「배경」 전문

위의 시를 읽다가 마음 한구석이 저려온다. 작품에 대한 이해와 해석을 하는 비평은 고심이 따른다. 구체적인 분석 없이 행해지는 인상비평은 지양해야 하며, 마치 칼의 사용과 같아서 시의 결이 무디게 하거나 해칠 정도로 과대하게 휘두르는 것은 금물이다. 그만큼 공정과 냉정을 유지해야 한다. 시를 읽다가 이상하게 숨죽인 할머니의 모습이 떠오르고 안쓰럽게 느껴진다. 내용과 형식이 평범해서 이해가 어려운 부분은 없다. 할머니의 처지를 속속들이 그려내지 않으면서도 핵가족화 시대 달라진 현실을 그리고 있다. 놀이터에서 아이에게 "그늘을 내주고" 배경이 되어 돌보는 분은 할머니 같은데, 쓸쓸한 이방인처럼 느껴지는 것은 뒷전에 있기 때문일 것이다. 위 작품은 전면에 드러내지 않아서 그렇지 사회문화적인 세태 전반을 진단하고 부정적인 요소들을 암암리에 비판하고 있는 것이며 그만큼 해석의 잉여가 풍부하다. 할머니는 사실 "아비의 어미"이며 가족을 이루는 근간이다. 할머니가 있어서 아비가 있을 수 있었던 것이므로 논리적 설득력이 있는 시이다.

허청미 시인은 이렇듯 삶의 배경이 되는 것에 관심이 많다. 「기립박수」를 보자.

어네스트 레만,/ 호명이 스포트라이트를 받으며/ 느리게 아주 느리게 老軀를 끌고 나온다/ 사막을 걷는 늙은 낙타 같다// -누가 버지니아 울프를 울렸나/ -북북서로 진로를 돌려라/ -왕과 나/ -사운드 오브 뮤직/ -웨스트사이드 스토리/ -사브리나// 헐렁한 옷을 걸친 그의 느린 발자국들이/ 멀리서도 선명하다/

불거진 혹 유난하다/ 객석이 출렁이고 기립박수를 보낸다/ 오스카상 공로상을 받고 있는/ 저 늙은 낙타//

-「기립 박수」 전문

어네스트 레만은 미국 최고의 시나리오 작가이다. 그는 1954년 「사브리나」를 비롯하여 「북북서로 진로를 돌려라」, 「왕과 나」, 「사운드 오브 뮤직」, 「웨스트사이드 스토리」, 「누가 버지니아 울프를 울렸나」 등의 작품을 썼다.

위의 작품은 그러한 어네스트 레만이 공로상을 수상하는 장면을 단순 포착하는데 그치지 않고, 인간으로서 진지한 삶의 가치를 부여하고 있다. 사람들의 주된 관심은 주연상, 감독상 등에 쏠려 있고 기술상이니 음향상 부문은 주목하지 않는다. 그러나 영화가 만들어지는 데 음으로 양으로 기여한 인물을 기리는 상이 공로상이므로 명예롭다. 시나리오는 영화에서 없어서는 안 되며 시나리오 작가의 길을 묵묵히 다한 원로에 대한 예우는 감개무량하다.

한 걸음 더 나아가 위의 작품은 신세대에 의해 기성세대가 밀려나고 무능력하게 푸대접받는 현실을 돌아보게 한다. 구세대들이 음덕으로 사회에 기여하고 있는 것이며 이들을 존경하는 자세가 담겨 있다. 이렇듯 허청미 시의 초점은 숨은 공로나 기저에 맞춰지는데 이 때 억압과 인고의 심리기제가 나타나며 퇴행현상이나 소극적인 저항심리가 표출된다.

아들을 낳지 못하여 "시앗을 서방님께 진상"하고 "불가사의한 트라이앵글"처럼 살다간 한 남자와 두 여자 사이를 묘사한 「트라이앵글」에서는 참느라 얼마나 힘들었을까 싶고, "까맣게 굳은 물고기의 배알이/ 그 까만 파란만장이/ 짜고도 쓰다"고 표현한 「멸치」에서는 죽은 뒤 속내가 짜고 쓰다고 대변하며, 「표본실의 날나방」의 경우 "창문을 보니/ 알몸의 날나방이/ 망창에 되돌이표처럼 붙어있다"고 한 것을 보면 갇혀 있는 데 길들여진 존재의 위축된 마음을 보여주고 있다.

「정형을 기다리는 여자」는 띄어쓰기와 연을 의도적으로 배제하고 사각의 틀에 끼운 일종의 형태시이다. "파장에파한단물간갈치한마리도못깎는여자"인 소심하고 나약한 여자가 교통사고를 당하고도 "가해자얼굴한번보지못한채" 보험회사 직원의 말대로 수동적으로 따르는 것을 묘사하고 있고, 「자본주의 나무」에서도 "같은 집에서 이십 년 넘게 사는 나보다 주변에 있는 나무들이 더 주변머리가 있"다고 술회하는 것으로 보아 인내하고 억눌린 존재가 의기소침하게 있는 것을 읽게 된다.

그러다 「놋숟가락」의 "나는 이제 날 선 숟가락/ 함부로 쓰면 피 봐요" 하는 부분과 「아무도 나를 호명하지 말라」의 "여보 엄마 누이 언니 고모 이모라고/ 호명될 때마다" "여기 저기 안팎으로 포장된 내가 터진다" 면서 "아무도 나를 호명하지 말라"고 경고하는 것을 보면 오랫동안 짓눌린 상태에서 벗어나려는 몸부림이 보인다. 그러나 이렇게 자주 등장하는 "호명"이라는 단어는 이름 부른 만큼 전체적인 시편에서 행동으로 직접 옮기는 것은 아니다. 화자의 목소리가 있을 뿐이다.

요즘 시인들은 세상을 자신의 잣대로 단순화해서 자기 입맛에 맞게 바꾸어버리는 경향이 있다. 그런 면에서 그녀의 시는 보편타당하여 추상적이거나 거창하지 않다. 언어의 사용에 있어서도 상례와 비유 사이를 온건하게 걷고 있다. 침착하고 고전적이다. 그래서 그녀의 시적 태도가 더 활발해지길 바라는 것은 독자로서 지나친 요구일까? 또한 그녀의 시적 공간은 기억의 언저리를 맴돌거나 이웃주변이나 가족의 공간에 주로 놓여있는데 이는 그녀의 시 세계를 좁은 공간에 머물게 할 수도 있다. 그녀의 진솔한 언어 사용은 현학이나 감정 과잉의 위험성에서 피해갈 수 있어서 차분한 느낌이 든다. 그러나 장점도 과유불급! 의욕이나 활기가 떨어지면 심리적으로 장벽이 될 수 있다. 다음에 펴낼 시집에서는 장애를 넘어 호기심과 긴장감을 유지하되, 시적 의미가 더욱 깊어지길 바라는 숙제가 남겨진 셈이다. 시인의 행보에 행운이 따르길 기원한다.

아프게 통하다

1.

바람이 불면
허리가 아파오는 꽃처럼
네가 생각나는 날은
늘 이렇게 가슴이 저리단다

-「通」 전문

시집을 열면 먼저 자필 「痛」이 눈길을 끈다. 같은 시가 본문에는 「通」으로 적혀 있다. 오기(誤記)여도 괜찮다. 아플 통(痛)이든 통할 통(通)이든 허형만의 『눈 먼 사랑』에는 세상만물의 이치에 공감하고 소통하는 미학이 있다.

근래, 시는 소통이 쉽지 않다. 시적 장치를 많이 깔아 어렵기도 하고, 보편타당하기보다 주관적인 사고에 빠져있기 때문이기도 하다. 어휘를 지나치게 개인적인 차원으로 한정하거나, 문법적으로 비틀어져 주어와 술어의 호응관계가 애매한 경우도 있다. 그래서 독자로부터 시가 멀어지게 한다. 그런 면에서 볼 때 허형만의 시는 위의 예시처럼 짧되, 무릎을 치게 하는 비유가 있다.

시의 요체는 무엇보다 비유다. 일상어나 관념어를 시어로 만드는 능력이 비유에 있고 삼라만상을 압축하는 과정도 그렇다. 물리적이면서 심리적인 여러 정황들을 응축하는 작업에 무게중심이 실리는 게 과거의 시였다면 요즘 시들은 복잡한 세상을 설명하려 한다. 그러다보니 문장이 길고 묘사도 장황한 경향이 있다.

만물 원리의 형상화 곧 외적 질서의 내부적 육화과정을 오래 거쳐서 일 것이다. 긴 명상 뒤에 오는 깨달음은 말을 아끼게 한다. 그래서 35년 시력(詩歷)의 허형만 시는 도리어 간결하다. 격물치지와 촌철살인의 표현들이 자리할 뿐.

이순을 넘긴 삶에 대해 오로지 "눈 먼 사랑이여/ 한 방울 한 방울 물방울 떨어질 때마다/ 그 파동으로 울음 우는/ 서러운 짐승이여//"(「눈 먼 사랑」)하면서 '서러운 짐승'에 빗대어 시에 대해 눈 먼 사랑을 노래하는 장면. 또 "마삭줄의 날카로운 발톱이/ 때죽나무 저 아스라한 절벽을 노려보고 있다/ 마침내,/ 한 자 가웃의 허공을 잘라/ 갈기를 꼿꼿이 세우며 기어오르는 동안/ 층층이 짓물린 발톱자국 아무도 본 적이 없다.//"(「발톱」 전문) 는 표현들은 짧지만 읽고나서 많은 여지를 남긴다. 마삭줄은 줄기에서 뿌리가 나와 다른 물체에 달라붙으면서 자라는 식물이다. 이 식물이 "때죽나무 저 아스라한 절벽을 노려보고 있다". 아스라한 절벽은 때죽나무의 줄기를 가리키는데 마삭줄에게는 아스라한 절벽처럼 보일 것이다. 시인은 마삭줄의 근성을 "노려보고 있다"는 표현으로 포착하면서 시적 대상의 특징을 잡아 의미부여를 하고 있다.

2.

시마바라에서 구마모토로 가는 철선은 갈매기를 떼로 몰고 다닌다. 아니 승객들이 갈매기 떼를 유혹한다는 말이 맞다. 순전히 승객들의 손에 들린 새우깡 때문이다. 이미 새우깡 맛을 알아버린 나이 든 갈매기에 치인 어린 갈매기들은 매번 허탕을 친다. 저 가냘픈 어린 갈매기들의 부리가 단단해지기까지 해미는 수없이 깔리고 걷히면서 한 삶이 얼마나 단단하게 익어가야 하는가를 가르칠 터이지만 오늘따라 한겨울 바닷바람은 참으로 다숩기만 하다.

-「어린 갈매기들을 보면서」 전문

위의 인용시는 가냘픈 어린 갈매기들에 대한 연민이 주된 분위기이다. 대상에 대해 안쓰러워하고 있으며 "한겨울 바닷바람은 참으로 다숩기만 하다."는 마지막 부분까지 읽으면 그래도 세상을 따뜻하게 감지한다. 이렇듯 허형만 시에는 함께 아파하면서 훈훈한 감정이 흐른다. 그것은 인간과 더불어 살아가는 것들이 소중하다는 인식과 공감에서 비롯한다.

가령 "세상의 가장 낮은 곳에서/ 땅을 기어보았느냐// 그 누구도 눈길 주지 않는/ 이 후미진 땅이 하늘이라면/ 한 목숨 바쳐 함께 갈 수 있겠느냐//" (「괭이밥」)를 읽거나 "하이얀 쌀밥 속/ 하이얀 쌀벌레 한 마리// 압력밥솥 뜬김에/ 쌀과 함께 익어가는 동안// 한 끼 양식이 되어주기 위해/ 이렇게 제 한 몸 공양하는 목숨도 있었구나//"(「쌀벌레 한 마리」)는 표현을 보더라도 사물에 대한 측은지심이 느껴진다.

"이 나이가 되니/ 땅바닥의 봄까치꽃 앞에서/ 무릎을 꺾고 고개를 조아리게 되네/ 봄까치꽃 품에 잠이 든/ 어린 햇살에도 고개를 조아리게 되네// (중략) // 그래, 세상을 건너가노라면/ 고개를 조아리지 않으면 들어갈 수 없는/ 배알문 아닌 곳 어디 있으랴 싶으니/ 이 나이가 되어서야 비로소/ 고개를 조아릴 줄 아는 철이 드나 보네//"(「下心」) 역시 겸손과 존중의 정서 푸근하다.

이러한 점은 자연친화적이며 동고동락을 염두에 둔 것이어서 생태학의 입장과 연결 지어 볼 수 있겠다. 생태학을 굳이 거창하게 취급하지 않을 수 있다. 동류의식은 세상과 소통하는 하나의 방식이고 자신을 반추해보는 통로가 된다. 하찮게 생각할 수 있는 미물일지라도 왜 쓸모 있고 가치 있는가, 이것을 교감하는 과정이 생태학의 맥락과 닿아 있다고 본다. 어쩌면 인간들이 사는 것 자체가 죄를 짓는 것이다. 먹고 살기 위한 모든 행위는 다른 것들을 빼앗고 억압하는 것이기 때문이다. 허형만의 시는 생명에 대한 성찰을 불러일으키고 삶의 지침을 마련한다는 점에서 생태학적 상상력과 관계가 있다.

앞에서 보았듯이 허형만의 시는 인간과 자연의 조화로운 결합을 언어로 탐색한다. 그러기 위해 관찰과 사색으로 우주에 담긴 숨은 원리를 찾고 있으며 시선이 긍정적이다.

"산수유 마을에는 앙글앙글 소리없이 웃는/ 천진난만한 어린 아이들이/ 산수유 휘추리마다 깐닥깐닥 걸터앉아/ 노랗게 물든 햇살을 어르는 걸 볼 수 있다//"(「산수유 마을에서」)를 읽거나 "새벽 여섯 시 삼십분/ 삼만 구천 피트 상공에서 내려다 본/ 캘리포니아 일대는/ 마치 꼬마전등이 일제히 반짝이는/ 거대한 크리스마스트리 같다/ 일곱시 오분 전/ 멀리 엘에이 쪽에서 해가 솟는다/ 나는 지금 동쪽으로 빛을 찾아가는 중이다// 아, 사람이 있는 곳에 빛이 있다/ 사람이 빛이다//"(「사람이 빛이다」 전문)를 음미하면 부연설명이 필요 없을 정도로 쉽게 이해되고 수긍이 간다.

3.

간결하면서 따듯한 허형만의 이번 시집에는 눈물도 많다.

> 케이티엑스를 탈 때마다
> 역방향 자리에 앉는다
> 오늘도 6호차 역방향 6D석에 앉아
> 앞에서는 보이지 않는 산의 뒤쪽
> 골짜기에서 피어오르는 물안개를 본다
> 물안개에 젖어 떠돌던 산빛이
> 사람 사는 동네까지 따라와
> 하이얀 눈발로 내려앉는 걸 본다

참 황홀한 광경에 눈시울이 젖는다
누가 나의 뒷모습에서
이처럼 눈물 나는 순간을 볼 것인가
케이티엑스를 탈 때마다
역방향 자리에 앉아 생각하곤 한다

-「뒷모습을 찾아서」 전문

기차를 역방향으로 타고 가면서 "피어오르는 물안개"며 산빛의 광경에 황홀해 한다. "눈시울이 젖는" 이유는 세상을 관조하는 너그러운 사랑 때문이리라. 그 마음이 현란한 어사로 포장하지 않고 행간 사이에 스며있다. "산빛이/ 사람 사는 동네까지 따라와 하이얀 눈발로 내려앉는 걸 본다"는 부분에서 자연과 인간의 조화가 느껴진다. 이러한 사유는 전통적인 문학관에서 벗어나지 않는 것이라 하겠다.

"달빛에 흔들이는 댓잎처럼/ 여직 내 몸에서/ 푸른 비린내 서걱이는 소리 들린다/ 이 나이면 낯빛 우럭우럭해지는/ 해거름 바닷가에 쯤 나앉아 있는 듯하여/ 구름발치 머언 들목 쪽 향해/ 깨금발 딛고 목 빼 일 없을 듯하여/ 산절로 나절로/ 이 아침 맑은 바람이나 벗삼고/ 연꽃처럼 풍란처럼/ 멀리 갈수록 맑아지는 향기나 머금으려 했더니/ 어인 일이야 내 몸이여/ 댓잎에 흔들리는 달빛처럼/ 아직도 자욱한 달안개 속이라니//"(「耳順의 어느 날」 전문)와 "내 안의 깊은 적막을 빠져나와/ 저 들몰 쪽으로 멀어져가는 사람/ 달빛이 댓잎에 흔들리는가/ 댓잎이 달빛에 흔들리는가/ 아스라이 바라보고 서있자니/ 먼 데서 두견이 울음소리/ 발목까지 젖어드는 저녁//" (「그믐달」 전문)의 예시를 보더라도 화자의 정서 저변에는 눈물이 고여 있다.

"봄날/ 하늘하늘 날리는/ 꽃잎만 보아도 눈물이 난다/ 꽃잎에 반짝/ 머금은 햇살에도 눈물나더니/"(「왜 이다지도 유정해지느냐」)에서와 "시간의 열린 문 사이로/ 매롱매롱 눈맛나게/ 둥둥 떠서 흐르는 햇살이/

숲속의 나뭇가지마다 옮겨다니며/ 보르르한 애채 살결 어루만지는 거/ 호젓하게 바라본다/ 이 황홀한 봄날, 참 눈물겹다//"(「햇살이 매롱매롱 날아오르고」)를 감상하면 눈물의 원인을 알려주는 단서가 있다. 허형만의 눈물은 욕망을 이루지 못하거나 어떤 결핍이 빚은 비극적 눈물이라기보다 자연과 범사에 대한 감동의 눈물이다.

허형만 시인의 시세계는 이렇듯 유정하고 유연하다. 식상한 단어라 하더라도 적절한 수식어를 결합하면서 의미 있는 비유로 시를 낳으니 구관이 명관이라는 생각이 든다. 시와 삶이 유리된 것이 아닌 동병상련의 심정은 『눈 먼 사랑』에 흐르는 주된 정서이다. 만유에 감사하며 아프고 따뜻한 마음이 감화의 눈물 흐르게 하는 것이다.

몸을 현현하다

김충규, 「혀를 위한 노래」(《시와사상》 2009년 여름호)
조유리, 「내 입속의 갈라파고스」(《미네르바》 2009년 여름호)
이인원, 「돌다리 건너기」(《작가세계》 2009년 여름호)
윤성학, 「영구치」(《시와사람》 2009년 여름호)
남진우, 「내 두개골 속에 고인 검은 불」(《시와세계》 2009년 여름호)
김이듬, 「나는 세상을 믿는다」(《시에》 2009년 여름호)
장이지, 「휘발하는 얼굴」(《시로 여는 세상》 2009년 여름호)
김상미, 「똥파리」(《시작》 2009년 여름호)
고영민, 「사양」(《다시올문학》 2009년 여름호)

숱하게 쏟아져 나오는 잡지들. 바야흐로 문예지의 춘추전국시대이다. 그러나 지나친 표현일지 모르나 어떤 불행한 것은 발간과 동시에 휴지통으로 가기도 하고, 냄비받침으로 전락하기도 한다. 이 모순은 시를 찾는 층위가 한정적이면서 재생산되는 위기와 연관이 있다. 이에 대해 시인, 독자, 발행인, 평자 모두 심사숙고할 점이다. 또한 내 것을 앞세우는 입장주의는 어떤 경계를 고수하려고 선을 긋는 것이므로 폭력이 될 수 있다. 총칼만이 폭력 휘두르는 것이 아님은 주지의 사실일 터. 경계를 허물고 소외된 시도 꼼꼼하게 읽을 때 우리 시의 현실에 새로운 패러다임이 열릴 것이다.

지난 계절 각종 문예지에는 지역의 잡지들이 양적으로 많았지만 조명은 고루 이루어지지 않는 게 느껴졌다. 그래서 풍요 속의 빈곤이라는 생각이 들었다. 그럼에도 불구하고 좋은 시는 감동으로 다가왔다. 실린 시 중에는 흥미롭게도 신체부위에 대한 소재들이 많았다. 우선 김충규의 시를 읽는다.

> 혀를 뽑아내어 뜨거운 바위에 널어놓았다 말이 사라졌다
> 허공엔 독수리가 빙빙 돌며 혀를 내려다보고 있고
> 나는 혀의 곁에 쭈그려 점점 눌어붙는 혀를 바라보았다
> 혀가 없으니 입이 운동장 같았다
> 딱딱하고 조그만 상자에 포장하여
> 가장 말 많은 정치가에게 선물하려고 했던 혀,
> (경고의 표시 ; 당신의 혀도 이렇게 될 수 있으니 조심하시압!)
> 혹은,
> 먼 바다로 가 고래에게 먹이로 주려고 했던 혀,
> 차라리 땅 속에 묻어 지렁이처럼 살게 하고 싶었던 혀,
> 밤의 공기를 잔뜩 묻혀서 공동묘지를 하나씩 핥게 하고 싶었던 혀,
> 퀴즈대회를 개최해서 꼴등한 사람에게 경품으로 줄까? 생각했던 혀,
>
> 바라볼수록 아무 쓸모도 없는
> 측은한 혀,
>
> 저승에 가는 사람이여!
> 가기 전 꼭 떼어 버리세요
>
> \- 김충규, 「혀를 위한 노래」(《시와사상》 2009년 여름호)

화자인 나는 "혀를 뽑아내어 뜨거운 바위에 널어놓"는다. "혀를 뽑"는 시인의 상상력에 휘둥그레지며 읽는다. "허공엔 독수리가 빙빙" 도는 장면을 연상하면 부위는 다르지만 프로메테우스의 간에 관한 신화

가 떠오르고 끔찍하다. 왜 그랬을까? 이유는 아랫부분에서 밝혀진다. "말 많은 정치가"에게 주거나 고래의 먹이가 되거나 땅 속에 묻히는 경우는 모두 혀가 무용지물이라는 것을 비유한 것이다. "혀를 뽑"아 "밤의 공기를 잔뜩 묻혀서 공동묘지를 하나씩 핥"다니... 그로테스크하다.

사실 음산한 분위기를 만드는 혀로 대변되는 말이 그동안 사람들에게 얼마나 많이 상처를 주었는지 누구나 공감할 것이다. 입방아, 구설, 뒷담, 중상모략... 모두 혀가 행하는 어두운 면 아닌가. 끝의 "저승에 가는 사람이여!/ 가기 전 꼭 떼어 버리세요" 하는 부분은 주제가 선명하고 교훈적으로 느껴진다.

다음의 시에는 입 안에 갈라파고스 섬이 놓여 있다.

> 뱉거나 삼켜야 할 말들이 입속에 갇힌 적 있나, 당신
> 동태평양 고립된 섬이 되어
> 풍문에 결박된
> 말의 형벌을 견뎌본 적 있나
>
> 사람이 다녀갈 때마다
> 정체 모를 송곳니들이 위협적으로 솟는다
> 아무도 자기 것이라고 되찾아 간 적 없는
> 암초들이 날숨을 쉴 때마다 부풀어 오른다
> 이를 악문 채 누군가 대신 아파해 주기를 요구하는
> 치통은 비겁하지 않나, 당신
>
> (뒤꼭지에 달린 입이 탐사하고 있는 이 영토는 자거나 먹거나 짝짓기 하는 습성이 기원한 종種의 영역이다 백만 년 생태계가 여기서부터 진화해 왔다 그러므로 이목구비 변종된 혀로 활보하는 당신의 투어는 온당치 않다 모략으로 제 서식지를 파괴하는 배후에 열등의식이 숨어 있다는 건 슬픈 일이다)
>
> 부릅뜨고 숨통을 노리는

적도의 정수리에 구멍을 뚫어 인공호흡 해 본 적 있나, 당신

- 조유리, 「내 입속의 갈라파고스」(《미네르바》 2009년 여름호)

다윈은 1831년 22세의 나이로 일생일대의 여행을 떠났다. 해군함 비글호의 항해 중에서 가장 큰 방문지는 에콰도르 해안 서쪽의 화산 군도였다. 여기서 다윈은 다양한 조류, 파충류 등을 수집, 관찰하였으며 생명이 진화해왔다는 증거로 그 유명한 『종의 기원』을 내놓게 된다.

조유리 시인은 이 갈라파고스 섬과 혀를 동일한 의미구조로 치환하고 있다. 여기서 혀를 입 안에 갇힌 말로 대신해도 무방하다. 뜬소문은 터무니없이 "말의 형벌"을 낳는다. "송곳니"가 삐죽 솟아나는 것은 적개심, 분노 따위를 일컫는다. "대신 아파해주기를 요구하는" "치통"은 묵인하면서 저지르는 "비겁"한 양심을 지적하는 것이다. 이 시에서 "이 목구비 변종된 혀로 활보하는 당신의 투어는 온당치 않다"는 표현이 쐐기처럼 뇌리에 박힌다. 읽으면서 부화뇌동이 떠오르고 말의 중요성을 새삼 돌아보게 한다.

이번에는 치아를 대상으로 상상력이 펼쳐진다.

살짝, 송곳니가 섬뜩해 보이지 않도록
조심할 것

활짝, 썩은 사랑니까지 다 보여주는 건
상관없음

살짝과 활짝 사이
敵意와 好意 사이

겨우
두어 개의 어금니가 나 있을 뿐

신중하게 두들겨보고 건너야 하는
돌다리 같은

- 이인원, 「돌다리 건너기」(《작가세계》 2009년 여름호)

"살짝"과 "활짝"의 발음에서 묘한 감칠맛이 살아난다. 치아배별을 가지고 "송곳니"에서는 "敵意"를 떠올리고 "사랑니"에서는 "好意"를 떠올리며 사유도 돌 징검다리 건너듯 하고 있다. "신중하게 두들겨보고 건너야" 하는 말에 대한 경각심이 느껴진다. 행을 일부러 짧은 호흡으로 하면서 할 말 다하는 재치가 엿보인다.

이어서 윤성학의 시 역시 짧으나 화두처럼 곱씹게 하며 의미의 잉여가 많다.

단 한번 받은 것으로 평생을 살아야 하는 것이 있다
단 한번 잃었을 뿐인데 영원히 돌아오지 않은 것이 있다

- 윤성학, 「영구치」(《시와사람》 2009년 여름호)

위의 시를 해설해버리면 강렬하지 않을 것이다. 느낌이 확 오는 시의 부연 설명은 오히려 그 맛을 흐릴 수 있다는 뜻이다. "단 한번"을 눈여겨 읽다보면 무엇이든지 대충하면 안되겠다는 생각이 든다. 강한 임팩트가 있다.

혀와 치아에 이어 이번에는 머리뼈를 소재로 하고 있다. 앞서 김충규는 혀를 뽑았는데 남진우는 두개골을 벗는다. 몸의 부위를 탈부착하는 상상들이 놀랍다.

밤이 되면/ 나는/ 내 두개골을 벗어 벽에 건다/ 한낮의 소음과 소름에 시달린 두개골/ 벽에 걸린 그것은 여기 저기 금이 가고/ 눈구멍은 어둡게 뻥 뚫려 있다/ 늙은 도마뱀처럼 자리에 누워/ 눈을 감는다/ 불꺼진 방/ 시계탑처럼 허공에 매달려 빛을 내는/ 내 두개골/ 홀가분하게 머리 없는 몸을 누이고 잠든/

나를 내려다본다/ 어지러운 꿈에 쫓겨/ 나는 자꾸 어둠 속으로 미끄러지는/ 도마뱀의 꼬리를 붙잡고/ 어디론가 달려가고/ 막다른 골목 끝 반지하방/ 문득 올려다보면/ 허공의 두개골은 조용히 불을 밝히고/ 나를 지켜보고 있다/ 덜그럭거리는 추억의 돌들이 깔린 복도/ 주름진 뼈/ 흘러넘치는 거울/ 마른 꽃향기/ 누군가 비명을 지르며 쓰러지고/ 그때마다 길거리에 두개골이 떨어져 뒹군다/ 또다른 누군가가 두개골을 짓밟고 지나간다/ 이른 아침/ 눈을 뜨면/ 두개골은 여전히 벽에 걸린 채 뻥 뚫린 눈으로/ 나를 바라본다/ 목 위에 간신히 무거운 두개골을 얹고/ 나는 문을 나선다/ 덜그럭거리는 소리와 함께 사방에서/ 두개골이 달려나간다//

- 남진우, 「내 두개골 속에 고인 검은 불」(《시와세계》 2009년 여름호)

시어를 적재적소 배치하며 밤의 시간에서 이른 아침으로 생각이 펼쳐지고 있다. 옛날 당나라 때 두보는 자신의 시를 저잣거리의 사람들에게 일일이 읽어주며 이해하는지 확인하곤 하였다 한다. 그만큼 좋은 시는 누구나 공감하고 진솔해야 한다는 게 두보의 시론이었다. 위의 예시도 마찬가지라 할 수 있겠다.

낮 동안 두개골이 "소음과 소름"에 몹시 시달렸다. "금이 가고" "눈구멍이 어둡게 뻥 뚫"린 해골이 되었다. 화자인 "나를 내려다보"며 성찰한다. "막다른 골목 끝 반지하방"에서 어두운 느낌이 감지된다. "마른 꽃향기"며 "비명"이 후각과 청각을 자극하며 음울하게 한다. 음침한 이미지들이 연속되더니 급기야 "덜그럭거리"면서 "두개골이 달려나간다"는 마지막 부분은 피곤에 절은 현대인의 무의미한 일상이 여실히 나타나고 있다.

반면 김이듬이 감내하는 "몸뚱이"는 시인의 또 다른 개성을 보여주고 있다.

밤에 걸어도/ 골목길을 가만히 누가 뒤따라와도/ 나는 믿는다// 꽃 필 것을 믿고/ 그 지독한 냄새와 부스러기와 과민증이 도질 것을 믿는다/ 흐드러진 흰 꽃의 가치는 스러지는 데 있고/ 꽃나무 아래 하얀 목덜미를 젖힌 소녀에게/ 무자비한 사랑이 주어질 것을 믿는다// 가구와 수집품을 밖으로 끌어내고/ 커튼을 뜯어 젖히고/ 이네 마음을 건드린 소리와 색채에 묻혀있던 내 몸뚱이를/ 보라/ 사랑이여/ 무엇을 숨기고 있었는지// 나는 믿는다/ 오늘의 뉴스를 믿고/ 유랑극단을 믿고/ 노래와 서커스가 돌아오지 않을 것을 믿는다// 어떤 음악도 독서도 나를 방해하지 않고/ 철거반도 폭격도 내 식사를 망치지 않는다/ 사랑아, 너는 파리처럼 날아왔다 떠날 것이다/ 대충 이러다 멈춰줄걸 믿는다// 뜸하게 물을 줘도 꽃은 피고/ 물주지 않았는데 흙에서 반쯤 나와 피어나는 꽃도 있다/ 그런 꽃일수록 끔찍하다/ 마스크를 쓰고 밖으로 빠져나간다// 조용한 골목에 강도가/ 어쩌면 기다리는 애인일지도/ 살인은 멈추지 않고 강간은 끝나지 않고 전쟁은 더더욱 치밀해질 것이다/ 우리는 충분치 않은 과오를 나누고/ 끝내 나아지지 않은 채 사라질 것을 믿는다

- 김이듬, 「나는 세상을 믿는다」(《시에》 2009년 여름호)

반어적인 표현들이 포진되어 있다. 여기서 나는 세상을 믿지 못한다. 두렵다. 밤에 걷는 골목길에 누가 따라온다면 섬뜩할 것이다. "꽃의 가치"가 "스러지는 데 있다"거나 "마음을 건드린 소리와 색채에 묻혀있던 내 몸뚱이"라는 표현들이 읽는 이로 하여금 불편하게 한다. 그러면서도 정신이 번뜩이게 하는 양면성은 시적으로 노리는 의도이다.

더욱이 "뜸하게 물을 줘도 꽃" 피고 "물주지 않았는데 흙에서 반쯤 나와 피"는 꽃들은 시인의 표현처럼 지독하고 "끔찍하다". 우리가 사는 세상은 결국 "살인", "강간", "전쟁"이 끊이지 않을 것이다. 그런데도 제목이 "나는 세상을 믿는다"이니 독자를 의식적으로 거북하게 하는 저의가 있다.

이렇듯 김이듬의 시는 "믿는다"를 봐서는 표면에 긍정적인 것 같지만 이는 자기은폐를 통한 방어심리를 드러내고 있다. 심층적으로 야유나 냉소, 독설과 상관성 있는 피해의식과 공격심리가 나타난다. 그 공격의 대상이 되는 것은 권위와 제도권 등 헤게모니가 지배하는 현실일

것이다. "강도"가 "애인"이라는 기표라든가 "살인" "강간" "전쟁" 등의 단어에서 유추할 수 있다.

이번 시에는 얼굴이 휘발하고 있다. 앞의 시들이 직접적인 신체를 비유했다면 장이지는 시공간적인 배경을 통해 얼굴과 피부를 떠올리고 있다.

> 검은 외투가 구멍 난 주머니에/ 휘발하는 하늘을 불어넣고 있었다./ 빛 부스러기들을 담고 있었다./ 입면入眠과 각성이 번갈아가며 찾아오고/ 네 개쯤의 내가 저문 길 위에서 점멸하고 있었다./ 우리는 동시에 깨어나기도 하고/ 누군가 먼저 일어나 다른 누군가를 내려다보기도 했다./ 리버 피닉스 같은 것이라고/ 「아이다호」에 나오는 리버 피닉스 같은 것이라고/ 우리들 중 누군가는 주장했고/ 또 누군가는 그게 누군지 모르겠다고 울었다./ 녹아내리는 얼굴,/ 우리는 용해되고 있는 얼굴을 추스르고 있었다./ 얼굴에 자꾸 함몰이 생겼다가 다시 사라지곤 했다./ 길 위에 우리는 서 있었다./ 텔레비전이 쌓인 진열창 앞에서/ 우리는 스캔들에 휘말린 전직 대통령의 얼굴 위에/ 우리의 얼굴을 멍하니 겹쳐 보고 있었다./ 피부 위로 그날의 뉴스가 솟아오르는/ 우리들의 지병持病,/ 우리들 중 누군가는 가렵다고 웃었고/ 또 다른 누군가는 피부를 쥐어뜯었다./ 피부를 도려내 뭉개지지 않는 북소리를/ 새겨 넣어야 한다고 주장한 것은/ 얼굴 위의 모자였다./ 우리는 모든 원대한 꿈들이/ 부조리극의 포스터 속으로 사라지는/ 소극장들의 골목을 헤매고 있었다./ 얼굴 주머니에서 하늘과 빛 부스러기 몇 개/ 휘발해 가고, 모자와 외투는 젖어갔다./ 노곤했고, 왠지 목욕물에 몸을 담그고 싶었다.
>
> - 장이지, 「휘발하는 얼굴」(《시로 여는 세상》 2009년 여름호)

리버 피닉스는 영화 「아이다호」의 주연이었다. 그의 재능과 외모는 많은 사람들의 선망이었으나 스물넷에 젊은 생을 마감해버렸다. 그런 인물의 인용에서 허탈감을 읽게 된다. 시를 읽다가 머릿속으로 그림을 떠올려 볼 때가 있다. 장이지의 시적 배경인 저물 무렵과 길에 대해 명상해 본다.

"스캔들에 휘말린 전직 대통령의 얼굴"에 "우리의 얼굴"이 오버랩이 된다. "피부 위로 그날의 뉴스가 솟아오르는" 일상이 "지병"이라 표현한다. "가렵다", "쥐어뜯었다", "도려"낸다는 과격한 표현들은 "부조리"한 삶에서 비롯한 여러 반응들이다. "얼굴 주머니에서 하늘과 빛 부스러기"가 "휘발"하므로 쓸쓸하다. "모자와 외투는 젖어"간다는 표현을 보면 신체를 보호하는 것들이 우울하고 눅눅해져 버린 것을 알 수 있다. "왠지 목욕물에 몸을 담그고 싶었다"는 표현이 여운이 길다.

엘리아데(M. Eliade)에 의하면 물에 들어가는 것은 존재 이전의 미분화 상태로 돌아가는 것이라고 한다. 마치 어머니의 자궁 속으로 다시 들어가는 것인데 이런 상징성 때문에 물은 인류의 역사 속에서 신성하게 여겨졌다. 물을 이용한 의식은 비록 각 지역의 문화와 종교에 흡수되거나 변형되기는 해도 그 맥이 끊이지는 않았다. 예컨대 몸을 물에 담그는 세례는 육신을 다시 태어나게 하는 의미를 지닌 의식이다. 그런가 하면 인도의 힌두교도들은 갠지스 강물에 몸을 담그는 의식을 통해 병이 치유되고 영혼이 자유로움을 얻으리라고 믿는다.

장이지의 시에서도 "목욕물에 몸을 담그는" 욕조는 양수로 가득 찬 어머니의 자궁인지도 모른다. 목욕하는 행위는 물을 통해 몸과 마음의 더러움과 슬픔을 씻고 새로 태어나는 침수의 체험인 것이다. 소멸과 재생의 이미지, 그것이 바로 목욕을 통한 회복의 진정한 의미라고 할 수 있겠다. 목욕을 통해 마음의 위로를 받는 시인이 있는가 하면 욕설을 내뱉으면서 위안을 받는 시인이 있다.

김상미의 「똥파리」는 양익진 감독의 동명의 영화를 소재로 다루고 있다. 감정을 표현하지 못하고 삭이기만 하면 병이 쌓인다. 항상 또박또박 바른 말로 점잖을 필요는 없다. 다음의 시는 목소리를 통해 독자까지 후련하게 하고 있다.

영화 〈똥파리〉를 보았다. 〈똥파리〉 속에는 '시발놈아'라는 말이 셀 수 없이 나온다. 그리고 그 말은 보통 영화의 '안녕하세요'라는 인사말보다 훨씬 더 급이 높고 비장하다. 지랄맞게 울리고 끈질기게 피 흘리는 그 영화를 다 보고 나와 아무도 없는 강가에 가 소주 한 병을 마셨다. 그리곤 목이 터져라 '시발놈아'를 스무 번쯤 소리쳐 불렀다. 그랬더니 내 가슴 안 피딱지에 옹기종기 앉아 있던 겁 많은 똥파리들이 화들짝 놀라 모두 후두둑 강물 위로 떨어졌다. 시발놈들

- 김상미, 「똥파리」(《시작》 2009년 여름호)

구구절절 위 시는 뒤로 갈수록 묘미가 있다. 영화 〈똥파리〉를 본 후 시인은 자신의 내면풍경을 돌아본다. "아무도 없는 강가에 가 소주 한 병을 마시는" 행위에서 치미는 울화가 있겠다 싶다. "가슴 안 피딱지에"는 허위며 가식들, 소심함으로 "겁 많은 똥파리"들이 비열하게 앉아 있다. '시발놈아'를 연거푸 외치자 달아나는 "똥파리"들의 모습에서 감정의 정화가 이루어진다. 따라 해보시라. 목청이 터져라 "시발놈들"! 스트레스를 풀어 보시라. 자신의 직접적인 감정을 전달하는 욕설은 이렇게 논리의 너머에서 정연하게 설명되지 않으나 일상에서 무시할 수 없는 발설 효과가 있다.

직설적인 토로가 김상미의 시라 하면, 고영민은 완곡하게 "말문을 열"며 "미안"해 하는 포즈를 취한다.

동시에 말문을 열거나
밥상에서 젓가락이 닿은 반찬이 같을 때
빈자리가 생겨 앉으려다가
서로 마주칠 때

겸연쩍게 말문을 물리고 젓가락을 물리고 자리를 물렸다가
떠밀려 내가 먼저 너의 말문을 빼앗고 먹을 것을 빼앗고
자리를 빼앗아

대신 네가 비스듬히 서 있는 동안
내내 앉아 있는 자의
미안함이여!

홀쭉한 어미개가 새끼를 위해
먹이를 물어다놓고 슬쩍 자리를 피해주듯
등을 돌린 채 밥을 먹는 상주喪主를 위해
망자가 괜찮다,
잠깐 눈을 감아주듯

서 있던 네가 슬그머니
말문의, 둥근 밥상의, 덜컹거리는 전철의
다른 칸으로 자리를 옮긴
내 앞,
백 만 평의 자리

- 고영민, 「사양」(《다시올문학》 2009년 여름호)

더러 경험했을 것이다. "말"이나 "반찬" 혹은 "자리"가 상대방과 동시에 접하게 될 때 계면쩍은 순간 말이다. 이것을 시인은 예사로 넘기지 않고 시로 형상화하였다. 사양하는 마음은 자신을 낮추고 상대를 배려하는 마음이다. 3연에 가면 사양은 새끼의 먹이를 구하다 홀쭉해진 "어미개"로, "상주(喪主)"를 염려하는 "망자"로 비유되기에 이른다. 그래서 사양이 빚은 자리는 "백 만 평" 가치가 있는 것이어서 넓디넓게 확대 묘사된다. 행동의 근간에는 생각이 바탕이 되는 점을 고려하면 사양하는 행위에는 부드럽고 아름다운 정신이 담겨 있고 시인은 그 마음을 표출하고 있다.

고영민의 시는 어둡거나 우울하지 않다. 자분자분 "말문이 열"리게 한다. 그래서 타자와의 소통 가능성도 읽는다. 여러 기관들이 모여 몸을 이루고 몸은 사유를 근간으로 행동하기 마련이다. 지지부진한 인간 삶의 이면에 숨겨져 있는 자상함으로 인간 정신의 고귀함을 일깨워주고 있다.

여러 예술 장르가 그렇듯 시도 창작 향유되던 시대의 문화콘텐츠를 반영한다. 몸에 대한 시적인 관심들이 많은 것을 볼 때 작품의 의미도 몸을 담론시하는 요즘의 문화적 분위기와 테두리선상에서 읽어낼 수 있을 것이다. 위에 살펴본 육체를 언술하는 시들은 인간의 욕망과 내면정서를 반영하고 탐색하는 궤적이 뚜렷하였다. 긴장된 언어로 일상을 현현하는 면과 부조리한 현실을 고발하거나 온유한 자세로 문학이 가진 에스프리를 유지하면서 만나고 있었다. 이는 몸이 표상하는 중요한 특징들을 잡아채고 부각한 것이다. 결국 시는 삶 쓰기이므로 그 저변의 점검이었다.

개성을 생각하며

유홍준, 「노란 참외를 볼 때마다」(《시와사상》 2010년 겨울호)
황연진, 「노란 바가지」(《열린시학》 2010년 겨울호)
한문수, 「눈이 새봄에」(《우리시》 2011년 1월호)
차주일, 「한 위인이 호號에 송松자를 쓰는 이유-포장의 달인」(《우리시》 2011년 2월호)
이영옥, 「테이크 아웃 5호점」(《시와반시》 2010년 겨울호)
김지녀, 「해동」(《애지》 2010년 겨울호)
박현수, 「다리미, 저 뜨거운 발바닥」(《시작》 2010년 겨울호)

왜곡된 단어가 더러 있다. 그 중 하나가 '꼴값'에 대한 표현이다. 원래 '꼴값'의 사전적 의미는 '얼굴값'인데 격에 맞지 않는 아니꼬운 행동의 속된 말이 되어버렸다. 어쩌다 와전 되었을까?

사람은 고유의 얼굴로 태어난다. 쌍둥이도 자세히 보면 구별 가능한 개성이 있기 마련이다. 그러나 성형천국에 사는 요즘, 연예인 뿐만 아니라 일반인들도 의술과 돈과 유행이 합세하여 예뻐진다. 여기까지는 좋다. 문제는 작은 얼굴에 V 라인 턱, 쌍꺼풀 눈, 오뚝한 코가 유형 따라 비슷해 성형공장에서 만든 마네킹 같다는 것이다. 성형의학의 초기 취지는 재건에 비중을 두었으나 근래는 미용이 많으니 이는 본말이 전도된 경우다.

경북 영천의 거조암 나한상이 생각난다. 거기에는 부처님의 10대 제자 16성 오백성 모두 526분 표정들이 제각각이다. 코만 크거나 얼굴이 지나치게 길거나 졸거나 다리 뻗고 찡그리고 딴청 피우고 웃고 울고... 부처의 연습생이라고 할 수 있는 이들에게서 상식과 인습을 뒤집는 분방한 모습을 읽는다. 위엄 갖추고 정형화된 모습이 아니어서 의외고 그래서 오히려 자유롭고 독창성이 빛난다.

예술도 표준화된 상상력, 인습적인 틀에 갇혀서 발전이란 없을 것이다. 지난 계절 여러 문예지에 실린 글들을 읽으면서 멋진 '꼴값', 즉 고유성을 지닌 시를 떠올린 것도 위와 무관하지 않다.

개성 있는 시를 찾아 페이지에 귀를 접으며 읽던 중 유홍준의 「노란 참외를 볼 때마다」가 한눈에 들어온다.

> 노란 참외를 볼 때마다 나는야 살짝 흥분, 노란 참외를 가득 쌓아놓고 파는 트럭을 지나갈 때마다 나는야 살짝 멈칫, 노란 참외 향기는 진하고 노란 참외 향기는 달콤해 노란 참외 향기는 지독하고 노란 참외 향기는 매혹적이야 한 덩어리 참외 향기의 마취, 한 덩어리 참외 향기의 황홀, 노란 참외를 잔뜩 쌓아놓고 파는 트럭을 지나갈 때마다 나는야 멀리 노란 참외 수류탄을 움켜쥐고 던지고 싶어 노란 참외 안전핀을 뽑아 쥐고 던지고 싶어 그러면 씨앗들이 흩어지겠지 그러면 씨앗들이 터져 달아나겠지 누군가는 씨앗에 맞아 죽고 무언가는 씨앗에 맞아 폭파하겠지 그러면 행복, 그러면 박수, 짝짝짝, 오늘도 나는 노란 참외가 가득 실린 트럭 앞을 지나갈 때마다 살짝 흥분, 종횡무진 삶의 중앙선을 넘고 지그재그 법의 중앙선을 넘어 노란 참외가 가득 실린 트럭을 몰고 아수라 아수라 노란 참외를 가득 쌓아놓고 파는 트럭 앞을 지나갈 때마다 나는야 살짝 멈칫
>
> \- 유홍준, 「노란 참외를 볼 때마다」(《시와사상》 2010년 겨울호)

화자는 트럭의 노란 참외를 볼 때면 살짝 흥분하고 멈칫하고 설렌다. 참외의 색과 향과 모양을 떠올려보면 충분히 가능하다. 연을 구별

하지 않고 가로쓰기해서 속도감 있게 죽죽 읽히는 효과가 있다. 반복적인 "~때마다 나는야"와 "쌓아놓고, 진하고, 지독하고, 움켜쥐고, 던지고, 맞아죽고..."의 "~고"에서 리듬감이 생생하다. 노란 색의 명시도와 향에 매료되어 마취될 듯 하고 황홀하기까지 한 느낌이 살아있다.

시를 읽으며 빙그레해지는 건 수류탄과 연결되는 부분부터다. "참외 수류탄을 움켜쥐고 던지고 싶"다 한다. 그러면 씨앗이 흩어지고 씨앗에 맞아 폭파될 것이라는 상상력에 박수가 나온다. 폭파되는 데 왠지 무섭기보다 짜릿하다. 이것은 바로 "삶의 중앙선을 넘고 지그재그로 법의 중앙선을 넘는" 규율로부터의 일탈 때문이 아닐까. 뒤에 가서 일탈이 "아수라"를 몰고 온다하더라도 이 시는 생동감이 있다.

무의식을 풀어내는 것이 시라 할 때 화자의 무의식에는 분명 자유롭고 싶은 욕망이 내재되어 있다가 이렇게 시로 분출되었을 것이다. 시적 전개와 상상력이 새로워 자연스럽게 읽을 수 있었다면 다음의 황연진의 시는 이렇게 저렇게 바뀔 수 있는 대상을 다루고 있다.

바가지에 쌀이 담겼습니다
쌀알이 노래할 때 숨소리 쌕쌕거립니다
쌀뜨물 떠내려가는 흐린 하늘 빛
구중중구중중 하루 끼니 일어섭니다
바가지에 나물 담겼습니다
고사리 곱은 손들 물에 펴질 때
끝내 풀리지 않는 마디가 딱딱합니다
무르거나 굳거나 한 타래로 휘감깁니다
바가지가 가끔 소리내어 웁니다
물 흐르는 소리 시늉하는 걸까요
바가지가 저 혼자 바글바글 웃습니다
쌀 일고 나물 부풀던 모양 기억하는 걸까요
노란 바가지에 유리컵과 사기 접시
한데 모여 씻어집니다 세제 거품 가득

하루치 찌꺼기들 떠오릅니다
끊임없이 구정물이 솟아납니다
그릇 수저 컵들 다 건져진 뒤에도
바가지 안엔 덜그럭덜그럭
한없이 무언가가 부딪칩니다
차오르고 비워지는 플라스틱 바가지
날마다 씽크대에 떠오릅니다

- 황연진, 「노란 바가지」(《열린시학》 2010년 겨울호)

씽크대의 "노란 바가지"에는 다양한 것들이 담길 수 있다. 이 시의 표현에 따르자면 쌀, 고사리, 유리컵, 사기 접시, 수저... 등등이 거론된다. 쌀알이 불어나는 과정을 "숨소리 쌕쌕거린다"고 표현한 것이 재미있다.

고사리가 물에 펴질 때에는 "무르거나 굳거나 한 타래로 휘감"기며, 설거지할 때 그릇들은 "찌꺼기"였다가 "구정물"이었다가 끝난 뒤에도 "한없이 무언가가 부딪"친다. 이 시를 읽으면서 "한없이 무언가가 부딪"치는 부분과 "차오르고 비워지는" 점이 결국 삶의 표현이고 문학이 추구하는 궁극이 아닐까 생각해 본다.

일찍이 소쉬르는 언어를 기호로 보고, 표층의 기표와 심층의 기의로 나누어 정립했다. 주지하듯 하나의 기표에는 여러 의미가 있어, 기표와 기의는 일대일 대응 되는 것이 아니다. 이 작품에서 "바가지"는 하나의 기표이고, 기표 아래 미끄러지는 많은 기의들을 담아보려는 시도를 한 것이라고 여겨진다. 표현에 따른 의미가 이렇게도 읽히고 저렇게도 읽혀서 다채로울 때 독창적인 시이다.

황연진이 바가지에 담긴 "쌀"을 다루었다면 한문수의 다음의 시는 "쌀" 이라 하더라도 내리는 흰 눈에서 심청이를 떠올리고 공양미 삼백석이 된다.

꽉 막힌 하늘이 터지던 날
얼굴 가리고 끝없이 몸을 던지는 심청이
앞 못 보던 심 봉사 늙은 겨울 아비는 눈을 뜬 것일까
웅어리진 구름이 미련 두지 않았다면
영락없이 뚝뚝 떨어졌을 텐데
무엇을 기다렸을까
빼덕어멈 심술이 남아 있는 지상에
기다림이 저렇게 많을 줄 몰랐다
베란다 앞에 무너지지 못하는 무게만 남았다

창밖을 바라보다 눈길을 따라 심청이처럼 몸을 던졌다
길고 긴 추락의 고통이
무한 허공을 지나 가속도의 지옥을 빠져나오면
허물어지는 내가 바람에 부서지고
모든 것을 포기한 거침없는 공간
자유의 말로는 사라지는 것이라지만
문이란 문을 모두 열어 놓고 바닥이 질퍽해지도록
하늘 가득 무차별 폭격
가벼운 뼈마디로 무너졌다
공양미 삼백 석이 나무 위에 하얗게 차려졌다
몸을 던진 심청이 흐르는 눈물은 멈추지 않아
눈 뜬 겨울 아비는 딸을 찾아갔다
기다림은 오지 않았다

깨어난 겨울이 다시 눈물로 눈을 감지만
기다림은 하얗게 잊혀가고
나는 녹고 있었다
무너지지 못하는 내 몸은 더 무거워지고

- 한문수, 「눈이 새봄에」(《우리시》 2011년 1월호)

눈이 내리나 보다. 이 장면을 시인은 "꽉 막힌 하늘이 터"져 심청이가

몸을 던진다고 표현한다. 이때 앞 못 보는 심 봉사를 "겨울 아비"라 한 점, "응어리진 구름"과 "뺑덕어멈 심술"까지 동원한 상상력이 새롭다.

1연은 눈 내리는 광경을 바라보는 관점이며 2연은 내가 몸을 던지는 경험이다. "길고 긴 추락의 고통"이라든가, "무한 허공을 지나 가속도의 지옥을 빠져나오면"이라는 토로에서 화자의 회한이 느껴진다. "허물어지는 내가 바람에 부서"지는 부분에서 감정이입이 고조된다. "가벼운 뼈마디도 무너"지고 하얗게 차려진 나무 위의 공양미 삼백 석이라니! 눈이 백설기 같겠다. 김이 모락모락나는 따끈한 떡을 연상해 본다.

예로부터 내려온 설화는 이렇듯 다양하게 각색 윤색될 수 있으므로 시적 차용이 마르지 않는 보물 같다.

"눈 뜬 겨울 아비는 딸을 찾아"가고 결국 마지막 3연에서 보면 "기다림은 하얗게 잊혀"가고 "나는 녹"는다. 또 "무너지지 못하는 내 몸은 더 무거워진"다는 언술이 인상적이다. 녹는다는 것과 무거워진다는 것이 대비되어 여운이 남는다.

이어지는 시는 각주에서 보듯 찬송가 가사를 변주하는 도입부터 예사롭지 않다. 비꼬고 있어 불편한 심경이 드러나고 있다.

> 그의 일생 소원은 늘 몸집을 부풀리면서
> 그늘을 더 넓혀 나가길 원합니다.*
>
> 소나무가 만세반석을 펼치고 있다.
> 한겨울 나목들과 다른 푸름을 증거하기 위해,
> 폭설에도 덮이지 않는 그늘의 존재를 증거하기 위해.
>
> 그늘 밖에 서면 보인다.
> 실제 몸집보다 크게 부풀린 그늘은 포장지이다.
> 그는 푸름을 포장해서 절개로 팔아먹는다.

비굴한 자들의 초과수요로 절개가 공급부족이란 것.
이 철칙을 신봉한 그는
양달에 튼 고치 하나로 수만 평 넘는 그늘을 경작한다.

송충이가 솔잎을 갉아먹으면 그늘이 사라진다는 것.
이 섭리를 두려워하는 그는 언젠가 말할 것이다,
그늘 밖 백성의 말을 빌려.

'굽은 소나무가 선산을 지킨다.'
이 말 속에 고치를 튼 그는 만세토록 안녕할 것이다.
그늘 밖에서 태어난 잠언으로 자신을 포장했으므로.

* 찬송가 가사를 변주함.

- 차주일, 「한 위인이 호號에 송松자를 쓰는 이유-포장의 달인」, (《우리시》 2011년 2월호)

"그"라는 인물에 대해 묘사하고 있다. 그는 1연에서 보면 "그늘"을 넓혀가려는 다시 말해 세력을 확장하려는 인물로 감지된다. 1연, 2연, 3연, 4연, 5연, 마지막 6연까지 모두 들어가 있는 단어 "그늘"은 부정적으로 읽힌다. 그가 자신의 호(號)에 송(松)자를 쓰는 이유는 교묘히 소나무를 빗댄 것이며 "한겨울 나목들과 다른 푸름을 증거하기 위한" 포장이어서 소나무 그늘을 악용하는 것이라 한다.

"그늘은 포장지"라는 인식이 이 시의 핵심이다. "푸름을 포장해서 절개로 팔아먹는다"니 얼마나 빈정거리고 있나? 시인이 이렇게 나타낼 때는 또 얼마나 내면의 불만이 드러난 것인가? 그래서 부제가 "포장의 달인"인가 보다.

"비굴한 자들의 초과수요로 절개가 공급부족"이라는 대목이 반어의 절정이다. 이게 아니다 싶은데, 다들 눈치만 보고 쉬쉬 하고 있을 때, 할 말 하는 게 시 정신이 아닐까 생각해 본다. 화자가 말하는 "그"의

무의식에는 자아만 발달해서 자기주장만 하고 타자를 돌보지 않는 사람이지 싶다. 혹은 타자를 돌보는 듯 포장하면서 실속 챙기는 인물일 것이다. 여기서 이 시의 인물에 대한 구체적 지적은 유보하기로 한다.

이 시에서 다루는 고발정신이 시혼과 상통하는 맥락이 있다고 여긴다. 소나무와 그 그늘과 솔잎을 갉아먹는 송충이 등등 몇 개 단어의 조합으로 알레고리를 이루는 한 편의 시가 된 셈이다.

다음으로 서늘한 시가 이어진다. 역시 포장과 관계있다.

> 즉석은 간편해서 좋다
> 포장된 관계에는 거리가 빠져있다
> 메뉴 중에 아무거나 골라도 부담없다
> 그냥 서로를 천천히 흔들면 된다
> 기포가 생긴 웃음을 터뜨리면서
> 사랑하는 순간에도 헤어질 수 있다
> 용기의 모양에 따라 깊이가 다른 심연
> 균일하게 디자인된 로고는 갈등하지 않고
> 줄어든 행복을 모색하지 않는다
> 서로의 몽상을 외면하며
> 구겨버린 시간을 모반하지 않고
> 우리는 쓰레기통이 보이면 바로 끝난다
> 몸을 포개고 이별하는 특별한 사이라서
> 서로의 외로움에 밀착한다
> 슬픈 기억은 얼른 맞잡을 줄 아는
> 종이그릇처럼 착한 우리는,
>
> \- 이영옥, 「테이크 아웃 5호점」(《시와반시》 2010년 겨울호)

"테이크 아웃 5호점" 이라는 제목부터 도시적이고 인공의 냄새가 난다. 요즘에는 소읍에도 편의점이 들어가 있고 구멍가게라 불리던 점방이며, 재래 상점들이 사라진 지 오래다. 그만큼 농촌이 사라지고 도시화되어 가는 추세다.

이 시를 읽으면 현대인의 "포장된 관계"성을 떠올리게 된다. 무엇이 진정 순수고 진실인지 모르겠다. 인간은 욕망하는 존재라 내 욕망을 추구하다보면 상대와 갈등할 수 있다. 하나의 욕망을 성취했다 해서 그것으로 끝나는 게 아니다. 또한 인간은 결핍된 존재여서 또 다른 무엇을 욕망하기 마련이고 그러다보면 자신을 포장하려 한다. 욕망은 끝이 없고 결핍도 끝이 없다. 겹겹의 탈을 쓰며 포장된 어느 날, 정작 내가 누구인지 모른다. 하물며 타인과의 관계에 있어서야.

간편해서 좋지만 "웃음을 터뜨리면서 사랑하는 순간에도 헤어질 수 있"다. "쓰레기통이 보이면 바로 끝"나며 "몸을 포개고"도 "이별하는 특별한 사이"라는 구절이 담백하면서 또 얼마나 섬뜩하고 기발한 포착인지.

복잡하게 만나고 쉽게 헤어지고 이내 혼자인 포스트모던 이 시대가 그대로 반영된 것이다. 꼬이는 문장 없이 술술 읽힌다. 쿨하다. 라면용기, 종이컵, 종이그릇 등 일회용품들이 "서로의 외로움에 밀착"하면서 사니까 친근하게 느껴진다. 그러나 겉으로 드러난 표현일 뿐, 뜻은 참 씁쓸한 시이다.

다음 김지녀의 시는 전자렌지에 해동되는 생선들의 삼 분 동안을 그리고 있다.

> 그릇에 얼어붙었던 생선들이 조용히 풀리기 시작한다. 피가 돌고 눈동자에 물이 차오르는 것이다 영생불멸의 눈동자들을 보면서, 나는 얼음의 그릇이 얼마나 큰 것인가를 생각하고 삼 분 동안 봄이다, 침묵이다, 그러니까 침묵이 풀리고 있는 것이다 풀린다는 말 속에는 긴장이 없다 걱정과 분노의 공기가 없다 네가 나에게 내가 너에게 다 말하지 못한 진실의 먼지들이 마치 투명해진 물처럼 강이 되고 바다로 흘러가버리니까 생선의 아가미처럼 비린 호흡으로 풀리면서 우리는 영원히 닫힌다 얼음 속에는 소음이 있고 냄새가 있고 슬픔이 있다 새싹들처럼 다시 돋아나지 않고 사라지는 미학이 있다 나는 희망도 불행도 없는 얼음의 단정함이 좋다 무거움과 단단함이 좋다 얼음의 차가운 진실이

좋은 것이다 삼 분 동안, 나는 녹지 않는 얼음이고 싶다

- 김지녀, 「해동」(《애지》 2010년 겨울호)

생선이 해동되는 동안 "봄이다", "침묵이 풀"린다는 표현에 공감한다. 여기까지는 평이하다. 풀려서 "긴장이 없"어진다는 부분부터가 시로 형상화 하는 데 기여하고 중요하다. "네가 나에게 내가 너에게 다 말하지 못한 진실의 먼지"들이란 무엇이었을까? 곱씹어 보며 독자를 생각에 잠기게 한다.

"물처럼 강이 되고 바다로 흘러가버리"는 단계에서 이 시가 끝났다면 일반적이고 평이한 시가 되었을 것이다. 그러나 이렇게 지나가버리면 "닫히"는 관계라는 것이다. 머무는 얼음 속에 "소음이 있고 냄새가 있고 슬픔이 있"는 게 오히려 "미학"이라는 역설의 발견이 이 시의 묘미다.

"희망도 불행도 없는 얼음의 단정함이 좋"고 "얼음의 차가운 진실이 좋"다는 데서 객관적 보존을 염두하는 자세가 느껴진다. 아름다움은 곱고 예쁠 때만 있는 것이 아니다. 비장하고 냉정한 아름다움에도 있다.

끝으로 박현수의 시에는 뜨겁게 사유하는 태도가 있다.

가장 혹독한 건
신기루를
믿지 말라는 사막의 계명
발자국마다
더운 바람 고이는
뜨거운 길이 아니면 걷지 않았다
지나온 모래언덕은
차라리 태양이 타오르는 등
삶이 구겨질 때마다
저 젖가슴처럼

주름없는 모래언덕을 생각했다

삶이 따뜻했느냐
그대, 물었던가
내 뜨거운 발바닥을 만져 보라

- 박현수, 「다리미, 저 뜨거운 발바닥」(《시작》 2010년 겨울호)

사는 게 시들할 때 이 시는 귀감이 되겠다. 무력한 생활에 일침을 가하는 것 같다. "다리미"를 "뜨거운 발바닥"으로 치환한 발상은 흔치 않아서 솔깃하다.

"신기루를/ 믿지 말라는 사막의 계명"이 그저 행운을 바라지 말고 타박타박 자신의 길을 열심히 걸어가는 뜻으로 받아들여진다. "발자국마다/ 더운 바람 고이는/ 뜨거운 길"을 걷고, "삶이 구겨질 때마다" 화자는 "주름없는 모래언덕을 생각" 한다. 이 발자국은 치열하게 산 사람의 것이겠다. 마지막 연의 "삶이 따뜻했느냐" " 내 뜨거운 발바닥을 만져 보라"는 명상잠언이 뇌리에 남는다.

발상과 표현 기법, 시 정신, 차갑거나 혹은 뜨거운 사유들을 보면서 이 글의 도입부에 언급한 '꼴값'을 숙고해 본다. 시에 있어 좋은 꼴은 개성을 확보할 때 이루어진다. 세상이라는 텍스트 안에서 시적 존재와 발화들이 변별성을 확보할 때 생명력이 있을 것이다. 그러므로 경향을 따르기 전에 주체적으로 자기에게 어울리는 방법론을 찾아야 하지 않을까?

상처에 내리는 시의 안개

김선호, 「마네킹」(《문학청춘》 2012년 봄호)
성명남, 「매미」(《다층》 2012년 봄호)
이가림, 「남항」(《시평》 2012년 봄호)
전홍규, 「나무 그늘에 누워」(《우리시》 2012년 4월호)
맹문재, 「그에게 전화를 걸어주고 싶었다」(《서정시학》 2012년 봄호)
김백겸, 「천산산맥의 능선처럼」(《우리시》 2012년 5월호)

사람을 대하기보다는 풍경과 마주하는 게 더 좋을 때가 있다. 사람을 만나며 다치거나, 욕망이 있는 대상과 어울려서는 뛰어넘을 수 없는 한계를 느끼기 때문인지도 모른다. 홀로 길을 걷고 밥을 먹고 사색하다가 상처를 안은 시와 마음이 함께한다.

비평은 작품에 대한 이해와 해석을 통해 문학사와 동시대의 흐름에 있어 어디에 위치하는지 맥을 짚는 일이기에 조심스럽다. 평을 한답시고 시의 결을 해치는 칼날이 되면 곤란하며 또한 과대포장하지 않아야 한다. 열정을 지니되 냉철하게, 계몽가의 훈계 이전에 먼저 감상하는 독자의 입장이 되어 본다.

사람마다 취향이 있기 마련이다. 관점에 따라 같은 작품을 두고도 어떤 독자는 감동받지만 다른 독자는 등을 돌릴 수 있다. 자신과 코드가 맞는 작품을 만나면 이때의 비평은 학구적인 성격의 분석비평이나 원론비평이 아닌 개인의 감성이 담긴 글이 될 텐데 염려하면서도 이번 호에는 형식 보다 내용을 중요시하면서 지난 계절의 문예지에 실린 시들에서 주관적으로 좋게 느낀 시들을 소개하려한다.

우선 김선호의 「마네킹」을 골라보았다.

오늘의 미소는 거짓이었다

유리박스 안에서
다리 꼬고 몸을 비틀고 서 있는 것이
오늘의 주문
이걸 사면 멋진 일이 생길 거라고
유혹했지만
눈여겨 보는 이 아무도 없고,

빛에도 바닥이 있기에
종일 비쳐주던 전등빛이
가늘게 내려앉았다

어느 생에선가
초점 없이 서 있던 얼굴을
알아주는 사람 생긴다면
내가 기억하는 당신의 눈빛은
흰나비의 부서지는 날갯짓이었다고 말해 주리

우린 모두
마디마디 조인 나사가 녹슬어가는 줄 모르고
등 뒤엔 시침핀 꽂고 서 있었다고

- 김선호, 「마네킹」(《문학청춘》 2012년 봄호)

"거짓"으로 지낸 날의 회상과 시인의 자의식을 읽게 된다. 이러한 일상에 대해 시인은 낯선 형식과 표현의 기법에 있어 새 옷을 입히지 않은 채 진부함을 진부함 그대로 드러내고 있다. 진부하기 짝이 없는 날들에서 아픈 자신의 존재를 가감없이 드러냄으로써 시인은 그만큼의 자의식을 지니게 되는 것 같다.

"멋진 일이 생길 거라고/ 유혹했지만/ 눈여겨 보는 이 아무도 없"다니 무료함과 무관심과 소외가 따를 수밖에 없다. 그래서 우리는 "나사가 녹슬어가는 줄 모르고" 저마다 "등 뒤엔 시침핀 꽂고 서 있"는 따가운 날들을 사는지 모른다. 이 시에서 가장 아프게 와서 닿는 부분은 "내가 기억하는 당신의 눈빛은/ 흰나비의 부서지는 날갯짓이었다"는 부분이다. 상실감에서 오는 심리적인 상처가 투영되어 있다.

"유리박스 안에서/ 다리 꼬고 몸을 비틀고 서 있는" 마네킹의 모습은 어떤 성숙한 여인을 떠올리게 한다. 독자의 한 사람으로서 "성숙이란 무엇일까"를 생각하던 시절이 있었다. 차타레, 댈러웨이, 애마, 보바리 등등 욕망의 부인 시리즈를 비유컨대 성숙한 여자란 과연 어떤 모습일까? 매일 똑같이 쳇바퀴 도는 보통의 날들은 권태롭고 무료해 숨이 막힌다. 일탈의 야한 장면이 나오기까지 책은 얼마나 두꺼우며 영화는 얼마나 지루한지. 나는 왜 이리 통속적이며 속물일까 생각하다가 아하 싶은 게 있었다. 사람을 하나의 노래라고 가정할 때 흘러간 비틀즈며 이문세, 호텔 캘리포니아를 여전히 듣거나 매일의 일과 밥과 잠은 또 어떤가. 진저리가 나면 그만해야할 텐데 꾸준히 찾는 이율배반 속에 인생의 숨은 진실이 있지 싶다.

일상과 일탈은 서로 길항한다. 그 흐름 속에서 저마다 화두를 안고 살아간다. 인간은 욕망하는 존재이기 때문에 편안한 일상을 꿈꾸다가도 너무 구속되면 금기와 위험을 무릅쓰기도 한다. 이때 문학을 비롯한 예술의 기능이 작용한다. 인간의 치사함과 허위에 칼집을 내고 진실의 피를 흘리게 하는 것이다. 작가가 상처를 드러내어 부정하고 전복하면서 객관성을 획득할 때 독자는 공감의 박수를 보낼 것이다. 그러기에 작가는 누구보다 시대에 먼저 아파야 하고 진정으로 아프지 않으면 그것은 사이비이다.

다음으로 고른 시는 매미의 울음이 혹은 사내의 울음이 아파서였다.

소리의 그물을 짠다
슬픔으로 그물을 엮는 소리가
골목을 점령한 도시의 밤은 36.5도
나를 나무라지 마라
울음도 나에게 생이다
자존심 따위는 버렸다
웃통을 벗고 잠을 청하던 사내가
거칠게 창문을 닫는다
소리가 유리창에 부딪혀 추락한다
사랑은 그 순간에도 온다
어둠 속에서 반짝
그물이 출렁였다

- 성명남, 「매미」(《다층》 2012년 봄호)

자지러지는 매미 소리가 들릴 듯하다. "골목을 점령한 도시의 밤은 36.5도"라는 표현에서 열대야와 인체온도 36.5도가 동시에 떠오른다. 믿거나 말거나 체온이 36.5도인 이유는 365일 사랑하라는 이유라고 어디선가 들은 기억이 난다. "소리가 유리창에 부딪혀 추락"하는 순간의 사랑이라니 가슴 속 깊이 슬픔이 전해진다. 여기서는 겉으로 흘리는 눈물이 아니라 가슴으로 울고 있는 남자의 내면이 느껴진다. "자존심 따위"를 버릴 만큼 어떤 사무치는 사연이 있는 것일까. 구체화된 내용이 없이 "웃통을 벗고 잠을 청하던 사내"라고 되어 있어 좀 더 시적인 형상화가 되길 바라면서도 그 부분을 상상의 여백으로 둔다.

단어 "그물"에서 많은 매개가 유추된다. 위 시에서 "그물"은 세 번 등장한다. "소리의 그물을 짠다", "슬픔으로 그물을 엮는"다, "그물이 출렁였다" 등을 살필 때 "그물"은 단순 그물의 차원을 넘어 연결망으로 읽힌다. 좀 더 깊이 헤아려보면 모든 것은 이리저리 연결되어 있다. 사람들은 여러 착각을 하고 산다. 그 중에 하나가 영원할 것이라는 생각이다. 그러나 영원이란 없고 단지 연결되어 있을 뿐이다. 달이 차면 기울 듯이, 만남인가 싶으면 이별이 찾아오듯이, 꽃이 피었다 지듯이... 아무리 좋은 상황도 마냥 좋은 게 아니다. 힘든 상황도 언젠가는 끝이 있는 법이다. 그래서 성서에 "이 또한 지나가리니" 라는 구절이 있는지 모르겠다. 꽃은 영원할 수 없고 떨어지고 아파야 할 운명이다. 그래야 열매가 시작된다. 상처를 입은 이에게는 "나무라지" 말고 안아줘야 할 것 같다.

이어서 소개할 내용은 "막힌 길"에 대한 회고이다. 이가림 번역의 바슈라르의 책 『촛불의 미학』에 매료된 적이 있다. "촛불을 바라보는 사람은 단순히 불을 바라보는 것이 아니다. 촛불을 바라보며 명상에 잠겨드는 것이다"라는 표현이 오랫동안 몽상으로 이끌어서 읽고 다시 보게 하였다. 우리는 경건한 의식을 할 때 촛불을 사용한다. 꼭 종교적인 의식이 아니라도 어둠 속에서의 촛불 의식이나 촛불시위 같은 경우를 보면 촛불은 단순히 어둠 속에서 빛을 내는 불꽃이라는 물질이 아니라 우리를 내면으로 인도하는 신비로움이라는 데 동의할 것이다.

남항으로 가는 길은
언제나 X표다.
아예 길이 없다는 것인지,
당분간 통행이 금지됐다는 것인지
하여간 가위표다.
"현재 남항축조공사중
통행에 불편을 끼쳐드리게 된 점
널리 양해해 주시기 바랍니다"는 표지판을

언뜻 보았던 것도 같은데
어젯밤 태풍에 날아가 버린 것일까.
지금 남항으로 가는 길은
커다란 붉은 X자로 막혀 있다.
예전에 내가 갔었던 남항,
밤물결이 마당까지 밀려오던
양철지붕의 여인숙에
이제 다시 갈 수 없는 것인가.
갯가에 쓸려온
한 가닥 비린 미역같은 여인과 더불어
연탄아궁이의 장판방
따스한 아랫목에 기어들던
그 겨울 속으로
이제 영영 갈 수 없는 것인가.
남항으로 가는 길은
분명 있을 것인데
아니 분명 없을 것인데,
난 오늘도
더는 갈 수 없는 차단벽
녹슨X자 철조망을
마구 흔들어댄다.

- 이가림, 「남항」(《시평》 2012년 봄호)

이 시에서 가장 매력적인 부분은 "갯가에 쓸려온/ 한 가닥 비린 미역같은 여인"이라는 대목으로 촉각과 시각과 후각의 많은 상상력을 자극한다. 미끈덩하고 비릿한 미역 내음이 나는 여인과의 추억이 독자에게까지 전해진다. 시 내용은 어렵지 않아 술술 읽힌다. 시적 화자는 예전에 와 본 "남항"을 돌이켜보는데 "지금 남향으로 가는 길은/ 커다란 붉은 X자로 막혀 있다." 당연히 착잡한 심리가 작용할 것이다. "밤물결이 마당까지 밀려오"는 장면과 "양철지붕의 여인숙"과 "따스한 아랫목"

이라는 이미지에서 사랑을 나누었을 연인을 그려본다.

그러나 지금은 장애가 있다. 벽 앞에 서 본 사람은 알 것이다. 사랑에 설레고 달뜬 마음들. 그러다 가슴이 철렁 주저앉는 심정. 지독하게 따라다니는 추억들을 불러보아도 대답이 없고 울어보아도 소용없이 막힌 연애!

거리조절 측면에서 연애와 시는 닮아 있다. 시적 화자의 어조와 정서적 거리를 고려할 때 너무 가까운 거리는 감정이 쉽게 노출되기 쉽고 먼 거리는 현실과 유리되기 쉽다. 그러므로 규제와 절제가 잘 된 거리를 유지하는 것이 현대시의 요체이고 연애를 잘 하면 시를 잘 쓴다. 혹은 시를 잘 쓰면 연애를 잘한다. 이 명제는 참인가. 필요조건인가. 충분조건인가.

다음으로 전홍규의 시 「나무 그늘에 누워」는 관찰과 사유가 잘 녹아 있다.

> 뿌리도 없는 마음을 땅에 눕히고
> 흙을 파 척추 마디마디를 풀어 놓으며
> 키 작은 나무 낮은가지를 바라본다.
> 키 작은 나무 높은가지를 바라본다.
> 키 작은 나무 높은가지는 키 큰 나무 낮은가지보다 낮다.
> 키 큰 나무 낮은가지를 바라본다.
> 키 큰 나무 낮은가지 사이로 키 큰 나무 높은가지를 바라본다.
> 키 큰 나무 높은가지는 날아가는 새보다 낮다.
> 때마침 날아가는 날개 검은 새를 바라본다.
> 날아가는 날개 검은 새 위의 허공을 바라본다.
> 허공이 받들고 있는 허름한 구름을 바라본다.
> 허름한 구름 위 그 너머를 바라본다.
> 허름한 구름 위 그 너머가 닫혀 있다.
> 허름한 구름 위 그 너머가 닫힌 곳보다 낮다.
> 달려가던 눈길이 닫힌 곳에서 주르륵 무너진다.

무너진 것들을 거둬드린 곳에 풀밭이 있다.
평지를 지키고 있는 키 큰 풀이 누운 몸보다 낮다.
키 큰 풀보다 낮은 잎 작은 풀이 내 등짝을 들자
닫혔던 저쪽 허공이 땅 속에서 반짝인다.
열린 땅 속 어두운 하늘에 번개가 쳐 댄다.
척추를 타고 마디마디 번개뿌리가 뻗어간다.
누워서 내린 번개뿌리는 마음을 달달볶아
척추를 세워 나무에 기대놓는다.
나무의 말이 몸을 타고 돌며 공명으로 울린다.
이 나무들도 높고 낮은 것을 다 겪으며 서 있듯
척추를 세워 박지 못할 일은 없다고

- 전홍규, 「나무 그늘에 누워」(《우리시》 2012년 4월호)

위의 시는 한 폭의 그림처럼 나무 그늘에 누워 바라본 주변을 배경으로 하고 있다. "뿌리도 없는 마음을 땅에 눕"히는 화자의 감정은 아련하고 애틋하겠다. "마음"에 "뿌리"가 없는 시적 화자는 중심 세력이 아니고 주변인으로 살아왔다고 미루어 짐작해본다. 전반부에 포진되어 있는 "눕히"다, "닫혀 있다", "낮다", "무너진다" 등의 서술어를 봐도 스러지는 느낌이 든다. 척추는 인체의 기둥이니 "흙을 파 척추 마디마디를 풀어 놓"는 광경을 연상해 보면 뭔가 마음을 달래며 의지를 삼고 싶었나보다.

시선이 카메라의 눈처럼 "키 작은 나무 낮은가지"에서 "높은 가지"로, "새"와 "새 위의 허공"과 "구름"에서 "구름 너머"로 자연스럽게 옮겨간다. 그러다가 "눈길이 닫힌 곳에서" "무너지는 것들". 이 부분이 아프게 느껴진다. 이번에는 "풀밭"을 본다. "내 등짝을 들자" "척추를 타고 마디마디 번개뿌리가 뻗어간다"는 발견이 돋보이고 나무들이 "높고 낮은 것을 다 겪으며 서 있듯" "척추를 세워 박지 못할 일은 없다"는 자위와 깨달음에 이르게 된다.

이렇게 사물의 현상이나 동태 따위를 잘 살펴보면서 이 시는 현란한 수사와 기법이 없이도 담담하면서 애절하게 조성이 되었다.

이어지는 맹문재의 「그에게 전화를 걸어주고 싶었다」역시 읽다보면 애잔해진다.

> 작업복 차림의 사내가 통화를 하다가 갑자기 울음을 터뜨리며 주저앉았다 전화기를 귀에 댄 채 아무 말도 않고 새끼를 잃은 짐승처럼 꺼억꺼억 흐느꼈다 사람들이 오고가는 큰길가인데도 개의치 않고 구덩이를 팠다
>
> 부모님이 돌아가신 것일까? 회사에서 해고 통보를 받은 것일까? 동료가 안전사고를 당한 것일까? 아니면 여자 친구에게 버림받은 것일까?
> 나는 사내의 울음을 친구에게 온 연애편지를 훔쳐 읽듯 들어보고 싶었다 삼십대 후반으로 보이는 사내는 술에 취해 있었다 길을 가던 사람들은 보지 말아야 할 장면을 본 것처럼 뿔도 없고 가시도 없는 그를 흘끔거리며 피해갔다
>
> 사내는 어디에 구조 신호라도 보내는 듯 전화기를 꽉 쥐고 있었다
>
> 나는 누군가가 그에게 전화를 걸어주었으면 좋겠다고 생각했다 그의 여자 친구라면 얼마나 좋을까 그의 전화번호를 알면 나라도 걸어주고 싶었다
>
> 나도 작업복을 입은 채 공중전화 박스 안에서 저렇게 운 날이 있었다 더도 말고 덜도 말날을 바라는 월급쟁이들이 소 떼처럼 고향으로 몰려가는 추석 전날의 밤이었다
>
> \- 맹문재, 「그에게 전화를 걸어주고 싶었다」(《서정시학》 2012년 봄호)

아픈 마음의 위로가 되는 참 다정다감한 시이다. "작업복 차림의 사내가 통화를 하다가" 운다. 그런데 그 우는 정도가 "구덩이"를 팔 정도이니 심각하다. 화자는 상상한다. "부모님이 돌아가"셨나, "해고통보를 받"았나, "사고"이거나 "여자 친구에게 버림을 받"았나 하면서 안쓰러워

한다. 사실에 근거하다가 시적인 묘미로 승화가 되는 점은 아무 상관 없는 화자가 여자 친구 입장이 되어 주려는 데 있다. 더 나아가 화자 역시 작업복의 사내처럼 "저렇게 운 날"이 있었다는 고백. 그것도 하필 이면 고향에서 가족들이 만나는 "추석 전날의 밤"이므로 가여운 영혼의 시름에 독자인 나도 가슴이 저려온다. 이 시에는 따듯한 말과 행동을 베풀고 토닥여주는 마음이 담겨있다. 상대의 괴로움이나 상처들이 배어드는 게 바로 시의 본디 정신이며 시가 탄생하는 순간이다.

오늘날에는 어쩌다가 자연발생적인 정감으로 쓴 시는 평가절하 되기 시작했고 실험의식과 메타포, 상징, 아이러니 등 온갖 현대시의 방법론을 활용한 제작의식의 시들이 주류를 이루며 중심부에 놓이게 되었다. 한 시대는 그 시대에 맞는 체제와 특성을 지니는 감수성이 있기에 반역과 진보의 정신이 물론 필요하다. 그러나 시는 기본적으로 인간의 감정을 여과하고 순화하는 순기능을 갖아야 한다. 인간에게 약이 되는 내용을 정서라는 껍질로 싸서 독자가 즐겁게 수용할 수 있는 '당의정' 설을 기억할 필요가 있겠다.

끝으로 소개하는 시를 읽다보면 이십대는 삼십대를 이끌고 서른은 마흔을 설명해 준다. 살아온 이력에서 진지함과 귀가 순해지는 연륜을 느낀다.

> 대학교 산책로에선 본 여학생에게 첫사랑을 느끼고 연애의 상처로 이십대를 보냈지요
>
> 신문광고로 본 연구소 채용공고에 응시해 직장을 얻었으며 미팅 펑크가 난 자리에 대타로 나갔다가 대신 결혼의 짐을 지게 되었습니다.
>
> 신문사 신춘문예에 시가 당선된 일로 시인의 관사를 무겁게 머리에 쓰고 다녔습니다
>
> 직장에서는 승진 때문에 청춘이 도끼자루로 썩어가는 줄도 모르고 일했지만 남은 일생은 황사가 심한 날의 모래먼지였습니다

인생의 미로는 진흙탕 길이었나 싶으면 눈앞이 열리면서 아스팔트포장길이 나왔습니다
밤꽃에서 딴 꿀맛이었나 싶으면 코브라 독약이었습니다
두 눈이 큰 사슴인 줄 알았더니 어느새 구미호로 몸을 바꾸었습니다
한낮의 쐐기풀 같은 눈길이더니 황혼에 장미꽃 홍조가 든 얼굴이었습니다

정년을 앞둔 몸의 컨디션을 위해 새벽의 아스팔트를 달리고 있었는데 노쇠가 죽마고우처럼 어깨를 나란히 달리고 있었지요
회사의 컴퓨터를 부팅하고 커피를 들면서 밤새 도착한 이메일을 보고 있는데 권태가 공문과 회의일정과 스팸메일을 분류하고 있었지요
KTX를 타고 오는 저승사자를 잊을 만한 놀이가 없을까 하여 나는 수첩을 뒤적여 친구들에게 키르키스탄의 천산산맥 트래킹을 제안하는 중입니다

- 김백겸, 「천산산맥의 능선처럼」(《우리시》 2012년 5월호)

시적 발상과 필법이 고전적이다. 생각은 표현 형식을 다듬는 가운데 깊어지고 얼개를 짓는 말들은 세부적인 설명으로 구체화되어 있다. 도입부에서 화자는 "연애의 상처로 이십대를 보"냈다 한다. 시를 읽으며 짚어 보니 상처는 상처로 끝나지 않는다. 훗날의 지침이 되기도 하고 낮과 밤처럼 서로 자리를 내어주기도 한다.

여기서 앞에서 언급한 연애와 시창작의 공통점을 더 찾을 수 있지 싶다. 연애와 시는 실패를 하면서 더 배운다. 패자부활전이 있고 욕심은 과유불급. 비워내고 덜어내야 하며 나이 제한이 없다.

위 시의 일대기를 나열해보면 "청춘이 도끼자루로 썩어가는 줄도 모르고 일했지만", "황사가 심한 날의 모래먼지였"으며, "진흙탕 길이었나 싶으면", "아스팔트포장길이 나"온다는 언술들에서 구구절절 끄덕이게 된다. "정년을 앞둔 몸의 컨디션"과 밀려오는 "권태"도 한 눈에 들어오는 표현이다. "저승사자를 잊을 만한 놀이가 없을까 하여" "친구들에게 키르키스탄의 천산산맥 트래킹을 제안하는 중"인 화자는 궁극적으로

자연과 호흡하고 싶어 한다. 천산산맥은 5000m가 넘는 산등성이에 둘러싸여 있다고 한다. 경사가 가파르고 협소한 계곡은 들꽃과 바위, 눈으로 뒤덮여 있고 산봉우리들이 삐죽이 솟아있다니 얼마나 정신이 번쩍 날 것인가.

산에서 인간은 계속 머무는 게 아니라 결국 세상으로 돌아와야 함을 안다. 수많은 산을 오르는 것 보다 더 힘든 것은 어쩌면 인간이라는 이름의 산을 오르는 것이다. 산의 기후 변화보다 더 변화난측한 인간이라는 산의 기후에 다치기 십상이므로. 그러나 사람에게 받은 상처는 사람으로 새살이 돋고 사랑이 꽃보다 아름답다는 말을 상기해본다. 활짝 핀 꽃 보다 꽃망울이 선연하고, 나부(裸婦) 보다 박무(薄霧)의 실루엣이 더 매력적이듯 시 또한 이렇지 않을까.

바람의 편린들

마경덕, 「T자 꼭지」(《우리시》 2012년 8월호)
김상숙, 「뇌신」(《시와 산문》 2012년 여름호)
최인숙, 「장호원 복숭아를 깊이 들여다보다」(《시와 문화》 2012년 여름호)
변종태, 「열두시, 그대」(《시에》 2012년 여름호)
채상우, 「그리하여 나는」(《시와 경계》 2012년 여름호)
이창수, 「떠도는 마음」(《현대시학》 2012년 7월호)

계절은 어김이 없다. 여름을 지나 단풍들던 잎이 부는 바람에 퇴락하고 겨울이 오듯이 우리의 삶도 계절처럼 오가는 관계들의 연속일 것이다. 만남 뒤에는 어떤 형식으로든 이별이 오며, 잃고 나서야 그 존재의 의미와 무게를 실감하곤 한다. 그러고 보면 세상에 영원불멸이란 없다.

게다가 빠른 산업의 속도전은 가치의 판단을 외양에 두기 급급해서 나 혹은 타인의 내면을 들여다 볼 여유가 적다. 겉은 화려해도 속이 허전한 현대인들은 저마다 어디서 위안을 찾을까? 지난 계절의 문예지에 실린 시들을 읽으면서 내면에 다가간다. 주제를 대별했을 때 서정성을 바탕으로 하면서 욕망, 이별, 죽음, 존재와 성찰을 다루는 시들이 여전히 많았고 눈에 들어왔다.

먼저 "좌판에 쌓인" 수박에서 붉은 등불 같은 속살을 느꼈다.

좌판에 쌓인 노지(露地) 수박들
엉덩이에 흙을 묻히고 T자 꼭지를 달고 있다
당도(糖度)를 보장하는 저 표시는
이쪽과 저쪽으로 이어진 길이 끊기고
단숨에 인연을 끝냈다는 것

한자리에 눌러 앉았다가
무거운 엉덩이를 털고 일어선 수박들
생을 포기하기란 쉬운 일이 아니다

어느 농부의 단호한 결심일까
한 번의 가위질에 물길이 오가던 수로(水路)는 사라지고
목이 타는 수박들
몸에 가득 채웠던 단물은 제 것이 아니었다

T자 수박 한 통을 사는 것은
수박의 남은 생애까지 다 사는 것
수박을 잃은 빈 넝쿨은 돌돌 말려 버려질 것이다

길바닥에 부려진 천애 고아들,
잘린 배꼽 땡볕에 말라간다

- 마경덕, 「T자 꼭지」(《우리시》 2012년 8월호)

시인은 사물의 이면에 숨겨진 진실을 보고 싶어 한다. 그 열망이 공간과 시간을 넘나들며 사라진 무언가를 불러내고 현실화시킨다. 그것이 상상이어도 좋고 기억이어도 좋다. 중요한 것은 이를 촉발시키는 원인이 인간에 대한 새로운 인식이라는 점이다. 그런 의미에서 마경덕 시인의 「T자 꼭지」에서 "천애 고아들"의 발견은 구체적이고 아름다운 형상화이다. 이 시에서 보여준 상기의 힘은 "T자 꼭지"는 "당도(糖度)를 보장하는" 단순한 "표시"를 넘어 "단숨에 인연을 끝"낸 "잘린 배꼽"이라는 것에 있다.

우리가 무심히 먹으며 잊고 있었던 것에 대한 성찰이 돋보인다. “몸에 가득 채웠던 단물은 제 것이 아니었”으니 그럼 누구 것일까? “T자 수박 한 통을 사는 것은/ 수박의 남은 생애까지 다 사는 것”이므로 먹는 이의 몫으로 확장할 수 있겠다. 달고 시원한 수박에서 비롯하여 “수박을 잃은 빈 넝쿨은 돌돌 말려 버려질 것”을 염려하는 마음과 “땡볕에 말라”가는 풍경에 투사된 상실감이 느껴진다.

화려한 수사법이나 시적 장치를 동원하지 않은 이 시의 담담한 절제의식은 내적 빈곤이 아니라 의미의 풍요를 만들어내는 역설로 읽었다. 그래서 이 시는 맛으로 표현한다면 수박이라 해서 꼭 달달하지 않은, 세상의 잡스러운 맛을 다 증류한 맛이다.

인연이 끊긴 「T자 꼭지」의 배꼽에서 느끼는 상실감은 김상숙 시인의 작품 「뇌신」에서도 이어진다.

> 세상에 많은 신 있더라 구둣방에 가지런히 꽂힌 가죽신부터 오랫동안
> 투덜투덜 먼지 뒤집어쓰고 끌려 다니는 나의 신
> 인도에는 신발 벗고 공손히 꿇어야 뵈는 오줌싸개 쥐신 있더라
> 온갖 신, 불신하며 사는데 귀를 닫아도 달팽이에 걸리는 사원
> 엄마가 걸터앉은 사원의 계단은 아무도 오를 수 없더라
> 머릿속 쩍쩍 논바닥 갈라질 때 물 가득 채워주는 뇌신의 또 다른 이름 명랑*
> 굴곡의 길 반짝, 틔어주며 경운기 트랙터를 몰고 가던 전지전능한
> 엄마의 함몰된 믿음 앞에 노 노 이젠 믿지 마
> 경전을 덮어버리면 벌떡 일어나 죽음 앞에서도 흔들리지 않는 空洞 속의,
> 팔십팔십 엄마를 갉아먹고 있는 낡은 신
> 어제도 내일도 비는 내리고 작년 이 맘 때도 비가 왔더라
> 종일 쏟아지는 빗줄기 둘둘만 면발에 중독성 스프를 털어 넣고 어느 새,
> 엄마가 부글부글 끓어 넘치더라 엄마의 신이 벗겨지고 있더라
>
> *뇌신과 함께 60~70년대에 두통 혹은 치통에 먹던 가루약
>
> - 김상숙, 「뇌신」(《시와 산문》 2012년 여름호)

위 작품에서는 많은 신들이 등장한다. "가축신", "나의 신", "오줌싸개 쥐신", "불신", "뇌신"... 등등이 열거되면서 리듬감을 낳고 사고의 심화를 낳는다. 인도의 쥐사원에 가면 신발을 벗어야 하는데 쥐가 많다보니 쥐오줌도 많다고 한다. 다신국이니 쥐를 신으로 모실 수 있겠지만 뉘앙스로 보면 이 시에서는 경건하지 않은 느낌이 든다.

그리고 "뇌신의 또 다른 이름 명랑"이라는 부분에 주목할 필요가 있다. 두통약의 다른 이름이, 아이러니하게 명랑이라니! 반어적이어서 솔깃하다. 그러다가 "엄마가 걸터앉은 사원의 계단은 아무도 오를 수 없"다는 행을 읽으면 숙연해진다. 시적 화자의 "엄마"는 자주 두통을 앓으면서 "뇌신" 혹은 "명랑"을 "경전" 대하듯 의지했고, "空洞"이니 속이 텅 빈 구멍이 연상되며 독자는 이 부분에서 망연자실하게 된다. 그 "함몰된 믿음"을 "노 노 이젠 믿지"말라고 경쾌하게 반말로 하지만 "비"가 내린다고 언술하는 심정은 애달프다. 맨 마지막 부분 "엄마의 신이 벗겨지고 있더라"는 표현에서 죽음 이미지가 느껴지는데 감정을 남발하지 않고 담담히 그리는 속내는 까맣게 타있을 것 같다.

이렇게 시적 대상에 감정을 이입하되 관조의 거리를 확보하고 있기 때문에 독자는 시적 정황에 공감할 수 있다. 한 편의 시를 읽는다는 것은 분석되기 이전에 시인과 독자의 마음이 교류하여 이쪽의 시의 강에서 건너편 해석의 강으로 가는 것이다. 도달한 맞은편 강은 곧 의미의 세계라고 할 수 있고 의미의 징검다리를 연결했을 때 교감의 기쁨은 두 배가 되고 나누는 슬픔은 힐링이 된다. 문학이 개성의 실현이면서 동시에 보편의 구현이어야 한다는 기본적인 원리 즉 한 편의 시를 읽고 자아와 타자가 만나며 집단과 세상이 만나는 경험은 통하는 이들이 누리는 슬픔마저도 위로이다.

이어지는 예시는 복숭아를 보면서 시적 자아가 내면을 물끄러미 들여다보고 있다.

어두웠던 창문에 불이 켜지고
천천히 걸어 들어온 꽃이 자리를 잡는다
불빛도 조금 흔들린다

불빛이 점점 부풀어 오른다
칭얼거림 없이도 봉긋해지는 가슴

한 뭉치 먹구름이 꾸벅 졸다 돌아설 때
백화등 꽃은 피고
아마존 여인도 우는 아들에게 마지막 젖을 물리고 있을 것이다

풀벌레 울음
꽃 물렸던 자리부터 젖이 돈다
톡 건드리면 후두두 떨어질 것처럼
가슴에 솜털이 곤두선다

물컹한 속이 단단한 기억으로 여무는 밤
씨앗 속 감춰진 달이 환하다

- 최인숙, 「장호원 복숭아를 깊이 들여다보다」 (《시와 문화》 2012년 여름호)

사랑의 아련함을 떠올리며 호젓함에 젖어드는 아름다운 시다. 복숭아가 영그는 장면이 순차적으로 연상되면서 은밀함으로 빠져든다. 이는 내면의 근원적 풍경에서 촉발된 상상의 힘이자 존재 탄생의 공간이다. "어두웠던 창문에 불이 켜지"면서 "걸어 들어온 꽃이 자리를 잡는다"는 언술에서 감각적인 시적 테크닉은 에로틱하게 그러나 전면에 드러내지 않고 진행된다. 그러더니 "봉긋해지는 가슴"이며 "젖을 물리고 있"는 장면이 독자를 관음의 영역으로 끌어들인다. "먹구름"이나 "풀벌레 울음"이라는 표현에서 아릿한 느낌이 든다. "가슴에 솜털이 곤두"서는 부분에서는 단순한 복숭아의 솜털을 넘어 서고, "물컹한 속이 단단

한 기억으로 여무는 밤"은 오래도록 깊은 기억이 있을 것 같다. 그러기에 "감춰진 달이 환"하게 유추되는 것이다.

이 시에서 "한 뭉치 먹구름이 꾸벅 졸다 돌아"서 버릴 때 이별의 이미지가 비치나 도드라지지 않게 한 행으로 처리해 지나간다. 그러나 심사숙고해서 "아마존 여인"을 끌어오는 솜씨와 "우는 아들에게 마지막 젖을 물"리는 애잔한 이미지를 독자가 따라가게 되는 순간 동화가 이루어진다.

이렇듯 "불이 켜지"는 관계는 삼라만상의 꽃들을 다양하게 피우며 그 결과 앞서 인용한 마경덕의 시 「T자 꼭지」에서처럼 "꼭지"가 생기고 젖이 돌기 마련이다. 꽃을 피우고 꼭지를 염원하는 이유는 만나고 헤어지는 과정이 상실을 낳는다 해도 그것은 우주의 법칙이며 삶은 유한하고 지난 시간은 되돌릴 수 없어 절실해서이다. 그런 면에서 만나서 꽃을 피우며 자아나 욕망을 충족하려는 우리에게 이 시는 꽃이 피는 의미를 다시금 생각하게 한다. 더욱이 사람들의 관계가 자아 중심적으로 치닫고 표면적으로만 스치다가 멀어져 가기 쉬운 이 시대를 돌아보게 한다.

계속해서 이별 이미지가 그려지는 시 한 편을 소개한다.

> 봄비가 장대처럼 내리는 밤, 아직 열두 시가 되려면 4분이 남았네. 산에서 흐르는 물은 일주문(一柱門)을 향해 흘러들고, 지난가을 눈빛 맑은 청설모가 흘리고 간 도토리 한 알, 흐르는 물에 씻기고 있네. 일주문을 들어선 빗물이 도토리를 흔들고 있네. 자갈에 걸린 도토리 제 자리만 맴돌고 있네. 그래도 열두 시가 되려면 3분이 남았네. 아직도 일주문을 지키고 선 도토리는 흐르는 물에 시달리며 흘러가지 못하네. 산을 씻어온 빗물이 일주문 앞을 쓸어내는 동안, 아직도 열두 시가 되려면 2분이 남았네. 눈앞에 없는 도토리와 눈앞에 없는 일주문을 떠올리며, 눈빛 맑던 청설모 한 마리를 떠올리는 순간 열두 시가 되었네. 봄비가 일분 전 열두시에 멎었을 뿐인데, 온 산이 비에 젖은 채 가랑이 사이로 물을 흘려 내리고 있네.
>
> - 변종태, 「열두시, 그대」(《시에》 2012년 여름호)

4,3,2,1… 분침이 찰칵 댄다. 경계인 "열두 시"가 다가오고 "봄비가 장대처럼 내"리는 상황설정이 예사롭지 않다. 숨은 화자를 매개로 떠나는 사랑과 갈등을 양가적으로 읽을 수 있다. "열두 시"가 지나면 날이 바뀌며 기억들이 "비"에 씻기므로 시공간이 달리 열리는 한편에 두려움이 공존한다.

감상을 확장해 보면 화자는 자유롭고 외롭고 공허할 것이다. "일주문"과 "도토리"와 "빗물"의 상관성이며 "자갈에 걸"리고 "흐르는 물에 씻기"는 장애에 주목해 본다. 화자와 도토리는 "지난가을"에 "청설모"와의 인연으로 만났고 "도토리"에게는 "일주문"이 있다. "일주문" 즉 '기둥을 한 줄로 세워 만든 문'이라는 사전적 암시와 뉘앙스로만 독자를 이끌어간다. 비는 멎어도 "온 산이 비에 젖은 채 가랑이 사이로 물을 흘려 내리"는 장면의 아우라는 많은 해석의 여지를 낳는다. "가랑이"와 "물"의 이미지에서 존재들 간의 극적인 섞임, 정사 장면이 떠오르고 헤어진다는 진술이 없이도 이별과 고독과 방황이 예감된다.

한 편의 아름다운 시는 묘사와 진술이 잘 어우러져 탄생한다. 시를 형상화하는 방법에는 '보여주기'와 '말하기'로 대별할 수 있다. 전자가 진술보다는 이미지 위주로 형상화한다면, 후자는 반대로 진술에 할애한다. 시인이 자신의 정서를 시적 화자를 통하여 구체화할 때 대상을 통해 있는 그대로 보여주는 방법이 '보여주기' 라면, 시인이 직접 진술하는 것은 '말하기'이다. 위의 시는 시인이 말하고 싶은 내용을 이미지로 묘사하면서 서술을 겸하는 사례이다. 아치볼드 매클리쉬가 "시는 의미해서는 안 된다. 다만 존재할 뿐이다" 혹은 "시는 사실 자체를 말해서는 안 되고 등가적이어야 한다"는 말이 모두 변종태 시인의 「열두시, 그대」처럼 이미지를 통한 발화방식을 염두한 것이라 하겠다.

계속해서 이어지는 시는 넘쳐나는 직유가 읽는 이를 압도하고 있다.

죽은 사람

이인용 식탁처럼 식탁 위 판유리처럼 먼지처럼 먼지 가득 내려앉은 접시처럼 녹슬기 시작한 포크처럼 나이프처럼 냄새나는 고기처럼 상한 아침 햇살 곪기 시작하는 그림자처럼 썩어가는 시곗바늘처럼 그리하여 나는 고요한 사람 움직이지 않는 사람 흔들리지 않는 사람 비밀을 완성하는 사람 그대 내게 다가와 속삭이네 자책과 욕설을 내 움푹 팬 가슴에 깃드는 상냥한 목소리 내 무른 눈구멍에서 날아오르는 종달새들 이인용 식탁에 마주앉아 이제야 말하기 시작하네 그대 크리스털 잔처럼 찰랑이는 포도주처럼 다시 명랑해진 나이프와 포크와 접시처럼 투명하네 그대 내 짓무른 입술에 키스하네 다정한 아침 햇살처럼 아직 명명되지 않은 혁명처럼 아름답구나 나는 비로소 그리하여 아직 태어나지 않은 사람처럼, 죽은

- 채상우, 「그리하여 나는」(《시와 경계》 2012년 여름호)

인용한 위 시의 전체적인 어조는 "죽은 사람"을 상황 전체로 묘사하고 있으며 관심의 방향이 내향적으로 쏠려있다. "이인용 식탁", "판유리", "먼지", "먼지 가득 내려앉은 접시", 녹슨 "포크", "나이프", "냄새나는 고기", "상한 아침 햇살", 곪은 "그림자", "썩은 시곗바늘" 등등 참 많이도 비유된다. 시적화자의 시선이 동선을 따라 놓치지 않고 집요하게 물고 늘어지며 원관념인 "죽은 사람"에게 몰입하고 있다. "내게 다가와 속삭"인다는 표현에서 버들버들 떨리며 무력한 자신에 대한 회오와 정념의 고백이 돋보인다.

그러나 이러한 표면을 넘어 우리가 심층 무의식의 수준에서 발견하게 되는 진실은 이 과정 속에서 얻게 되는 통찰이다. "그대"와 "나"는 동일인물로 내가 나에게 내면의 대화를 쏟아내는데 "무른 눈구멍에서 날아오르는 종달새"의 이미지라든가 "짓무른 입술에 키쓰"한다든가 "혁명처럼 아름"다운 이라는 부분은 안일한 의식을 갈아엎고 봉기하듯 해서 얼마나 매력적인지. 그래서 마음 안에서 일어나는 죽음조차도 생기로 읽히고 죽은 사람은 앞으로 태어날 사람이라는 논리가 가능한 것이

다. 체념과 극복의 역설이 품격을 유지하고 있다.

이 시는 기하학적으로 직조되었다 싶다. 연결어들이 꼬리를 물고 이어지면서 비유적 예시들이 상호작용한다. 이렇게 논리적으로 구조화하고 질서화해서 "죽은 사람"이 "태어나지 않은 사람"이라는 역설을 뒷받침하고 있다.

살다가 더러 마음이 푹 가라앉아서 죽은 사람이나 다를 바 없고 자기를 열어 보이거나 상대를 이해하는 일이 힘들 때가 있다. 그런 나와 타자의 관계에 생각이 치일 때 채상우의 「그리하여 나는」을 다시 읽어보면 심상과 시적 조형술에 놀라며 위안이 되겠다.

끝으로 이창수의 작품 「떠도는 마음」도 어두운 이미지들이 등장하고 있다.

> 그에게 전화를 걸면 그는 늘 장례식장에 있다고 한다
> 조카가 죽었어
> 지난겨울에 죽은 조카는 장조카야
> 이번엔 이모님 아들이야
> 그는 살아 있는 사람보다
> 망자에 대한 예의를 중시하는 사람이다
> 화투판에서 그와 다툰 사람들이
> 다시는 상종하지 않겠다며
> 죽음보다 먼 곳으로 몰아내면
> 그는 상주보다 슬픈 얼굴로 뒤를 돌아본다
> 모든 사람들에게 공평하게 찾아오는 죽음이
> 유독 그의 지인들에게만 찾아오는 그 이유는 모르지만
> 전화를 해보면 그는 늘 장례식장에 있다
> 친구의 아들에서부터
> 먼 친척에 이르기까지
> 굴뚝에 연기가 오르는 저녁이면 나는 그가 생각난다
> 아내도 아이들도 그를 떠나고

다투지 않고서는 견딜 수 없는 어떤 마음이
살아 있는 사람들 사이에 앉아 있지 못할 때
나는 어디로 갈 것인가!

- 이창수, 「떠도는 마음」(《현대시학》 2012년 7월호)

시적 화자가 "늘 장례식장에 있다"는 도입부가 관심을 유도한다. "조카"가 죽고 "장조카"가 죽고 "이모님 아들"이 죽었기 때문에 장례를 치르는 것인데 이 세 표현이 모두 조카 아닌가. 뒷부분에서는 "친구의 아들" 과 "먼 친척에 이르기까지" 줄초상이다. "화투판에서 그와 다툰 사람들"이라는 지적에서 독자들은 화자가 세상과 화합하지 못하고 불만이 많겠구나 하고 짐작하게 된다. 그에게서 아내며 아이며 떠나버린 결과 "다투지 않고 견딜 수 없는 어떤 마음" 이라는 지시어가 근거가 된다.

수많은 우여곡절이 들고나면서 기쁨과 슬픔의 파도를 타다 보면 시간의 종착역에 자리하는 것은 다름 아닌 죽음이다. 이 시를 읽으며 고독이란 얼마나 절실한 것인지 맞닥뜨린다. 이창수의 시에서 시어들이 지시하는 정념들이 마음의 무늬를 따라 담채화 물감처럼 번져간다. 눅눅해진 그는 마치 성난 야수처럼 세상을 향해 으르렁 거리고 싶고 뒤틀리는 심사로 부글거리겠다. 앞 뒤 맥락으로 미루어 볼 때 「떠도는 마음」의 속내에는 "그"와 "내"가 상호 침투한다. "그"를 바라보는 "나"의 모습으로 치환해 보면 서로 연민이 느껴지고 스산하다.

프로슈머(Prosumer)라는 말이 떠오른다. 매스미디어의 실시간의 전파력에 힘입어 생산자인 동시에 소비자가 되어서, 문예지에도 시인이면서 독자가 많을 것이다. 시를 재단하여 어느 부류의 틀에 꿰는 것을 피하고 욕망과 이별의 키워드를 중심으로 진행하다 보니 독자의 입장을 공유하고 있다.

그러면 앞의 예시들에서 보았듯이 "떠도는 마음"을 장례하는 방법은 무엇일까? 기실 사람들 마음속에는 "다투지 않고서는 견딜 수 없는 어떤 마음"이 들끓어서 뛰쳐나가고 싶은 때가 어디 한 두 번인가. 슬프고 외롭고 무섭고 때로는 예술 창작의 근원이어서 아름다운, "떠도는 마음"이 인생에서 함께 데리고 가야할 숙제라면 내몰아치는 것만이 능사는 아니겠다. 피할 수 없으면 즐기라는 말이 있듯이 사고를 열어본다.

그의 품에서 한참을 울었다

김소연, 「그래서」(《문예중앙》 2012년 가을호)
임재정, 「파이프, 어떤 음식의 형태」(《서시》 2012년 가을호)
김경성, 「목기미 해변에 닻을 내리다」(《우리시》 2012년 9월호)
조삼현, 「얼굴부조(扶助」(《우리시》 2012년 10월호)
윤의섭, 「협연」(《시와반시》 2012년 가을호)

자본사회는 인간관계까지 물화를 촉진한다. 실용의 경제논리가 앞서는 이 시대에 시를 읽고 쓰는 행위는 점점 더 불리해지고 있다. 오늘이 어제와 같고 내일도 식상한 현대인들은 우리에 갇힌 짐승처럼 전전긍긍한다. 그래서 핸드폰을 끄고 짐승처럼 울부짖고 싶기도 하다. 주변의 상황에 따라 위선과 가면으로 울음을 삼켜야 할 경우는 더 슬프다. 가슴에 바위가 얹힌 듯하고 밥알이 모래알 같을 때 마음에 와닿는 시로 힐링을 하면 어떨까.

시의 본질은 꿈을 꾸고 상상하는데 있다고 생각한다. 시대의 상황논리에 의해 시가 그 본질에서 퇴화하면 비인간적인 삶은 더욱 공허해지기 쉽다. 현실과 꿈의 괴리라는 딜레마에 부딪치면서도 꿈의 힘을 상기하는 시인의 고투에 다가가 본다.

지난 계절에 발표된 시 해설을 하면서부터 좋은 시를 포스팅하는 습관이 생겼다. 인용하는 「그래서」를 햇볕이 들어오는 나의 창에 붙여 놓고 한 철을 보냈다. 외롭거나 힘들 때면 혼잣말로 아래 시의 도입부인 "잘 지내요/ 그래서 슬픔이 말라가요"를 읊조리면서 힘을 얻곤 했다.

접속사 「그래서」가 이끄는 순행에 집중하며 시를 읽는다.

> 잘 지내요,/ 그래서 슬픔이 말라가요// 내가 하는 말을/ 나 혼자 듣고 지냅니다/ 아 좋다, 같은 말을 내가 하고/ 나 혼자 듣습니다// 내일이 문 바깥에 도착한 지 오래 되었어요/ 그늘에 앉아 긴 혀를 빼물고 하루를 보내는 개처럼 / 내일의 냄새를 모르는 척 합니다// 잘 지내는 걸까 궁금한 사람 하나 없이/ 내일의 날씨를 염려한 적도 없이// 오후 내내 쌓아둔 모래성이/ 파도에 서서히 붕괴되는 걸 바라보았고/ 허리가 굽은 노인이 아코디언을 켜는 걸 한참 들었어요// 죽음을 기다리며 풀밭에 앉아 있는 나비에게/ 빠삐용, 이라고 혼잣말을 하는 남자애를 보았어요// 꿈속에선 자꾸/ 어린 내가 죄를 짓는답니다/ 잠에서 깨어난 아침마다/ 검은 연민이 몸을 뒤척여 죄를 통과합니다/ 바람이 통과하는 빨래들처럼/ 슬픔이 말라갑니다// 잘 지내냐는 안부는 안 듣고 싶어요/ 안부가 슬픔을 깨울 테니까요/ 슬픔은 또다시 나를 살아 있게 할 테니까요// 검게 익은 자두를 베어 물 때/ 손목을 타고 다디단 진물이 흘러내릴 때/ 아 맛있다, 라고 내가 말하고/ 나 혼자 들어요
>
> \- 김소연, 「그래서」 (《문예중앙》 2012년 가을호) 전문

적요한 공간에 화자가 있다. "내가 하는 말을/ 나 혼자 듣고 지"낸다니 얼마나 외로운 상황설정인지. 화자가 놓인 풍경의 배후에는 심오한 비의가 있다. 이를 놀라운 통찰력으로 묘사하는 시인의 예리함이 보인다. 찬찬히 "그래서" 이전의 상황을 그려본다. 쓰나미처럼 덮친 슬픔을 겪었나 보다. 이별, 상처, 짐, 두려움... 이런 단어들이 전제가 될 수 있겠다.

"그늘에 앉아 긴 혀를 빼물고 하루를 보내는 개"는 지쳐 보인다. "모래성이/ 파도에 서서히 붕괴"된다는 표현에서 무너지고 가라앉는 느낌이 들고 "허리가 굽은 노인이 아코디언을 켜는"의 묘사는 반주가 아름다운 음악이 떠오를 뿐 아니라 단촐한 시중유화(詩中有畵)이기도 하다.

감옥에서 탈주하려는 빠삐용은 끝까지 자유에의 꿈을 버리지 않은 나비의 또 다른 화신일 것이다. 잠에서 깨어, 어린 나를 돌아볼 때면 어쩔 수 없이 느껴지는 "검은 연민"이 짠하다.

이 시의 묘미는 뒤로 갈수록 집중되어 있다. "검게 익은 자두를 베어 물 때/ 손목을 타고 다디단 진물이 흘러내릴 때"라는 부분. 농익은 과일들 가령 포도나 자두 등의 끝물에는 기다림이 농축되어 있다. 아주 달고 검붉다. 미각과 촉각과 시각적인 감각이 처절하다. "아 맛있다, 라고 내가 말하고/ 나 혼자" 듣는 독백은 쓸쓸한 차원을 뛰어넘는다.

좀 더 깊게 이 시를 음미해보면 장을 졸여서 진액만 남듯이 청천벽력 같은 슬픔을 내 안에서 견뎌내는 의지가 있다. 궁극에는 이 시를 더 맛깔나게 하고 독자를 다독여준다. 슬픔을 체에 걸러내어 불순물은 가라앉고 맑은 결정체만 오롯이 남은 과정이 눈에 선하다.

문장과 문장을 연결하는 접속사 "그래서"는 단아한 순접으로서 여기서는 시에 포함되지 않은 앞부분의 생략된 상황과 지금의 상황을 연상하면서 동시에 견주어 읽으면 더 실감난다. 이 조용한 읊조림에 무엇을 켜켜이 저며 놓았기에 읽는 이의 마음을 물들이는지.

조촐한 시공간을 배경으로 하는 이 시를 감상하면서 놓치면 아쉬운 부분이 있다. "슬픔은 또다시 나를 살아 있게" 한다는 표현. 애써 슬픔을 누르고 잔잔하게 서술하고 있는 절제가 느껴진다. 이어지는 시에서도 절제는 미덕이 되고 있다.

> 내가 빨대를 꽂아 겨눌 때/ 당신을 점치는 일을 입맛이라 뭉뚱그릴 때/ 어떤 단내도 곡면 내부를 벗어나지 못할 때/ 내가 가진 모든 촉감을 쏟아 파이프처럼 텅 비어버릴 때/ 파이프 속, 당신이 트로이의 일처럼 내 아킬레스로 흘러들 때// 이미 온몸이 빨대로 변한 당신은 어떻게 나의 내부를 제 먹을거리로 돌려놓는가// 어느 흐린 날/ 당신은 정말 나를 둘러싼 전부여서/ 내 구멍을 막고 열면서 피리 불 때/ 왜 나는 한 옥타브 높은 곳에서/ 떨어져 내리나, 주르르/ 손톱을 박은 채 당신을 할퀴고 발등을 찍나/ 때로 어떤 행동은 생

각처럼 은밀하다/ 중얼거린다, 누군가 나를 불었고 비로소/ 노래되었노라고/
고통이 몸을 갖기 시작한다

- 임재정, 「파이프, 어떤 음식의 형태」(《서시》 2012년 가을호) 전문

빨아들이는 기능면에서 '파이프'와 '빨대'는 동일성이 있고 환치된다. 이 시는 음식을 빗댄 지독한 사랑이야기로 읽힌다. 먹고 먹히는 관계로 서술하는 사랑의 속성이 내포되어 있기 때문이다. "내가 가진 모든 촉감을 쏟"는다거나 "당신이 트로이의 일처럼 내 아킬레스로 흘러들 때"라는 표현을 봐도 존재들이 서로 뒤섞이고 있다.

시에서 잠깐 인용한 호메로스의 일리아드 신화가 떠오른다. 그리스는 트로이에 커다란 목마를 만들어 그 안에 군인들을 매복시켜 위장하고 승리로 이끈다. 또 이 전쟁 때 용감한 전사였던 아킬레스는 약점인 발뒤꿈치에 화살을 맞아 죽는다. 오늘날 트로이 목마는 컴퓨터 악성 코드의 대명사로 더 유명하며 이렇게 외부 요인에 의해 내부가 무너지는 것을 기발하게 시적으로 활용하고 있다. 이 시의 화자 역시 도입부에는 "내가 겨누지만" 진행되면서 오히려 당신이 "나의 내부를 제 먹을거리로 돌려놓"는 격이다. 더 나아가 악기로 변주되기도 한다. "내 구멍을 막고 열면서 피리"를 불어 "노래"가 되는 상상력의 전개가 솔깃하다.

"손톱을 박은 채 당신을 할퀴고 발등을 찍" 는 심정은 고통의 절정이다. 이 시는 이율배반과 역지사지를 활용하고 있다. 내가 당신을 겨누었다가 내가 포로가 되는 것과 도입부에서 자유분방한 욕망의 표출이 예상되지만, 꽉 짜여진 구조 속에서 머리카락이 흐트러지지 않는 절제된 연기처럼 기대를 뒤집는다. 결국 사랑은 "고통이 몸을 갖"는 아픈 것이다.

그럼에도 이 시는 다 말하지 않은 뭔가 있다. 은밀히 내장한 시의 엑기스는 감상의 지평을 여는 독자의 몫이겠다. 많은 서술 대신에 오히려 흐름을 생략하고 독자가 생각할 여백을 여기저기 만들어 놓고 있

다. 가령 2연의 한 행 처리는 진폭이 크다. 이 시는 보물찾기 하듯이 흩려놓은 단서들의 답을 독자더러 읽으라한다.

깊이 빨아들인 사랑, 서로 엉켜있는 사랑, 내부가 밖이 되고 밖이 내부가 되는 상황을 상상해 본다. 뫼비우스의 띠나 양파의 속성과 닮았다. 이 시는 성애를 직접 기술하지 않았지만 유려하게 에로틱하다가 시간이 흐를수록 착잡하게 읽힌다. 사랑의 속성에는 원래 달뜨는 감정에 회한의 감정을 동반하기도 하니 어쩔 수 없나 보다. 화자가 지향하는 말은 의식이 지향하고 있는 바를 의미할 때 이 시는 대상 자체를 넘어서 사랑이라는 대상을 둘러싼 아우라까지를 포괄한다.

내가 당신에게 혹은 당신이 나를 잘 먹고 먹히는 내연(內緣)은 과연 합일의 경지일 것이다. 그러니 종내 "고통이 몸을 갖기 시작하"고 감내하는 것이지 싶다. 나와 당신의 갈등이 맞물려 즉 동병상련이어서 다 읽은 후 독자에게 연민의 미학을 느끼게 한다. 아픔이 어루만져지고 시가 어렵다.

인간의 가치는 타자와 맺은 관계에 의해 결정된다. 원만한 관계는 행복감을 주기도 하고 결핍이 사랑의 욕망을 부르기도 한다. 그런데 결국 언젠가는 사랑의 시간은 추억이 되고 현실에서 사라져간다. 그렇다면 사랑은 관념으로 존재하는 것일까.

다음에 인용하는 시의 도입부도 예사롭지 않다. "끊어진 전선을 목에 걸친 전봇대"에서 앞의 시처럼 서로 이리저리 얽힌 관계의 이미지가 연상되기 때문이다.

> 끊어진 전선을 목에 걸친 전봇대, 백사장에 발목을 묻고 있다/ 전선을 타고 지나다니던 오래된 말들이 길 위에 떨어져 있다// 떨어져서 굴러다니던 말들은 전봇대와 전봇대를 넘나드는 새들의 몫이다/ 먼 곳의 소식도 그의 몸을 타고 흘러왔고/ 추억으로 남아 있는 것들은 선단여**까지 갔다가 되돌아왔다// 지금 남아 있는 새는 사람들이 많이 살았던 그때의 새가 아니고,/ 그때의 물

이 아니고/ 지구를 수만 번 돌다가 온 바람만이 그대로일 뿐,// 공룡이 발톱을 세워서 써놓은 유적은 느다시 구릉***에서 흘러나온 빗물이거나/ 암벽 사이로 고개를 내민 금방망이 꽃이라고,// 물고기가 산란하는 동안 먼바다로 나가지 못하고/ 목기미 해변에 얼굴을 묻은 닻들은 바닷물의 농염에 붉은 꽃이 피고/ 이따금 목에 걸려드는 해초는/ 등지느러미가 아름다웠던 물고기의 말을 전해 주었을지도 모른다// 통보리사초밭에 부리를 묻은 검은머리물떼새,/ 살아 숨쉬는 것들의 뜨거움이 둥근 목기미 해변을 따라 흘러다니고/ 사라져버린 사람들의 발자국이 그물처럼 드리워져 있다// 닻의 그림자를 재며 생의 농도을 읽는 목기미 해변,/ 낡은 전봇대도 모래 구릉에 닻이 된 채/ 전선을 타고 흘러갔던 것들을 되새김질하고 있다

* 서해 굴업도 동쪽 해변
** 굴업도 앞바다에 있는 바위섬
*** 지는 해를 늦게까지 바라볼 수 있는 곳
- 김경성, 「목기미 해변에 닻을 내리다」(《우리시》 2012년 9월호) 전문

목기미 해변은 돌과 바람과 모래가 빚어낸 아름다움을 감상할 수 있는 사구해변이다. 신기루처럼 모습을 드러내는 모래평원은 절경이며 몽환적이고 신비스럽다. 화자는 백사장을 걷는다. 전봇대를 보며 오래된 말들이 오고 갔을 것을 생각한다. 추억으로 남아있을 것들도 생각한다. “지금 남아 있는 새는 사람들이 많이 살았던 그때의 새가 아니고,/ 그때의 물이 아니고/ 지구를 수만 번 돌다가 온 바람만이 그대로일 뿐”이라는 부분이 미끄러지는 ‘차연’의 맥락으로 감상할 수 있다. 데리다가 만든 조어인 차연은 어떤 단어나 문장이 확정적인 의미맥락을 담지하지 못하고 그 뜻을 끊임없이 유예시키는 현상으로, 논리적 확실성으로 무장한 기표라도 기의는 고정되지 않는다는 것을 간파하고 있다.

자연스럽게 진행되던 의식의 흐름이 “목기미 해변에 얼굴을 묻은 닻들은 바닷물의 농염에 붉은 꽃이” 핀다는 부분에 가면 좀 더 시선을 머물게 한다. 바다에 붉은 꽃이 피는 색채이미지는 대상과 동일시되는

부분이다. "이따금 목에 걸려드는 해초"가 "등지느러미가 아름다웠던 물고기의 말을 전해 주었을지도 모른다"는 구현 역시 감정이입의 대목이다. "통보리사초밭에 부리를 묻은 검은머리물떼새"는 저릿하다. 그것도 "검은머리물떼새"이므로 색채 이미지가 어둡다.

"사라져버린 사람들의 발자국이 그물처럼 드리워져 있다"는 부분에 가면 독자의 동공을 커지게 한다. "사라져버린 사람들"은 예전에 이 아름다운 해변에서 어떤 일들을 꿈꾸고 누리며 지냈을까. 지금은 없는 그 사람들. 소멸의 이미지를 상상해본다. 시인이 시 속에서 다 말하지 않고 나머지 상상력은 독자의 몫으로 남겨둔 것 같다. 여행지에서 느끼는 단순한 회상이나 사랑 같은 퇴행적인 관습에서 벗어나 새로운 의미를 발견할 때 감상의 폭이 넓어질 테니.

> 명자라서 산당화 그 가시내/ 고등학교 삼 년을 한 반에서 보낸,/ 입술이 새치름하여/ 여간해선 흥, 코로 말하던,/ 하여도 뭇 사내 눈길 잡아챈, 스치면/ 식전 댓바람에 짠 염소 젖비린내가 나던...// 휙- 별똥별의 시간 명멸명멸하다/ 사그라들고, 세월이 슬어 놓은 살갗벌레/ 얼굴에 스멀스멀 번지기도 한데/ 강물의 시간 이마에 흐르기도 한데/ 순정한 것은 티끌도 닿지 않는 것일까/ 기억은 항아리 속에 담아둔 오래된 영롱// 이젠 성욕 없이도 사랑할 수 있겠다/ 중년의 허기진 가슴에/ 입술 안부 자근자근 전할 수 있겠다, 우리 만나/ 지긋이 포옹하며 서로 등 다독이던,/ 자기야, 오랜만이야, 그간 잘 지냈어?/ 내년 동문회에도 와야 해, 꼭 얼굴 보여줘/ 안 보이면 슬플 것 같애, 건강해야 해// 바람 차웁고 꺼이꺼이/ 기러기 울며 날던 늦가을 공산성
>
> - 조삼현, 「얼굴 부조(扶助)」 (《우리시》 2012년 10월호) 전문

명자꽃은 산당화의 다른 이름이다. 이 시는 "명자"라는 이름을 가진 동창이야기를 하면서 시적으로 재발견을 하고 있다. 흔히들 못생긴 대명사를 모과나 호박같다고 한다. 그러나 이 꽃들을 보면 참 예뻐서 꽃의 입장이 되어 보면 억울하겠다. 열매를 보아도 얼마나 개성이 있는

지 다른 과일들이 모양과 맛으로 뽐낼 때 모과는 향기로, 호박 역시 영양가로 남부럽지 않게 승부를 건다. 선입견으로 굳어진 일반론에서 더 나아가면 새롭듯이 이 시 역시 "명자"라는 이름이 요즘 시대에 약간 촌스럽게(?) 느껴질 수 있으나 이 시에서는 의지의 대상이 되어 빛난다.

"흥, 코로 말하"는 시적 주인공의 콧소리가 들릴 듯하다. 화사하고 요염하고 도도한 이미지가 한눈에 그려지는 주인공은 고등학교 당시 꽤나 인기 있었나 보다. 사람이나 꽃이나 아름다움을 완성시켜주는 것은 개성일 것이다. 가령 찔레나 산당화, 해당화, 장미들은 가시가 있다. 이들이 아름다운 이유도 꽃 색깔과 매혹적인 향기에도 있지만 아무나 가까이 할 수 없는 도도함의 원천인 가시도 한몫을 한다. 연초록의 잎에서 울긋불긋한 꽃으로 열매로 그리고 짙은 갈색의 윤기가 나는 가지 사이로 '뭇 사내'는 얼마나 설레었을까.

이제는 많은 세월이 흘렀고 "살갗벌레"가 번진다는 표현을 보아 주름이며 잡티가 연상된다. 그러나 기억은 항아리 속에 담아"두어 "영롱"하다. 소중한 추억의 순간이 느껴진다. 아마도 "항아리"에 담긴 추억은 힘들거나 외로울 때 큰 힘으로 위안이 될 것이다. 그런 면에서 추억이 많은 사람은 행복한 사람이다. 이 시의 사유는 "중년의 허기"가 드러나는 대목부터 깊어지고 주제로 향하고 있다. 부와 권력 사랑과 명성 등의 여러 욕망으로부터 허탈할 때 위안이 되는 그 무엇 혹은 그 누군가가 있어 "서로 등 다독이"고 품어준다면.......

시간이 흐르는 체감의 속도는 연령을 더 할수록 빨라지는 것 같다. 피곤할 때는 어서 가라 싶다가도 지난 시간을 돌이켜보면 휙 갔다. 이 시는 지나간 시간에 한숨 쉬기보다는 남아있는 앞으로의 시간들을 고마워하는 마음으로 살려는 자세가 있다. 세상이 날로 각박해지고 불황의 그늘이 깊어질지라도 "안부 자근자근 전"하면서 살아가는 일이 덜 외롭게 지내는 일이지 싶다. 기러기는 "꺼이꺼이" 울며 무슨 말을 전했을까. 이쪽에서 저쪽으로 날아가 우리들이 놓치기 쉬운 사랑과 행복의 말을 전했을 테지.

정서를 감수성의 조화로 이끌기 위해 시인이 "이젠 성욕 없이도 사랑할 수 있겠다"고 피력하는 부분에서 달관이 느껴진다. 젊은 날 벅차오르던 뜨거운 피의 시절을 지나 이제는 "지긋이 포옹하며 서로 등 다독"일 수 있는 사이. 격정 뒤에 등 돌리기도하고 그 아픔이 커서 사랑을 두려워하기도 하는데 여기서는 포용하는 관계가 선연하다. 그리하여 동창회에 나와 얼굴 보여주는 것만으로도 한자의 뜻처럼 부조(扶助)가 될 것이다. 이렇게 성 구별을 떠나 나이가 들면서 마음 나눌 친구가 있다면 그 사람은 인생을 값지게 산 사람이다.

위 시를 읽다가 신경숙의 「모르는 여인들」이 기억난다. 거기서도 친구들이 만나 결혼과 상관없이 다시 연애를 한다면? 그 가정법에 까르르 한다. 서술자인 '나' 왈, 연애는 불안의 다른 이름이라는 주장을 한다. 연애를 하면 좋기도 하지만 막연하고 불안하며 고통스런 감정들도 따라온단다. 연애감정에서 멀어지자 자유로워졌다 한다. 쓸쓸한 자유. 그 자유로 일의 성취를 맛보았고 주변 이성들의 진실과 위선이 객관화가 되었다고 술회한다. 물론 사람마다 성격과 사정이 질적으로 다르니까 자기 취향에 따라야 할 것이다.

그런 의미에서 "혼자가 아니고 싶으면 혼자여야 한다"는 반어적인 전제가 꽂히는 윤의섭 시인의 「협연」을 읽어보자.

> 별들이 나타나기 전까지 달은 혼자 노래하지 않는다고 느끼는 건 노을을 타고 흐르는 바람의 플룻과 나무들의 피아노 연주가 어울린다고 생각하는 건 // 혼자서는 뭔가 부족했다는 거/ 독주로는 비인간을 넘어설 수 없다는 거// 혈점을 짚듯 가로등이 켜진다 저렇게 몰두하지 않으면 저녁은 완성되지 않는다 공원을 산책하는 사람들의 묵언수행과 온종일 불 켜진 편의점의 고행에는 신의 가호가 스며있다// 그런 거다 혼자가 아니고 싶으면 완벽하게 혼자여야 한다 별은 별로 달은 달로 바람과 나무 사이를 넘나들며 제 갈 길을 운행해야 한다 이 지구에선 쉽게 고독할 수 없다 인간은 좀 더 떨어져 있어야 좀 더 가

까워질 수 있으며 이별은 얼마나 가까운 간극이었단 말인가// 그러니 나와 취향이 같으면 좋겠어 그건 함께 고독해지는 일/ 일어나자마자 커피를 마시고 산책길 나무는 꼭 고개 들어 올려보고 절판된 책과 담배와 듣지도 않는 레코드를 수집하고 달력에는 절대 메모하지 않고/ 그건 서로 쓸쓸해지는 일// 저녁의 교향곡을 같이 듣는 일/ 듣다가 차례가 되면 너를 연주하고 너는/ 나를 지휘하는 일

- 윤의섭, 「협연」(《시와반시》 2012년 가을호) 전문

진정한 협연은 자기 자신을 완성하는 고독이 선행되고, 그러한 각자가 다른 고독한 존재와 만나며 이루어지나 보다. 그 누구도 대신해 주지 않는 절대 고독의 순간을 상상해 본다. 그 다음 별과 노을과 달과 나무와 하늘과 공기의 조화로운 교향곡을 듣는 풍경을 그려본다. 화자가 언술하는 "공원을 산책하는 사람들의 묵언수행과 온종일 불 켜진 편의점의 고행"은 시 속에 오롯이 안치된 소박한 악기이자 액자이다. "그러니"에 이어지는 "나와 취향이 같으면 좋겠어 그건 함께 고독해지는 일"에 주목해 보면 협연이 쉽지 않고 고독을 견뎌야 한다는 것으로 읽힌다.

시에서 말소리의 모든 자질들 가령 휴지, 분행, 구두점들은 모두 서로 깊은 관련성이 있다. 제한된 분량의 발표지면이라 아쉽게도 /와 //로 인용하였는데, 위 시의 의미 단위로 묶인 원본의 행갈이를 연상하며 휴지를 두고 음미하면 더 좋을 듯하다.

1연에서 "바람의 플룻과 나무들의 피아노 연주"를 끌어오다가 2연에서는 독주는 뭔가 부족하다고 하더니 3연은 역설적으로 저녁을 완성하려면 몰두해야한다면서 "묵언수행"과 "편의점의 고행" 을 예로 들고 있다. 정보화가 범람하는 이 사회에서 업무 스트레스며 바쁜 인간관계는 어처구니가 없이 "이 지구에선 쉽게 고독할 수 없"는 경우를 만들기도 한다. 내 마음이 올곧은 내 마음만이 아니고 탈을 뒤집어쓰고 사느라 그럴 수도 있다. 화자는 고독을 이기고 즐길 줄 아는 경지까지 가고 그

몰입의 경지가 궁극에는 자기 분야에서 일가견을 이룰 것이며 비로소 저녁이 완성된다고 피력한다. 이렇게 이 시는 "협연"을 다루면서 사실은 거듭 외로움을 말하고 있으니 모순된다 싶지만 끝까지 읽어보면 진정성에 고개를 끄덕이게 된다. 협연을 이루는 과정으로서 고독의 극복을 언급하고 있으며 만약에 이런 트라우마가 있는 독자라면 힘이 될 것이다.

저물 무렵을 배경으로 가로등이 켜지는 장면을 고독의 "혈점을 짚"는다고 한 표현이 생생하게 와닿는다. 4연에서 화자는 "함께 고독해지"자고 한다. 진정한 의미의 "협연"은 바로 "듣지도 않는 레코드를 수집하고 달력에는 절대 메모하지 않"는 등의 행위에 있으니 스스로 고독을 택하고 그 절대고독으로 어떤 분야에 집중을 권한다. 고독한 행위들이 모여 "저녁의 교향곡을 같이 듣"는 "협연"은 저 마다의 개성이 어우러져서 아주 장엄할 것이다. 내가 "너를 연주하고 너는/ 나를 지휘" 하는 어울림. 서로의 고독이 승화된 감동적인 비유이다.

비유적인 표현을 즐기는 이들이 아마 인디언일 것이다. 지금 원고를 쓰는 12월과 내년 1월을 인디언 식으로 하면 '나뭇가지가 눈송이에 뚝뚝 부러지는 무소유(無所有)의 달'을 지나 '마음 깊은 곳에 얼음 얼어 반짝하는 달'을 맞으니 얼마나 멋스러운지. 빛나는 시적 비유에 마음이 머문다.

고해(苦海), 서쪽을 향하여

계곡물이 바다로 모인다. 강을 거쳐 큰 바다에서 만나는 시. 이렇게 이홍섭의 시는 드넓은 바다처럼 품어준다. 근작시 5편을 읽으면 고단한 만행 길들이 푸르게 하구로 흘러든다. 우선 단 두 줄로 표현된 시가 눈에 들어온다.

> 본디 죽음은 저리도 검박했다// 이제는 죽음도 망했다
>
> -「도의선사 부도」 전문

멀리 동해를 바라보는 양양 진전사 폐사지에 이 절의 창건주 도의선사의 묘탑이 있다. 도의는 신라 선덕왕 때의 인물로 당에서 선종을 이어받고 귀국하여 설법을 시작하였으나 당시는 교종만을 중요시해서 여기로 들어와 40년 동안 수도하다가 입적하였다. 그러나 선종은 후대에 빛이 나며 지금의 조계종의 효시가 된다.

부도 앞에 서면 생물이건 무생물이건 존재한다는 것은 외롭다. 죽음은 더 외롭다. 불가에서는 스님들의 죽음을 '입적(入寂)' 혹은 '적멸(寂滅)'이라고 하는데 고요한 빈자리로 들었다는 의미이다. 불교적으로 해석하면 참된 자기 모습으로 돌아갔으므로 죽음은 슬프고 안타까운 것이 아니라고 한다. 그러나 왠지 부도 앞에 서면 한겨울 빈 들판에 서 있는 소나무 같은 외로움이 느껴진다.

하지만 이 외로움은 어려울 때 힘이 된다. 마치 천상천하유아독존(天上天下唯我獨尊)을 외치며 손가락 하나를 치켜들고 있는 상징의 모습이 된다. 예술을 창작하거나 종교적인 수행을 하는 경우 무소의 뿔처럼 혼자 가야만 터득하는 세계가 있다.

한 행이 한 연이 되는 위의 시는 여백이 참 많다. "검박"하다는 표현에서 인생사 공수래공수거(空手來空手去)라는 생각이 든다. 크고 작은 부도들이 여럿이 모여 부도 밭을 이루기도 하나, 도의선사는 부도마저 외따로 있다. 오래된 부도 위로 벌 나비가 날아다니는 상상을 해본다. 햇볕 따사로운 시간이 어느덧 잴 수 없을 만큼 무연하게 흘러 이제는 적멸, 죽음이 저리 편하다.

그의 산문집 『곱게 싼 인연』에 적요한 부도 밭을 자주 찾곤 했다는 대목이 나온다. 그가 지방의 기자생활을 접고 비승비속(非僧非俗)의 유랑을 할 때, 컴컴한 그 곳을 지나면 오줌이 마려울 정도로 무서웠으나 나중에는 부도를 등에 지고 오줌을 눌 정도로 친근해졌다고 한다. 짐작컨대 대다수의 중생들이 그러하듯 그도 한때 높이에 대한 꿈이 있었나 보다. 날마다 애를 쓰고 궁구하며 높이에 도달한 것 같지만 높이는 흔들림과 함께 있다. 그 흔들림을 무시하며 두려움을 견딘 곳에서는 생각이나 시야가 넓어질 줄 안다. 그러기에 많은 사람들은 욕망의 목표를 향해 기를 쓰고 오르려 한다. 그러나 먼 산이나 하늘을 바라볼 생각은 언감생심. 자신을 추스르기도 벅차고 발밑조차 제대로 보지 못해 표현처럼 "죽음"같겠다.

계곡물이 바다에 이르는 과정과 우리네 삶이 비슷할 것이다. 비로소 바다에 이르러야 높이에 대한 욕망을 허물 수 있으며 욕망이 사라지면 넓어지고 깊어진다. 욕망을 비우고 내려놓으며 다시 바라보게 된 바다는 거울이 되곤 한다. 바다는 미처 보지 못한 자신의 모습을 되비치고 윤회된다. 그래서 "죽음도 망했다"는 표현이 도출되지 싶다.

죽음도 현재진행형인 길에서 그가 얻은 것은 무엇일까. 이홍섭의 표현을 빌리자면 "절밥을 축내던" 비승비속의 순례는 문화적 욕구를 충족시키기 위한 답사나 혹은 일탈의 즐거움 혹은 휴식을 위한 한갓진 여행이 아니었다. 불교사나 역사의 관심 또한 전체를 위한 부분이라는 생각이 든다. 그것은 선지식들의 만행에서 깨달은 바, 헛된 갈망이 멈추었다는 것이다.

> 부항을 잘 뜬다는 노인장을 물어물어 찾아갔지만/ 정작 몸부항은 뜨지 못하고 말부항만 잔뜩 뜨다 왔네.(중략)// 피가 흐르는 길목마다 긴장이 뭉쳐 검은 피가 되었으니(중략)/ 어쨌든 칼 다 내려놓으면 그때 뜨러 오시소.
>
> -「부항」 부분

대부분 이홍섭 시의 화자는 탈을 쓰지 않고 진행되곤 한다. 모호성으로 읽히는 시가 아니어서 가독성이 좋다. 이 시 역시 시인 자신처럼 느껴지는 화자가 피곤한 몸을 이끌고 부항을 뜨러 갔나 보다. 한방에서는 고름이나 나쁜 피를 뽑아내기 위해 부항을 뜬다. 그런데 "긴장이 뭉쳐 검은 피가" 되었으니 결국 "부항을 뜰 수 없"고 "말부항"만 뜨다 오게 된다. 나쁜 피가 뭉쳐 어혈이 된 마음에 "노인장"은 한 말씀 위로의 교훈을 주신다. "칼"을 "내려놓"으라고. 촌철살인의 표현이다.

살면서 우리는 얼마나 많이 말로 인해 상처를 받고 비수를 품는가. 그게 다 자신으로 돌아가 심신의 독이 되는 것을 알면서도 왜 마음을 내려놓지 못하는 지 화두처럼 읽힌다. 마음이 아프고 가슴이 답답한 사람에게 한 첩의 보약이 되는 힐링의 시이다. 이렇게 이홍섭의 시는 현란한 시어와 난해한 표현이 난무하는 요즘의 시와 별개로 일상을 소재로 서정성이 짙은 아름다움을 노래한다.

강릉에서 태어나고 자란 이홍섭 시인은 1990년 『현대시세계』에 시 등단을 하고, 2000년에는 『문화일보』 신춘문예에 평론으로 등단한 이래 한결 같게 글을 써왔다. 첫 시집 『강릉, 프라하, 함흥』에 이어 『숨결』,

『가도 가도 서쪽인 당신』, 『터미널』로 이어지는 네 권의 시집을 상재하였으며 무산 오현 스님을 시봉하며 겪은 일화와 깨달음을 묶어 산문『곱게 싼 인연』을 펴내기도 했다. 그의 시들은 가슴을 에이 듯이 애절하고 어조는 자기의 주장을 높이지 않되, 삶의 비의(悲意)를 내비친다. 그래서 적요의 세계에 닿아 있고, 속세와 출세간을 넘나든다는 평가는 우리 시단 공통의 이해가 아닐까 한다. 그래서 그런지 2012년에는 유심 작품상과 현대불교문학상을 한꺼번에 타는 영예의 주인공이 되기도 했다.

이어지는 다음의 시는 슴슴한 풍경이 배일 듯 여리고 애틋하다.

> 이제는 입을 열 수 없어요, 도라지꽃/ 이제는 돌아갈 수 없어요, 도라지꽃// 그러기에 다가오지 말라 그랬지요, 도라지꽃/ 껴안으면 안 된다고 그랬지요, 도라지꽃//
>
> -「도라지꽃」 부분

유래에 의하면 "도라지"라는 이름의 처녀가 사랑에 시름시름 앓았다고 한다. 멀리 떠나 돌아오지 않는 사람을 기다리며 지금이라도 "돌아오세요" 하자, 뒤에서 "도라지야"하고 부르는 소리가 들렸단다. 뒤돌아보는 순간, 벼랑에 떨어져 꽃으로 피어났고 그래선지 꽃말이 '영원한 사랑'이다.

위의 시는 이러한 전설을 근간으로 씌어졌을 것이다. "도라지"라는 발음이 착 감기며 도라지가 정말 말하는 듯한 어투에서 애잔한 정감이 느껴진다. 그리움을 앓던 "도라지"는 꽃으로 승화된다. 그리움의 절정이 사라진 곳에 이홍섭은 꽃을 피운다. 낭떠러지에 굴러 보랏빛 멍이 들고 그 멍은 한 떨기 꽃이 된다. 그 꽃을 보고 있으면 잔잔한 파동이 일고 가슴이 먹먹하다. 아마도 이홍섭 시인의 시에서 느껴지는 이러한 먹먹함은 선험적인 감각과 절제미와 비장미를 통해 드러나는 서정의 울림일 것이다.

그의 산문집 『곱게 싼 인연』 중에는 「변소에 단청하지 말라」는 내용이 나온다. 이 말은 서산대사의 「선가귀감」에 나오는 어록으로 이홍섭 시인이 늘 곁에 두고 되새기는 말이라고 한다. 한갓 재주로 이기려 하는 어리석음을 경계할 때 쓰이는 비유이다. 그의 시의 특징은 화려한 단청이 아닌, 절제를 바탕으로 현란한 수사를 삼가고 일상어 구사의 운용에 있다.

다음의 시는 매화를 통해 인생을 관조하고 있다.

> 매화꽃 지나면 매실이 열린다는 사실을 아는데/ 스무 해가 걸렸다. 매화꽃 지면/ 그냥 세상이 다 져버리는 줄 알았다.// 청매실 지나면 황매실 된다는 사실을 아는데/ 또 스무 해. 추위가 뼛속까지 스민 매화라/ 열매도 푸르게만 익는 줄 알았다.// 여든 앞두신 아버지가 선산 빈 밭뙈기에/ 꾸역꾸역 매화나무를 심으신다. 아마도/ 당신 생전에는 매화꽃을 보지 못하실 터.
>
> -「매화나무를 심다」 부분

군더더기 없이 서정시의 기본 원리인 압축미가 살아 있는 시이다. 일생이 시간순서로 진행되는 이 시의 1연에서는 "스무 해"가 지나서야 꽃이 진다고 세상이 다 지는 게 아니라는 깨달음을 동반한다. 2연에서는 또 "스무 해"가 흘러 마흔의 중년이 되어 바라보는 시점이 된다. 3연에서는 아버지로 지칭되는 분이 화자에게 깨달음을 준다. "당신 생전에는 매화꽃을 보지 못하실 터"여도 꽃을 심는 마음은 훗날을 염두하고 있기 때문이다. 후세에 대한 배려가 느껴지고 가슴이 훈훈해진다. 한편으로는 죽음 앞에 서늘해지기도 한다. 화자인 "나" 역시 매화를 심게 되는데 어르신의 혜량 아래 넉넉한 그늘이 연상된다.

시집 『터미널』의 자서를 보면 이러한 오묘한 그늘이 느껴지는 단서가 있다.

산 첩첩하고 물 중중한 강원도 오지에서 자랄 때, 집 뒤에 대처승 가족이 살던 움막 같은 집이 한 채 엎드려 있었다. (중략) 그 대처승에겐 올망졸망한 자식들이 줄줄이 달려 있었고, 마당 가득 가난이 널려 있었다.

대처승은 늘 아침 일찍 마당에 나와 무연하게 먼 산을 바라보곤 했다. 나는 심배를 주우며 입 안 가득 침이 넘치도록 신 심배를 먹으며 그 대처승의 모습을 오래 지켜보곤 했다. (중략) 지금까지 이어온 내 삶이 먼 산에 가닿던 그 무연함과 이를 바라보며 삼키던 심배의 그 징한 신맛 사이를 오간 것이 아니었는가 싶다. 물론 시도 그러했을 것이다.

이렇듯 이홍섭 시의 미학은 늙은 대처승의 모습을 무연하게 지켜보던 경험과 시적 화자의 입에서 넘쳐나던 신맛의 심배 사이에 여백으로 스며있다. 대처승이 바라보던 먼 산, 그 심안은 곧 속(俗)의 세계와 승(僧)의 세계의 갈등이 아닐까. 슬픔이 깃든 눈빛이 떠오른다. 여기서 대처승이 바라본 곳은 불가(佛家)에서 말하는 서방정토인 이상적인 세계로 받아들일 수도 있겠다. 시인의 대표작인 「서귀포」에서 "가도 가도 서쪽인 당신"이라는 표현이 나오고 이 구절이 시집 제목이기도 하므로 유추할 수 있다. 현실의 대처승은 줄줄이 자식이 딸려있고 가난이 널려 있다. 현실과 이상 사이 어쩔 수 없는 삶이 대처승의 눈빛에 허무의 그림자를 드리우게 했을 것이다. 그리고 대처승을 바라보며 입안에 고이던 시큼한 심배 맛 같은 삶의 부조리함도 알아버린 듯도 하다. 이러한 비극적인 눈빛은 이홍섭의 시에서 주된 연민의 정서로 드러난다.

끝으로 이어지는 「냉장고 속으로 사라진 사내」 역시 측은지심이 느껴진다. "다만 냉장고 문을 열었을 뿐인데/ 그가 사라졌다"로 시작하는 이 시는 싸늘한 파장이 번진다. "돌부처"처럼 냉장고 앞에 서 있는 쓸쓸한 모습이 묘사되고 있다.

식은 밥 덩어리를 꺼내다 말고/ 묵은 김치를 꺼내다 말고/ 열린 문 앞에서 무연하게 서 있곤 했다 그럴 때면/ 꼭 그가 냉장고 같고/ 냉장고가 눈코입이 달린 그 같았다 냉장고가/ 비명을 지르며 빨리 문을 닫으라고 재촉하면/ 그때서야 그는 천천히/ 문을 닫곤 했다 그러고 보니 그가 냉장고 속으로/ 걸어 들어간 것이 아니라/ 냉장고가 그를 부른 것인지도/

-「냉장고 속으로 사라진 사내」 부분

사내는 왜 냉장고에 들어갔을까? 아니 냉장고는 사내를 불러들였을까? 여기서 사내는 냉장고와 동격으로 읽을 수 있겠다. 존재의 허탈감과 더 나아가 죽음 이미지가 느껴진다. 이 시는 대상과 주체의 구분이 없고 세상과는 단절된 양상을 그리고 있다. 화목과 소통이 없어 불안하고 그는 결국 "식은 밥 덩어리"처럼 달갑지 않은 여기에 없는 사람이다.

이 시에서 "냉장고가 눈코입이 달린 그 같았다 냉장고가"하는 행 걸침이 주목된다. 주어나 어절 혹은 호흡 단위의 행 배열이 아니어서, 앞뒤 문맥상으로 불편한 현실이 읽힌다. 소외되고 잃어버린 사내는 어떡하나. 그는 시로써 무엇을 비판하거나 소리 높여 주장하지 않는다. 빈자리를 하해(河海) 같은 언어로 감싸 안아서 서정적 울림이 크다.

불가에서는 인생을 고해(苦海)라고 한다. 사는 게 괴롭다는 차원을 이홍섭의 시에서는 확대해석하고 싶다. 현재가 기쁘다 해서 영원하지 않으며 지금 슬프고 괴롭다 하여도 언젠가는 지나간다. 고해를 안쓰럽게 여기고 품어주는 마음은 자비심이며 여기에 이홍섭의 세계관이 맞닿아 있다. 오랜 창작기간 동안 변함없이 구도하는 자세로 이어왔기에 그의 시적 위상을 바다처럼 품어주는 시라고 할 수 있겠다. 이러한 이홍섭의 시세계는 현재진행형이다.

걷다가 흐르다가 스미다

불편한 생에서 진실을 찾는 최정란의 시세계는 계속되고 있다. 근작 시를 보아도 뫼비우스의 띠처럼 내가 나를 돌아보는 면면이 뒤틀리며 연결되는 특징이 드러난다. 2003년 「국제신문」 등단작인 「두실역 일번 출입구」를 기억한다. 트럭행상을 하는 농아부부의 모습을 애절하게 그리면서 신산한 현실 너머 삶의 비의를 생생하게 보여주었다. 그동안 그의 시에는 폭발직전의 불온함이 가득 펼쳐지거나 여성성이 물씬하기도 하며 각박한 현실의 어두운 면에 당혹감과 구속감을 떨치지 못해 몽상하거나 두통 앓은 등등 잠재하는 마그마가 활활 거린다. 이렇게 모호하며 낯선 내면의식을 대변한 첫 시집 『여우장갑』에서 자아의 분신 모티프인 "여우장갑"은 화자의 몸 안에 "솜털이 보송보송한 앞발이 쏘옥 들어"가 "차가운 눈이 발에 닿아 온몸의 세포들이 찌르르"하게 살고 있다면서 두렵고 불안한 심리를 나타내고 있다.

「교양시대」을 비롯한 최근작 5편을 살펴보니 화자의 시선이 자신으로 돌아와 있고 내면을 들여다보는 시간에 집중되어 있어 이러한 맥락의 연장선에서 글을 진행하려 한다.

그들이 검은 코끼리를 정문에 세워 두었다
스무 살 나는 교양을 익혀야 한다

교양을 익혀 숙녀가 되어야 하는데
교문을 막고 선 그들이 사납게 소리친다
교양 따위는 딴 데 가서 알아봐,
- 중략 -
아무도 대답해주지 않아, 나는
희미한 형광등 아래 납빛 하숙방에 담겨
최루탄 냄새 조미료에 버무린
하숙집 밥상머리 교양강좌에 귀 기울인다

교양과목 중간고사가 리포트로 대체 되고
시험 없이 학점을 얻은 나의 교양은
돌아서다 스친 검은 코끼리 다리,
그렁그렁 눈물 고인 코끼리 눈,
차가운 환타를 빨아올리는 빨대 끝에서
시도 때도 없이 일어나는 지독한 편두통,

-「교양시대」 부분

검은 코끼리는 데모진압용 차를 떠올리게 한다. "스무 살 나는 교양을 익혀야" 하나 시국이 어지러워 익힐 수 없다. 안타까운 현실이다. "납빛 하숙방에 담겨/ 최루탄 냄새 조미료에 버무린" 구절을 읽다보면 1980년의 봄, 계엄하의 군사정권이 연상된다. 푸르스름한 잿빛인 "납빛"에서 폭력과 공포에 질린 얼굴색이 오버랩이 된다. "교양과목 중간고사가 리포트로 대체되"었으니 학교수업을 제대로 들을 수 없었다는 얘기며 이것을 봐도 정국이 얼마나 혼란스러웠는지 짐작이 간다. "그렁그렁 눈물 고인 코끼리"에 투사된 감정을 헤아려 보면 회한의 상처가 깊다. 위 시는 과거회상시점이지만 "시도 때도 없이 일어나는 지독한 편두통"의 아픈 기억은 현재까지 이어질 수 있겠다.

이어지는 시 「청춘전당포」도 가난하고 애잔한 정서를 배경으로 하고 있다.

그 골목에서 맡길 것이라고는 청춘뿐이다
유리가 달린 널빤지 문을 힘주어 열고
미쳐 날뛰는 뜨거운 말고삐를 건네준다
아마도 길들이기가 쉽지 않을 것이다
형편은 곧 풀릴 것이고 남은 시간은 많다
마음만 먹으면 언제라도 돌려받을 것이다
말갈기를 손바닥으로 길게 쓸어주고
거칠어지는 심장 박동을 진정시킨다
손바닥만한 창구멍으로 지폐 몇 장 받아 쥐고
뒤돌아보지 않고 가장 멀리까지 걸어간다

-「청춘전당포」 부분

요즘은 전당포가 드물지만 급한 사정이 생긴 대학생들이 자신의 물건을 전당포에 맡긴 값으로 모자라는 돈을 받아 급히 쓰던 시절이 있었다. "미쳐 날뛰는 말고삐"라 표현한 대목이 한눈에 들어오고 어찌 수습해야 할까 긴박감이 느껴진다. "말갈기를 손바닥으로 길게 쓸어주고"에서는 변통했을 장면이 연상된다. "청춘"을 "전당포"에 맡기는 기분은 참 착잡하겠다. 아프게 날뛰는 청춘을 어렵사리 통과하고 난 뒤의 묘한 쓸쓸함이 남는다.

이렇게 두 편의 시 「교양시대」와 「청춘전당포」는 경험과 기억을 중심으로 형상화 되고 있는데 "검은 코끼리", "납빛 하숙방", "뜨거운 말고삐", "불타는 말고삐", "녹슨 하수관" 등의 이미지가 어둡고 무겁고 뜨거운 정서를 대변하고 있다.

앞의 시들이 과거를 돌아보고 있다면 「거울」은 신호등 앞에서 망설임의 기로에 서있다. 우리 시사에서 많이 나타나는 거울에 대한 이미지는 범박하게 몇 가지로 나누어 말할 수 있을 것이다.

우선 윤동주의 거울은 "녹이 낀 구리거울" 로 식민치하에서 욕된 삶을 영위하는 자신에 대한 울분과 자책과 회의이며 반성을 통한 뉘우침이며 이상의 거울은 내적 자아를 탐색하는 수단으로 차가운 금속성의 이미지가 나타난다. 밀폐된 공간이거나 개인으로 분리, 한정, 차단되어 있고 무의식으로 향하는 통로이다.

같은 사물이라 하더라도 받아들이는 사람에 따라 인식은 천차만별이어서 노천명의 거울은 "물속의 제 그림자를 들여다보"는 고고하고 고독한 자기 응시이며 지난 날의 향수와 자아도취로 받아들여진다.

서정주의 「외할머니의 뒤안 툇마루」를 보면 "많이 문질러서 인제는 이미 때가 아니라 한 개의 거울로 번질번질 닦이어져 어린 내 얼굴을 들이비"친다고 표현한다. 일상 혹은 자연에서 그림자를 가지고 있는 것들을 거울로 차용하여 가치를 부여하며 인간사 속에 내재되어 있는 순환의 논리를 편다.

아래 인용하는 최정란의 시 「거울」은 무의식과 통하는 이상의 시와 비슷한 부류의 거울로 봐야 할 것 같다. 자신의 내면, 그것도 파편화된 현대인들의 내면을, 표층진술과 심층진술이 일치하지 않는 현대인들의 자아를 시화하고 있기 때문이다.

화자인 나는 "교통신호가 바뀌기를 기다"리며 "몸의 건너편에 서서" 또 하나의 "나를 바라"보는데 시적 발상에 눈길이 간다.

예, 라고 대답하는데 익숙해진 입
아니오, 라고 말하지 못해 시무룩한 입
아니오, 라고 말하는데 예, 라고 받아들여진 입
아니오, 위에 예, 를 겹쳐 놓는 입
예, 예, 예, 거짓말을 긍정으로 착각하는 입
예, 할 자리에 아니오, 를, 동시에
아니오, 할 자리에 예, 를 걸쳐놓는 입
신호가 바뀌는 동안에도 쉬지 않고
갈까, 말까, 마음을 질겅거리는 입
붉은 등이 꺼지기도 전에 서둘러

언제 그랬느냐는 듯 초록으로 변심하는 입
예, 하면 아니오, 아니오, 아니오 메아리가
구멍만 남은 목소리 속에 갇히는 입
이진법의 신호에 길들여 움찔거리는 입

-「거울」 부분

주지하듯 제목 "거울"은 내면을 들여다보는 통로이자 분신이다. 분신과 자아 사이에 "변심"이 생기고 있다. 그래서 어느 것이 진정한 자아인지 반문한다. 신호등의 불빛이 바뀌는 현상을 "예"와 "아니오"라는 "이진법의 신호"로 인식하고 자아와 대립하거나 관찰하면서 "움찔" 한다. 내면의 욕망과 좌절의 구조를 이분화 시켜 파악하고 자아극복 과정을 섬세하게 묘사하고 있다.

이진법에서 0과 1은 신호의 시작이자 끝이며, 끝인 동시에 시작이다. 모든 신호를 가리키면서도 아무 것도 포함하지 않는 것, 없으면서 있고 있으면서 없는 것이다. 따라서 "나"와 "건너편 나" 사이에 있는 0과 1은 거짓말이면서 긍정이고 긍정이면서 곧 거짓말이다. 이를 주체와 타자의 개념과 연결시켜 볼 수 있고 이분법적 대립을 넘어서 포스트모더니즘의 사유와 연관성이 있다.

현대사회에서 자아는 타자로부터 구성된다고 해도 과언이 아니다. 상대개념이 없이 자아 스스로 혼자 우뚝 서 있지 않다는 뜻이다. 자신의 모습도 어쩌면 타자의 눈이 즉 옆이나 밖에서 비추어 반사되는 것이다. 심화시키면 현대는 대응하는 내가 있을 뿐, 실체하는 나는 없어지고 그래서 내가 잊혀져버린 시대인지 모른다.

서로 다른 타자로 존재하다가 어느 순간부터 이들이 구분되지 않고 결국 동일시되며 '타자'라는 인식에 혼란이 일어난다. 주체는 타자의 존재가 미끄러지며 인식이 지연됨에 따라 주체의 존재마저 움찔거리게 된다. 이런 관념들이 우리 시단에도 파급되다보니 주체가 분열되거나 상실된 시대를 노래하는 경향의 시가 많았으며 최정란의 시도 이에 위치한다. 파편화된 경험으로 몽환적인 것을 욕망하거나 여성성을 처연하게 노래하기도 한 그녀가 돌고 돌아와 이번 시에서는 "금고" 앞에서 자기를 보고 있다.

「거울」과 「알리바바와 사십 개의 금고」두 편의 시는 자아탐색의 과정으로 읽히며 "나"와 균열된 "또 다른 나"가 있다. 콩나물의 원료인 쥐눈이콩이 등장하는데 "열려라 쥐눈이콩"이라는 부제를 달고 있어 금고를 여는 주문처럼 솔깃하다.

내가 잠근 것이래야 어둠에 코를
깊이 박고 눈이 빨개지도록 울었던 기억
다른 내가 들여다보면
눈물 콧물 묻은 휴지조각이겠지만
또 한 사람의 나에게는
천국과 지옥을 널뛰기 하며
숨이 막히던 순간의 기록이다

비밀보다 비밀이라는 말이 좋아
비밀다운 비밀이 없다는 것 들키고 싶지 않아
없는 비밀의 푸른 눈을 들여다 본 나는
서둘러 나를 걸어 잠근다
내가 또 다른 나를 보지 못하도록

- 「알리바바와 사십 개의 금고」 부분

금고 안에 "나"와 "또 다른 나"가 잠겨있다. 구체적으로는 "눈이 빨개지도록 울었던 기억"이다. 마침 기발표작 「태초에 빛이 있었다」가 인유적인 측면에서 상통한다. "요나"는 성경에 나오는 인물이자 빚져 집에 돌아오지 못하는 아들을 둔 치매노인이다. 시를 읽는 동안 애처로운 감동이 일게 하며, 이어서 동화 알리바바와 40인의 도적을 인유한 위의 시는 한층 고백적인 양식을 띄고 있다. 자기성찰의 결과물로서 "또 다른 나를 보지 못하도록" 걸어잠근다는 표현을 보며 폐쇄성이 느껴진다. 여기서 시인은 자기 목소리를 대변하기 위해 효율적인 전달의 방식으로 1인칭 화자를 내세웠다. 이로써 언어의 정감적인 기능이 우세해진다.

그동안 그의 시는 다분히 도시적인 소재를 다루며 대상에 대해 주지적인 입장으로 고수해왔다. 배경이나 내용을 살펴볼 때 중요한 것은 '나'라는 화자가 이 시를 이끌어 가며 두려움과 불안에 사로잡혀 있는 현대인 중의 한 명을 대변하고 있다는 점이다.

여기서 화자는 인간의 고독을 다스리려 하는 주제의식을 나타내고 있다. "비밀이라는 말이 좋아" "들키고 싶지 않아" 등에서 자폐의 시간을 보낼 것으로 인식된다.

시간성은 문법범주인 시제나 인식론적 범주인 시간의식과 함께 철학적으로 결합되어 자아와 대상의 본질과 그 결합양상을 밝히는 것으로 나타난다. 인식론에 있어서 시간은 기억이나 존재감, 기대와 관련한 사유와 연동된다. 최정란의 시간의식은 자아의식의 유동으로 읽히며 경험의 토대로 이루어질 뿐 아니라 상상력을 일깨우는 기능을 한다.

「물의 사원」을 읽기 전에 먼저 "안도 다다오"의 이해가 필요하겠다. 시인의 언급대로 그는 처음부터 건축가가 아니었고 트럭을 운전하거나 권투 선수 생활을 하는 등 소설 같은 삶을 살다가 건축설계를 시작한다. "물"을 가까이 두어 편안함과 경건함을 주며 물 이외에도 빛, 바람, 나무, 하늘 등이 건축물과 긴밀하게 연결되어 있고 유리를 많이 사용함으로써 투명하고 기하학적인 인상을 받게 한다.

달빛이나 햇빛에 비치어 반짝이는 잔물결을 뜻하는 "윤슬"을 발음해 본다. 예쁜 이름에 여운이 남는다. 내용을 살피건대 "멀리까지 닿는 큰 바람이 일거야,/ 그 전에 먼저/ 바람이 물을 밀어/ 윤슬 위로 기도의 비늘이 반짝이겠지" 라는 대목에서 깊고 간절히 기도하는 모습을 연상해본다. "우유를 배달하듯, 신선한/ 기도를 담은 유리병을 문간에 매달아 놓고 가는" 끝부분에 이르면 추상적인 기도가 신선하고 맑은 우유의 시각적이며 구체적인 이미지로 전환되고 있어 읽는 이의 공감을 확보하기에 이른다. 절실한 마음이 가닿고 스미는 지점을 머릿속으로 그려본다.

21세기가 시작한 이래 시의 새로운 쟁점으로 부각된 패러디, 알레고리, 환상, 그로테스크 등등의 키워드는 서정시의 영역을 폭발적으로 확장했다. 그러나 이를 활용한 시가 우리 시대의 현실을 다 담아내지 못하여 가슴은 없이 머리로 쓰는 꼴이 되어버리는 기능도 했다. 그래서 형식미학의 한계에 이른다는 지적도 있었고 현실과 경험이 바탕이 되지 못한 상상력은 공허한 말놀이라는 우려가 있었다.

최정란의 시는 전통적인 서정시만을 고수하지도, 실험성을 바탕으로 전위적인 시를 고집하지도 않는다. 양자를 버무리면서 나름 새로운 시의 모습을 유지하며 잔잔한 감동이 인다.

근작 5편을 종합하면 내면탐색의 과정이 과거-현재-미래의 연속선상에서 의식과 무의식의 흐름을 따라 이어지고 있다. 불안한 청춘과 암담한 과거를 걷다가, 추억이 현재로 흐르다가, 「물의 사원」을 통한 간절한 바람이 자신의 내면으로 스미고 있다.

시에 나타난 서울 거리 풍경

KTX가 예리한 칼날처럼 도심을 관통하고 대중교통이 경적을 울리며 질주하는 오늘날. 그 빠른 속도만큼 삶의 공간에는 깊은 골짜기가 패이고 있다. 주거지에 섬같이 떠있는 공장이며 산자락을 허물어뜨리고 우뚝 솟은 아파트는 이제 서울의 익숙한 풍경이다.

빠르고 높고 커다란 것을 추구하며 이 시대의 문명은 달린다. 거리를 점령한 거대한 구조물, 건물을 가득 메운 간판들을 보면 기술의 첨단을 실감한다. 불과 몇 십 년 전만 해도 이러한 모습은 꿈에서 가능했다. 경제적으로 궁색했던 과거에 비해 요즘은 고생이란 단어를 모를 만큼 풍요로운 세상에 살고 있다. 하지만 고도성장이라는 명분이 이룩한 풍요는 또 다른 그늘을 만들었다. 요즘 세대의 아이들과 중년 이후의 사이에 깊숙이 파 놓은 격세지감!

그 시절의 생활상들이 줄줄이 사탕처럼 따라온다. 힘겨운 살림살이에도 골목길을 누비던 아이들의 웃음소리, 여러 집이 공동으로 쓰던 우물가, 담벼락의 낙서, 구멍이 난 양말에 끼우고 꿰매던 전구가 생각나는 가로등, 동네 만화방, 군침 도는 불량식품이 있던 문방구, 헤진 신발로 뛰놀던 운동장, 연탄을 나르던 언덕길, 번데기와 군고구마 냄새가 피어오르는 길목, 오라잇! 외치던 콩나물시루의 버스 차장, 행상하던 어머니, 리어카 끌던 아버지... 모습들이 새삼스럽다.

시간과 공간은 이렇듯 인간의 삶을 이루는 중요한 요소이며 문학은 이 상황을 반영하기 마련이다. 현대시가 태동되고 일제강점기를 거치며 6.25, 4.19, 5.16, 5.18에서 1990년대 이후로 이어지는 격동기가 고스란히 녹아있는 작품 속의 시공간은 생활을 바탕으로 체험되고 내재화된 것이다.

그 중에서도 문학에 등장하는 '길'은 상징하는 바가 크다. 단순히 '목적지를 향하는 과정'으로서의 차원을 넘어 그곳에 다다르기 위해 시련을 극복해야 하는 정신적인 과정으로서의 길이기도 하다. 갈림길에서 취사선택이 끊임없이 삶과 연관되기에 길의 심상에 나타난 시인의 태도는 시적 세계관과 직접 맥이 통한다.

그러면 이제부터 식민지 체제하의 수탈에서 해방도 잠시, 전쟁을 겪으면서 잿더미가 된 이 땅에 도로를 건설하고 빌딩을 세우고 자동차를 수출해 세계 속의 한국을 만든 세대들이 살아온 길들은 작품 속에서 어떤 모습으로 반영되어 나타나는지 살펴보려 한다. 길에 대한 사유는 여러 시인들에서 아주 광범위하고 다양하게 나타나는데, 지면 관계상 여기서는 시대순서에 따라 1990년대까지의 서울 거리로 한정해서, 길 이미지의 특징을 중심으로 범박하게 감상해 볼 것이다.

1. 종로네거리에서 망설임

길 위에서 서성거리는 것이 시인된 자의 운명임을 앞서 체득한 사람은 임화이었다. 혁명을 꿈꾸기에 일상이라는 공간에 뿌리내리기 힘든 사람. 저쪽을 향한 꿈은 이곳과 저곳이 필연적으로 모순된 공간이 되어버린다. 모순이 빚어내는 갈등은 임화의 시에서 네거리에서의 망설임으로 역사적 격랑과 침몰의 이미지로 드러난다.

시인 이상과 보성고보 동기였으며 수려한 외모와 낭만적 기질이 다분한 모던보이. 휘파람을 불며 여학생을 쫓아다니고, 1928년에는 〈유랑〉〈혼가〉 등의 영화의 주인공으로서 여자들의 가슴에 불을 지른 섹시가이. 카프 중앙위원으로 활동하다가 검거. 폐결핵 악화로 석방. 월북. 간첩죄로 사형언도를 받고 처형되는 극적인 이력들은 임화가 격동의 세월을 얼마나 뜨겁게 살았는가를 알게 하는 대목이다. 그를 종로 네거리에서 불러본다.

> 눈바람 찬 불쌍한 도시 종로 복판에 순이야
> 너와 나는 지나간 꽃피는 봄에 사랑하는 한 어머니를
> 눈물 나는 가난 속에서 여의였지
> 그리하여 이 믿지 못할 얼굴 하얀 오빠를 염려하고
> 오빠는 가냘픈 너를 근심하는
> 서글프고 가난한 그 날 속에서도
> 순이야, 너는 마음을 맡길 믿음성 있는 이곳 청년을 가졌었고
> 내 사랑하는 동무는
> 청년의 연인 근로하는 여자, 너를 가졌었다.
>
> 겨울날 찬 눈보라가 유리창에 우는 아픈 그 시절
> 기계 소리에 말려 흩어지는 우리들의 참새 너희들의 콧노래와
> 언 눈길을 걷는 발자욱 소리와 더불어 가슴 속으로 스며드는
> 청년과 너의 따뜻한 귓속 다정한 웃음으로
> 우리들의 청춘은 참말로 꽃다왔고,

- 임화, 「네거리의 순이」 부분, 『조선지광』 82호, 1929.1.

50행의 긴 이 시는 단편서사시라 할 만하다. 근로하는 여자인 누이 순이의 연인 용감한 사내는 형무소에 들어갔다. 그래서 순이는 절망에 빠져 있다. 그러나 절망해서는 안된다. 그 용감한 사내를 위하여 또 근로하는 모든 여자의 연인을 위하여 내일을 준비할 때다. 이러한 이야기를 담으면서 민중의 삶을 구체적으로 형상화하는 특성을 지니고 있다. 짧은 호흡에 음악성이 있고 선동적이며 호소력이 짙다.

종로 네거리는 이 시에만 나오는 것이 아니다. 1935년에 발표한 「다시 네거리에서」에도 그로부터 다시 10년 뒤에 발표한 「9월 12일-1945년 또 다시 네거리에서」와 그 뒤에 썼다는 「서울」에도 나온다. 그만큼 네거리를 친숙하게 느꼈다는 증좌이다. 그 종로 네거리로부터 시작한 임화의 흔적을 찾아 나선 길에는 현재, 보신각 이외에는 그 시절을 짐작할 수 있는 건물이 남아있지 않다. 이렇게 달라진 종로 네거리에서 이태준, 김남천, 안회남, 오장환 등이 새로운 민족문학 관철이라는 꿈에 부풀어 드나들었을 '회관'을 떠올려본다. 9월 12일은 조선인민공화국 수립과 조선공산당 재건을 경축하는 시가행진이 있었던 날이라고 한다. 당시 중도좌파 경향의 중외신보 기자로 있던 이기형 시인은 안국동에서 종로로 나오는 거대한 시위 행렬을 목격하고 "마치 붉고 푸르고 허연 산맥이 꿈틀거리며 압도해 오는 것 같았지요." (『연표 한국현대사』, 김천영 엮음)라고 쓰고 있다. 이 시에도 나오는 '나의 누이'를 보면 임화는 미리 이야기를 머릿속에 만들고 그에 따라 시를 쓰는 경향이 있었던 것으로 보인다.

또한 '네거리'라는 광장적 길을 통해 넓은 공간을 지향하는 의식이 나타난다. 이는 밀실이나 병실 등 폐쇄 공간이 주류를 이루던 우리 근대 문학 초기 시단의 분위기와는 다른 열린 공간으로서의 상징성을 지닌다는 점에서 의의가 있다. 이러한 길은 비극적 현실 인식과 현실 참여의 의지와 모순적 현실에 대한 갈등의 의미를 지닌다. 네거리에 반영된 시 의식은 역사의 변화와 함께 연동된다. 치열한 저항의식 지향의 공간이었던 종로 네거리는 산업화와 더욱 옥죄는 억압의 장소로 존재하게 된다. 광복 후 네거리는 공허감과 부끄러움의 정서지향의 공간으로 변화하는데 이는 부정적 현실에 적극적으로 저항하지 못했던 후회의 심리가 따른 것이다.

임화는 참다운 인민의 조국이라 생각하고 월북하였으나 형장의 이슬로 사라진다. 그 모습이 겹치면서 목숨을 걸 만큼의 이념과 역사란 무엇인지 다시금 생각하게 된다.

2. 병든 서울의 낭만과 격정을 토로

월북한 작가 중에 일생이 예사롭지 않기로는 오장환도 마찬가지이다. 1918년 충북 보은에서 태어난 그의 호적에는 어머니가 첩으로 등재되어 있다. 이것이 콤플렉스로 작용했을 가능성이 있다. 실제로 그의 시에는 "어머니는 무슨 필요가 있기에 나를 만든 것이냐!"(「향수」)라든가 "내 성은 吳씨. 어째서 吳가인지 나는 모른다" (「성씨보」)는 등 자신의 출생을 냉소하는 표현이 적지 않게 나타나고 있다.

일본 유학을 중퇴하고 귀국하여 종로 관훈동에 '남만서점'이라는 책방을 내는 때가 그의 나이 스물하나 이었다. 출판을 겸하기도 했던 그의 경영은 겨우 2년 남짓으로 끝나고 전형적인 식민지 시대의 우울한 청춘기를 보내게 된다. 이러한 의식은 그의 시에 무게와 깊이를 더하면서 반영된다.

> 병든 서울, 아름다운 그리고 미칠 것 같은 나의 서울아
> 네 품에 아무리 춤추는 바보와 술취한 망종이 다시 끓어도
> 나는 또 보았다.
> 우리들 인민의 이름으로 씩씩한 새 나라를 세우려 힘쓰는 이들을.......
> 그리고 나는 외친다.
> 우리 모든 인민의 이름으로
> 우리네 인민의 공통된 행복을 위하여
> 우리들은 얼마나 이것을 바라는 것이냐.
> 아, 인민의 힘으로 되는 새 나라
>
> \- 오장환, 「병든 서울」부분, 『상아탑』 창간호, 1945.12.

위의 시를 읽다보면 폭력에 눌려 사는 사람들의 피를 끓게 하고 주

먹을 불끈 쥐게 하는 힘이 있다. 그는 해방을 신장병으로 입원해 있던 병원에서 맞는다. 해방을 맞자 그의 시는 우렁차고 씩씩해지면서 인민의 정서를 대표하는 인민의 시로 자리잡게 된다. "8.15이전부터 나의 바란 것은 조선의 완전한 계급혁명이었다. 이것만이 우리 민족을 완전 해방의 길로 인도할 줄로 확신"(「에세닌에 관하여」 오장환 역, 『에세닌 시집』)했다는 고백으로 짐작하건대 뜻밖의 일은 아니다. 그가 확고한 정치적 신념을 가지고 진보진영에 지지를 보낸 것을 보면 피가 얼마나 뜨거웠는지 알 수 있다.

그는 일제강점기 시절의 비애와 퇴폐를 바탕으로 한 모더니즘에서부터 향토적 서정이 짙게 배있는 순수서정까지 다양한 시세계를 구축했다. 우리 문학사에서 서정주와 어깨를 나란히 할 만큼 문학적으로 조숙했던 인물임에도 한동안 그의 이름을 문단사에 올리지 못했던 것은 오로지 월북이라는 이데올로기의 문제였다. 같은 시를 아래에 더 인용을 본다.

> 病든 서울아,/ 지난날에 네가 이잡놈 저잡놈/ 모도다 술취한 놈들과 밤늦도록 어깨동무를 하다 싶이/ 아 다정한 서울아,/ 나도 미천을 털고보면 그런놈 중의 하나이다./ 나라없는 원통함에/ 에이, 나라없는 우리들 青春의 반항은 이러한 것이었다. 反抗이어! 反抗이어! 이 얼마나 눈물나게 신명나는 일이냐.

해방되기까지의 울분을 노래한 이 부분은 거칠면서 격정적이다. 발동기의 모터소리처럼 박진감과 우울감이 동시에 느껴진다. 암울한 당대의 지식인이면 당연히 가짐직한 표현들로 가득하다. 허무적이고 병적인 정서를 대변하면서 새 시대에 대한 전망과 기대를 노래하고 있다. 울음과 노래와 싸움 속에서 해방기의 문학과 정치가 만나고 엇갈리는 동안 그가 사랑하는 서울은, 광복은 동족상잔의 피를 부르고 4.19로 이어지고 있었다.

3. 부끄러움이 남겨진 거리에서

4·19가 나던 해 세밑/ 우리는 오후 다섯 시에 만나/ 반갑게 악수를 나누고/ 불도 없이 차가운 방에 앉아/ 하얀 입김 뿜으며/ 열띤 토론을 벌였다/ 어리석게도 우리는 무엇인가를/ 위해서 살리라 믿었던 것이다/ 결론 없는 모임을 끝낸 밤/ 혜화동 로우터리에서 대포를 마시며/ 사랑과 아르바이트와 병역 문제 때문에/ 우리는 때묻지 않은 고민을 했고/ 아무도 귀기울이지 않는 노래를/ 누구도 흉내낼 수 없는 노래를/ 저마다 목청껏 불렀다/ 돈을 받지 않고 부르는 노래는/ 겨울밤 하늘로 올라가 별똥별이 되어 떨어졌다/ 그로부터 18년 오랜 만에/ 우리는 모두 오랜만에 무엇인가 되어/ 혁명이 두려운 기성세대가 되어/ 넥타이를 매고 다시 모였다/ 회비를 만 원씩 걷고/ 처자식들의 안부를 나누고/ 월급이 얼마인가 서로 물었다/ 치솟는 물가를 걱정하며/ 즐겁게 세상을 개탄하고/ 익숙하게 목소리를 낮추어/ 떠도는 이야기를 주고 받았다/ 모두가 살기 위해 살고 있었다/ 아무도 이젠 노래를 부르지 않았다/ 적잖은 술과 비싼 안주를 남긴 채/ 우리는 달라진 전화번호를 적고 헤어졌다/ 몇이서는 춤을 추러 갔고/ 몇이서는 허전하게 동숭동 길을 걸었다/ 돌돌 말은 달력을 소중하게 옆에 끼고/ 오랜 방황 끝에 되돌아 온 곳/ 우리의 옛사랑이 피흘린 곳에/ 낯선 건물들 수상하게 들어섰고/ 플라타너스 가로수들은 여전히 제자리에 서서/ 아직도 남아 있는 몇 개의 마른 잎 흔들며/ 우리의 고개를 떨구게 했다/ 부끄럽지 않은가/ 부끄럽지 않은가/ 바람의 속삭임 귓전으로 흘리며/ 우리는 짐짓 중년기의 건강을 이야기했고/ 또 한 발짝 깊숙이 늪으로 발을 옮겼다

- 김광규, 「희미한 옛사랑의 그림자」, 『우리를 적시는 마지막 꿈』, 문학과지성사, 1979.

이 시는 4.19세대인 화자가 18년의 세월이 흐른 뒤, 그때 친구들과의 세밑 모임에서 느낀 감회를 그리고 있다. 지금의 소시민적 삶을 지난 시절과 연관을 지어 보면서 회한에 젖는다. 젊었을 적에, 역사의 수레바퀴가 굴러가는 방향과 삶이 일치하리라 믿었고 꿈과 신념으로 새로운 세상을 만들 것이라던 패기는 어느덧 사라지고 그저 현실에 순응

하고 안주하는 모습들에는 자조가 섞여 있다.

혁명을 향한 열기가 "옛사랑"이 되고, 이제는 "혁명이 두려운 기성세대가 되어" 버렸다. 그래서 그 "그림자"만 추억할 뿐이다. 젊음과 열정, 순수와 이상은 저버리고 맹목의 삶에 대한 회의가 느껴진다. "모두가 살기위해 살고" "아무도 이젠 노래를 부르지 않"는다는 표현을 보면 서글퍼지기까지 한다. "또 한 발짝 깊숙이 늪으로 발을" 옮기는 "우리의 옛사랑이 피 흘린" 거리를 지나치며 "부끄럽지 않은가" 두 번을 반복하며 부끄러워하고 있다. "혜화동 로우터리"와 옛날 서울대가 있던 자리 지금의 대학로인 "동숭동" 길이 생생하게 작품 속에서 와닿는다.

시사적인 이야기가 평이한 시어로 물 흘러가는 듯한 이 시는 결국 현실에 안주하여 소시민적 삶을 사는 자신을 돌아보게 한다. 이 시는 일상적 언어를 사용하고 어려운 비유법을 쓰지 않아 편하되 깊이가 있다. 김광규의 시의 미덕으로는 이렇게 쉽고 명징한 언어와 사회에 대한 관심, 개인의 일상을 총체적으로 파악하려는 반성적이고 지적인 사유를 들 수 있겠다.

또한 이 시를 읽고 있으면 순수했던 젊은 날과 현실에서 타협하는 지금의 나 자신의 모습이 머릿속에서 겹쳐진다. 미래를 꿈꾸기보다 노후를 걱정하고 혁신을 바라기보다 개인의 안녕만 바라는 부끄러운 일상을 점검하게 된다. 한국전쟁의 폐허를 풍요로 일군 세대, 근면과 성실로 건설한 세대가 이제는 역사의 뒤안길이 되고 있다.

4. 노동 계급적 관점에서 민중을 대변하다

알다시피 지난 70년대의 경제개발 추진의 결과, 80년대에는 자본과 노동이 격렬하게 대립하기에 이른다. 민중과 노동이 사회 변혁의 핵심어로 떠오르던 시기라 하겠다. 장시간 노동에 최저 임금이라는 부당한 차별 대우를 받아왔던 노동자들이 그들의 적대 세력인 자본가 계급에 대한 저항과 맞서게 된다. 전형적인 민중시인하면 제일 먼저 박노해를 떠올리게 된다.

> 올 어린이날만은/ 안사람과 아들놈 손목 잡고/ 어린이 대공원에라도 가야겠다며/ 은하수를 빨며 웃던 정형의/ 손목이 날아갔다// (2연 생략) 기계 사이에 끼여 아직 팔딱거리는 손을/ 기름먹은 장갑 속에서 꺼내어/ 36년 한많은 노동자의 손을 보며 말을 잊는다/ 봉천동 산동네 정형 집을 찾아/ 서글한 눈매의 그의 아내와 초롱한 아들놈을 보며/ 차마 손만은 꺼내주질 못하였다// (4연 생략) 화창한 봄날 오후의 종로거리엔/ 세련된 남녀들의 화사한 봄빛으로 흘러가고/ 영화에서 본 미국상가처럼/ 외국상표 찍힌 온갖 좋은 것들이 휘황하여/ 작업화를 신은 내가/ 마치 탈출한 죄수처럼 쫄드만// 고층 사우나빌딩 앞엔 자가용이 즐비하고/ 고급 요정 살롱 앞에도 승용차가 가득하고 거대한 백화점이 넘쳐흐르고/ 프로야구장엔 함성이 일고/ 노동자들이 칼처럼 곤두세워 좇빠져라 일할 시간에/ 느긋하게 즐기는 년놈들이 왜 이리 많은지/ --원하는 것은 무엇이든 얻을 수 있고/ 바라는 것은 무엇이든 이룰 수 있는--// 선진조국의 종로거리엔/ 나는 ET가 되어/ 일당 4,800원짜리 노동자로 돌아와/ 연장노동 도장을 찍는다// 내 품속의 정형 손은/ 싸늘히 식어 푸르뎅뎅하고/ 우리는 손을 소주에 씻어들고/ 양지바른 공장 담벼락 밑에 묻는다// 노동자의 피땀 위에서/ 번영의 조국을 향락하는 누런 착취의 손들을/ 일 안하고 놀고먹는 하얀 손들을/ 묻는다/ 프레스로 싹둑싹둑 짓짤라/ 원한의 눈물로 묻는다/ 일하는 손들이/ 기쁨의 손짓으로 살아날 때까지/ 묻고 또 묻는다//
>
> - 박노해, 「손무덤」, 『노동의 새벽』, 풀빛, 1984.

위의 시는 각성한 노동자의 분노를 표출하고 있다. 프레스에 잘린 손을 생각하면 섬뜩하고, 잘린 손을 묻는 장면은 더 소름끼친다. 대개의 민중시가 그렇듯 이 시를 읽을 때 우리는 내재된 미학적 장치를 찾지 않아도 된다. 척박한 노동 현실 경험이 그대로 드러나고 "봉천동 산동네"와 "선진조국 종로거리"가 대비적으로 나타나 있다.

이 세계에서 "ET", 곧 외계인이 되어 버린 노동자들은 소외된 사람들이다. 여유와 환락을 즐기는 사람들과 어울리지 못하고 저임금의 연장 노동을 해야만 생존을 이어갈 수 있다. 이것이 현실이다. 프레스에 잘린 손과 그를 착취하는 손을 떠올려 본다. 그 연결고리 앞에 마음이 무거워진다. 우리의 노동 현실은 점차 개선과 극복이라는 자기 발전의 길을 걷고 있지만 아직도 어려운 형편에 놓여 있어 풀어나가야 할 과제가 많다.

「손무덤」은 자본 아래서 소외받는 민중노동자들의 삶을 전형적으로 보여주는 시이다. 박기평(박노해의 본명)이 노동자 시인임이 밝혀지기 이전 「노동의 새벽」을 쓴 시인의 정체에 대해 분분했다. 노동의 현실을 거짓이 없이 토로하는 이 시는 감정이 직설적으로 너무 드러나서 미학적이지 않다는 견해가 따랐던 것도 사실이다.

돌이켜보면 우리나라의 근대화 정책은 도시 중심적이었다. 이에 따른 결과로 이농민들이 양산되었고 도시의 주변부로 인구가 집중되고 이들은 산업의 역군이 된다. 부를 축적한 자본가 계급은 사회적 환원과 분배에는 소홀해서 이윤의 증식을 개인적으로 치부하였다. 이는 일부 부유층의 환락과 소비가 범람하는 시대로 이어지고, 유하의 「바람 부는 날이면 압구정동에 가야 한다」는 시적 발상을 낳기에 이른다.

5. 자본과 현란한 소비문화의 풍자

유하의 시는 자본 사회의 병폐와 부조리한 현실을 풍자적으로 드러낸다. 후기 산업사회와 정치 후진국이라는 두 가지의 현실적 질곡으로 나타나는데 「바람 부는 날이면 압구정동에 가야 한다」 연작시에서 적나라하게 드러난다. 서정적 주체인 내가 압구정동 거리에서 보고 느낀 점들을 살펴본다.

바람부는 날이면, 압구정동에 가야 한다 사과 맛 버찌 맛/ 온갖 야리꾸리한 맛 무쓰 스프레이 웰라폼 향기/ 흩날리는 거리 웬디스의 소녀들, 브띠끄의 여인들 까페 상류사회의 문을 나서는/ 구찌 핸드백을 든 다찌들, 오예 바람 불면 전면적으로 드러나는/ 저 흐벅진 허벅지들이여 시들지 않는 번뇌의 꽃들이여/ 하얀 다리들의 숲을 지나며 나는, 끝없이 이어진 내 번뇌의 구름다리를/ 출렁출렁 바라본다 이 거추장스러운 관능의 육신과 마음에 연결된/ 동앗줄 같은 다리를 끊는 한 소식 얻기 위하여, 바람 부는 날이면/ 한양쇼핑센타 현대백화점 네거리에 떡하니 결가부좌 틀고 앉아/ 온갖 심혜진 최진실 강수지 같은 황홀한 종아리를 뚫어져라 바라보며/ 不淨觀이라도 해야 하리 옛날 부처가 수행하는 제자에게 며칠을 바라보라 던져준/ 구더기 끓는 절세미녀의 시체, 바람 부는 날이면 펄럭이는 스커트 밑의 (...)

- 유하, 「바람부는 날이면 압구정동에 가야 한다」 6 부분, 同題시집, 문학과지성사, 1991.

압구정동으로 대표되는 강남의 문화를 토로하는 이 시는 자본과 욕망의 현주소를 제대로 짚고 있다는 생각이 든다. 이렇듯 유하의 시는 다분히 속물적이고 대중적이고 가볍다. 키치적 감성으로 새로운 시각을 열어준 감각이 돋보인다. 도시는 원래 사람들이 편리하게 잘 살기 위해 건설했으나 도시는 다시 사람들을 피곤하게 하고 파괴하고 있다.

인간은 욕망의 노예여서 갖고 싶고 누리고 싶은 물질과 세속적인 풍요는 끝이 없다. 하나의 욕망을 채우고 나면 그 다음의 욕망을 추구하는 것이 인간이다. 채움의 욕망을 비우지 않는 이상 물질적 풍요에도 인간은 만족할 줄 모른다. 그래서 "저 흐벅진 허벅지들이여 시들지 않는 번뇌의 꽃들이여"라고 읊으며 부정관(不淨觀), 즉 인간의 몸이 더러운 것임을 깨달아 탐욕을 없애는 수행을 해야 한다고 생각한다.

또한 압구정동의 맛과 냄새는 "사과 맛 버찌 맛 온갖 야리꾸리한 맛"으로 "무쓰"와 "스프레이"와 "웰라폼"의 향기로 느껴진다. 이러한 향기와 맛은 짐짓 다양성으로 포장된 상품의 모습으로 현란하게 비춰지기도 하며 "웬디스의 소녀들"과 "다찌"(일본인을 상대로 하는 기생)의 외면적인 아름다움의 표상일 수도 있다. 그러한 아름다움은 CF모델인 "심혜진 최진실 같은 황홀한 종아리"로 표현되는 상품의 자기 소비와 그러한 소비에서 기인하는 독점 자본의 자기 이해의 관철로 이어진다. 독점자본의 갈구, "흐벅진 허벅지들"의 상품소비에의 허영심이 충돌하는 압구정동의 "한양쇼핑센타"와 "현대백화점 네거리"풍경이 부각되고 있다.

시대순서에 따라 지금까지 서울 거리 풍경에 나타난 길 이미지의 특성을 살펴보았다. 여러 시에 나타난 길 이미지들은 단순히 축자적인 의미를 넘어 시대 상황과 맞물려 시인의 내면정서가 표출된다. 그러한 수단으로의 길이 임화의 경우는 광장적 이미지로 오장환은 식민치하의 울분으로 김광규의 시에서는 회오(悔悟)로 나타난다. 박노해는 민중노동자의 대변인이 되고 유하는 팽배한 물질사회를 풍자하면서 키치적으로 표현하고 있다.

그러고 보니 길에 녹아든 여러 시인의 사유는 단순히 길거리 풍경을 살펴보는 일이 아니다. 세계와 자아의 탐색이며 세대와 세대를 연결하는 만남이고 시대와 시대를 잇는 타임머신으로 현대를 사는 우리에게 다양한 이미지와 메시지를 전한다.

일상의 우리는 아침저녁으로 늘 같은 길을 오가며 살고 있다. 지칠 때면 쉬고 싶기도 하고 새로운 길에 대한 욕망이 꿈틀대기도 한다. 길은 원래 그 자리에 놓여있는 원형적인 공간이면서 변화에 따라 생성되고 유실이 되는 역설적이고 매력적인 공간이다. 소통하거나 단절된 길, 가지 않은 길, 떠나고 싶은 길, 행복한 길, 외로운 길...... 복잡한 인간의 마음을 닮은 갈래 길들이 우리 앞에 있다.

떠나면 보인다

"세계는 한 권의 책이다. 여행하지 않는 자는 단지 그 책의 한 페이지만을 읽을 뿐이다." 4세기 때 철학자인 아우구스티누스가 이런 말을 한 걸 봐도 아주 오래전부터 사람들은 여행이 세상을 알아가는 데 필요하다고 여겼다. 그런데 예전에 비해 여행지에 대한 정보가 많아지고 누구나 여행을 할 수 있게 되면서 어떤 내용의 여행인지 보다 몇 개국을 더 많이 다녔냐가 회자된다. 또 매스컴에 크게 소개된 여행지에는 자연과 사람이 몸살을 앓기도 한다.

그렇다면 진정한 의미의 여행이란 무엇일까? 우리가 읽는 시에 여행이 어떻게 반영되고 어떤 양상으로 작용하는가? 이러한 관심으로부터 주제가 있는 시 코너는 여행에 대한 종횡무진의 파노라마로 꾸며보았다.

나(그대)를 만나러 떠나다

여행은 내가 나에게 주는 참 좋은 선물이다. 지금 당장 여행을 떠날 수는 없다면 글을 통해서라도 접하길. 고미숙의 「강물역」을 선물로 읽는다.

> 기차에 나를 실어 보낸다// 청춘이 울며 밤을 새던/ 본향의 강물역에 내리면/ 가슴에서 자라는 회기의 지느러미// 감나무에 풋감처럼 매달려/ 기다림으

로 여물어가던 아이에게로/ 거슬러 올라간다// 꽃을 따 강물에 던지던 소녀는 이 강물에서/ 소녀를 버리고 여인이 되었지/ 꽃을 던지며 흘리던 웃음소리가/ 벚꽃처럼 흩날려 강물에 빠진다// 뿌리를 뽑아 달아나고 싶던 때도/ 청춘의 발바닥이 이렇게 간지러웠던가/ 외지의 시간을 짜 입을수록/ 회기의 가슴지느러미 자리가 가렵다// 어떤 이들은 돌아와/ 강이 내려다보이는 야트막한 산에 / 초록 마침표를 찍고/ 점도 무겁다 싶은 이들은 허공 한 벌 차려입고/ 꽃가루처럼 강물로 뛰어드는구나// 강변을 달리던 자전거/ 풀숲에 눕혀놓고 이제는/ 녹물 날 것 같은 두 발 강물에 담근 채/ 하늘 올려다보는데,// 누가 펼쳐 놓았나/ 유유히 떠 있는 구름 음표에 맞춰/ 홍얼홍얼 흐르는 강물 소리// 혼자 떠나는 여행은 나를 만나러 가는 여행이다

- 고미숙, 「강물역」

위 시는 인생을 강물에 비유해 강물역이라는 지명을 만들고, 살아온 일들을 돌아보고 있다. 아이에서 소녀, 여인으로 되는 과정이 "벚꽃처럼 흩날려 강물에 빠"지는 이미지와 어우러져 선연하다. 자연스럽게 화자의 추억의 향기도 바람에 날릴 것이다. 나를 찾는 내면을 들여다보며 "뿌리를 뽑아 달아나고 싶던 때"가 있고 "회기의 가슴지느러미 자리가 가렵다"고 토로한다.

"외지의 시간을 짜 입을수록"이나 "어떤 이들은 돌아와"의 구절에서 요즘 도시생활에 염증을 느끼는 이들로부터 화제가 되는 귀향, 귀농이 떠오른다. 이러한 현상의 배경에는 자연을 그리워하는 인간의 본능이 자리한다. "강이 내려다보이는 야트막한 산에" "초록 마침표를 찍"는다면 안빈낙도가 되려나. 텃밭이나 정원, 산책길의 힐링이 여유자적이겠다. "강변을 달리던 자전거"를 "풀숲에 눕혀놓고", "녹물 날 것 같은 두 발 강물에 담그"면 재충전의 기회가 될 것이다.

현대인은 아이에서 어른까지 저마다 바쁘다. 배워야 하고 선택해야 하며 부딪치고 헤쳐 나가야 한다. 그러다 몸과 마음이 다치기도 하고 주위 사람들과 갈등을 겪는다. 태어나 자기 인생에 책임을 진다는 것

은 어깨 무거운 일이다. 그래서 인간은 살아가는 일의 외로움과 두려움을 달래줄 관계를 소망한다. 따듯한 사이였다가도 어떤 경우 좌절하는데 어쩌랴, 이것이 인간인 것을. 존재하는 한 서러움이야 찾아오겠지만 마음을 나눈다면 그때는 서러움도 아름다울 것이다. 인생이라는 여행길에서 내 마음을 알아주는 이가 있다면. 다음의 시는 그리움과 존재의 외로움이 만나고 있다.

> 그대에게로 길을 나선다./ 그대 그리움만 가득 담은 배낭을 지고,/ 그대를 향해 먼 여행을 나선다./ 아직 이르지 못하는 그대, 라는 공간/ 아직 머물지 못한 그대, 라는 시간/ 간이역에서 소실점이 보이는 철로의 끝,/ 그곳에 그대가 없다./ 처언천히 개찰구를 걸어 나오는 그대,/ 그림자도 보이지 않는 간이역에서 그대,/ 에게 무수히 전화를 걸어도 부재중임을 알리는/ 그대를 향해 다시 열차에 오른다./ 들판을 지나 터널, 터널을 지나 다시 들판/ 나타났다가 지워지는 그대,/ 라는 글자를 좇아 달리는 열차는 더디기만 하고,/ 종점역에서 내리면 개찰구 밖에서 기다리는 그대,/ 보이지 않는다./ 계절은 피었다가 다시 지고,/ 보랏빛 털제비꽃 고개를 떨구는데/ 마음이 떠나지 못하는 그대 향한 몸부림.
>
> - 변종태, 「털제비꽃 핀 간이역」

애별리고(愛別離苦). 사랑하지만 떨어져있는 고통이 이 시의 근간이다. 좋은 사람과 공간과 시간을 공유하면 당연히 행복할 텐데 함께 못해서 발화한 시일 것이다. 그대는 그리움으로밖에 만날 수 없다. 마음이 답답했겠고 여행을 나섰으나 그대를 만나지 못한다. 그대에게 "무수히 전화를 걸어도 부재중"이므로 "개찰구를 걸어 나오는 그대"는 사실 상상 속이다.

"보랏빛 털제비꽃" 이미지에서 "그대"를 떠올릴 수 있은 직접적인 묘사는 없으나 독자로서 끌어다 연상을 해보면 빨강과 파랑을 혼합한 스펙트럼이 퍼져나간다. 퍼플과 바이올렛, 또 그 사이에는 얼마나 많은 빛깔들이 있나. 작고 여린 꽃의 모습. 황홀한 고통이지 싶다. 들판과 터널을 지날 때 그대가 나타났다가 지워지는 장면도 상상이고, 그대와 어떤 추억을 나누었는지 정보가 없어서 여백을 채워 읽을 뿐이다.

마지막 행의 "마음이 떠나지 못하는 그대 향한 몸부림"을 보면 화자는 사랑에 갇혔다. 개찰구 밖으로 나가지 못할 것 같다. 사랑하다가 출구를 잃고 역에서 헤매고 있다. 사랑할 때는 자신이 보이지 않는다. 그래서 사랑은 맹목. 언제 사랑으로부터 자유로워질까.

역사 혹은 상처의 현장에서

문학은 좌절당한 자의 편에 설 필요가 있다. 역사가 이긴 자의 관점으로 기록한다하여도 승리는 많은 사람들의 피로 이루어진 것이기 때문이다. 많은 사람들의 피와 고통을 예술의 힘으로 치유하지 않는다면 문학의 가치는 어디서 찾을까. 이는 대상을 어떻게 표현할 것인가라는 시창작의 문제에 인생관의 문제까지 짚어보게 한다. 다음의 시조는 "그 어디 갈 데 없고 마음도 둘 데 없"는 화자가 역사적 인물의 장소에서 깨치는 내용을 담고 있다.

> 삶의 해독 강요하는 봄볕들 수런댈 때/ 그 어디 갈 데 없고 마음도 둘 데 없어/ 앞서 간 그 마음 따라/ 그대 뜰을 걷습니다// '겨울 냇물 건너듯이 사방을 조심하라'/ 스스로 경계의 말 큰 울림 결이 되어/ 몇 벌 죄 다 부려놓고/ 바람 한 짐 졌습니다// 누옥의 남창 열고 밤 별자리 헤아린 뒤/ 해서는 안되는 짓 하지 말아야 할 일/ 도덕경 책장 넘기며/ 바른 길을 새깁니다
>
> - 오종문, 「여유당 다산 선생께」

정약용이 긴 유배 후 고향으로 돌아와 머문 집이 '여유당'이다. 현재 남양주 마현마을의 이 생가는 화려하지 않지만 단정하게 복원되어 있다. 앞으로 내(川)가 흐르고 옆에는 실학박물관이며 기념관이 들어서 있다. 여유당은 노자의 도덕경에서 따왔다고 한다. 여(與)는 겨울 냇물

을 건너듯하다, 유(猶)는 사방을 조심히 하라는 의미에서 한 편의 시조가 탄생한다. 시조의 권역은 양식의 역사성과 현재성에 대해 남다른 천착이 있겠다. 3장 6구 45자 정형에 모든 의미, 휴지, 운율까지 연관될 터, 지전능변(知典能變)으로써 오랜 전통에 대한 계승과 창조가 느껴진다.

역사에는 흥망성쇠의 부침이 흥미진진하다. 역사를 알면 여러모로 도움이 된다. 역사에는 성공한 사람, 실패한 사람, 잘난 사람, 어리석은 사람 십인십색이 있다. 이 모두가 역사의 주인공이다. 이들이 만나서 역사라는 도도한 물결을 이룬다. 이 시의 화자처럼 일이 잘 풀리지 않거나 불안할 때 현장을 찾아보면 희망을 찾을 수 있다. 지나간 죽은 과거로서가 아니라 등장인물들이 오늘에 살아 귀감이 되고 생생한 여행이 될 것이다. 다음은 밥 앞에 자못 숙연한 여행기이다.

> 어디를 가도 밥상 앞은 진지하다/ 그래서 사람이 먹는 밥은 항상 진지다/ 태국의 아란을 넘어 캄보디아로 건너가는 길목/ 음식점 앞에 모여선 아이들의 검은 눈이 말없이 웃는다/ 밥상 위에는 진지보다 거룩한 밥그릇이 놓이고/ 한쪽 다리가 없는 아이와 다섯 손가락이 죄다 가버린 아이의/ 맑은 눈과 붉은 입술이 함께 와 앉는다/ 볏가리처럼 접시 안에 쌓여 있는 안남미의 밥알이/ 금방이라도 날아가 버릴 것 같아서/ 캄보디아의 숟가락으로 밥알을 꾹꾹 누르면/ 접시 위의 볏단은 너무 가벼워/ 숟가락만 찔러 넣어도 쉽게 무너져버린다/ 밥을 기다리는 아이들의 창자에서는 바람이 불고/ 열대몬순의 들판에 비가 내리고/ 헤픈 밥알들 저 바람에, 저 빗줄기에 도망가지 못하도록/ 아이들은 뭉친 밥알을 입 안으로 바쁘게 옮겨 나른다/ 볏가리를 나르듯 너무 빨리 너무 가볍게/ 아이들의 거룩한 입으로/ 천사처럼 날아가는 밥알
>
> - 임희숙, 「캄보디아의 진짓상」

"태국의 아란을 넘어 캄보디아로 건너가는 길목"의 음식점 풍경이다. 화자는 "한쪽 다리가 없는 아이와 다섯 손가락이" 없는 아이들을 대면

한다. 시인은 언급하지 않았으나 상상을 보태 킬링필드 현장이 연동된다. 무고한 아이들이 어쩌다 신체를 못쓰게 되었을까. 죄라면 가난이고 어른들 탓이다. "밥을 기다리는 아이들의 창자에" 부는 바람과 "열대몬슨의 들판에" 내리는 비의 이미지가 처연하다. 안남미는 푸슬푸슬 날아가기 쉬워서 한 톨 한 톨 쌀알이 더 눈물겹고 값진 땀방울처럼 느껴진다. 지상의 한 끼를 노래하는 이 시는 밥이 천사로 승격된다. 발품들여 노동의 대가로 먹는 밥 한 그릇이 새삼 거룩하다.

끼니를 먹지 않고는 살아갈 수 없으므로 밥과 삶은 직결된다. 그래서 먹는 원초의 본능을 공유하는 사람을 식구(食口)라 하지 않는가. 혈육이 아니라도 밥을 같이 먹는 사람들과 정을 나누게 되니 먹고사는 일은 참으로 근본이며 우주의 질서가 담겨 있다. 남의 밥그릇을 빼앗아 먹는 것. 양육강식을 상기하다가 지배자와 피지배자, 중심과 주변부의 논리까지 생각이 뻗어나간다. 아무리 뛰어난 인물이며 국가나 환경이라 하더라도 독단으로 살아남을 수 없다. 모든 존재는 이해관계 속에 연루되어 있고 세상만물은 수많은 수고와 피와 땀이 맞물려 돌아가는데.......

먼지 날리는 타자, 디아스포라, 노마드

일찍이 장자는 양생을 알고 가치 전도의 사유를 펼쳤나 보다. 집 짓는 데 쓰이는 나무만 쓸모가 있는 게 아니라, 재목감이 못되어 도끼를 피한 나무는 그 나무 입장에서 보면 훗날 크게 자랄 테니 쓸모가 있다. 인간 위주의 독단적이며 독점적인 가치들을 벗어버리고 소요유(逍遙遊)를 생각해 본다. 다음의 시는 탈중심을 목도하고 있다.

> 신탄진 터미널 뒷골목에서/ 길을 놓쳤다/ 평상이 있는 담뱃가게 모퉁이를 꺾는 순간/ 방금 전 누군가 돌아서 나간 골목길이 스멀스멀 물살을 일으킨다/

정박할 곳 찾아 두리번거리는/ 한 사내의 뱃머리를 집어삼킨다// 부러진 갈빗대를 끌고 와/ 새파란 정적이 될 때까지/ 물살을 찢고 제 몸을 헹구어/ 순한 물짐승이 되어서야 돌아눕는 사내// 물비늘 촘촘히 박힌/ 사내의 옆구리엔/ 흘러간 옛 애인 집 문패가 걸려 있고/ 천식이 깊은 아내의 후미진 골방이 있고// 저 수몰지구 비탈길엔/ 그 해 가장 깨끗한 첫 서리가 내리기도 했을 것인데// 내 몸속에도 마땅히 흘러야 할 곳을/ 찾지 못해 고여 있는 급수 탱크가 있어/ 꼭지를 틀면 쏟아지는 뜨거운/ 폭포 줄기가 있어 가끔은// 염천(炎川)이 흐르는/ 터미널 뒷골목을 쭈뼛거리며 빈 담뱃갑을 구기거나/ 괜한 구두끈을 고쳐 매기도 하는 것이다

- 조유리, 「공용터미널 뒷골목엔 염천(炎川)이 흐른다」

오가는 사람들로 터미널은 분주한 곳이다. 바삐 돌아가는 세상에서 낙오자가 여기 있다. 그려지는 사내는 "정박할 곳을 찾아 두리번거"린다. "부러진 갈빗대"에는 "물비늘 촘촘히 박"혀 신산하다. 이 시의 앞부분에서는 사내의 모습에 집중하다가 뒷부분에서는 나를 돌아본다. 나 역시 "고여 있는 급수 탱크"가 있어 "염천(炎川)이 흐"른다고 토로하는 부분을 눈여겨 볼 필요가 있다. 원래 한자 염천(炎天)은 몹시 뜨거운 날씨이나 여기서는 염천(炎川)으로 바꾸어 활용한다.

화자인 나는 사내의 "옛 애인 집 문패"며 "천식이 깊은 아내의 후미진 골방"을 연상하다가 "수몰지구"까지 염두한다. 억눌리고 왜곡된 사람들, 상처의 징후가 포착된다. 더불어 드러나는 물신주의며 일상에 파고든 질곡이 느껴진다. 일상은 어쩌면 표면적인 모습에 불과하고 밑바닥에는 이 자본사회의 아이러니가 충돌한다. 중심에서 밀려나 떠도는 주변부의 타자들이 아프다. 이어지는 시는 디아스포라를 다루고 있다. 이산(離散) 역시 타자의 삶이며 다문화 사회의 소수자가 아닌가.

서탑엘 간다/ 중국 요녕성의 수도 심양시의 서탑 거리를 간다/ 7,80년대식 카바레에/ 역전 식당식 간판이 요란한 서탑엘 간다/ 고구려 땅이었다가/ 독립

군 활동이 뜨겁던 봉천奉川이었다가/ 고국은 한국이나 조국은 중국이라는/ 조선족 거리에 북한사람과 탈북자까지/ 뒤섞인 한국 교민의 거리/ 서탑엘 간다// 한국의 역사가 백제원, 신라성, 고려원, 이조가든으로 나붙은 거리/ 북한의 모란각, 평양관, 동묘향관이 나란히 선 거리/ 신사임당떡집, 가야원떡집, 남원추어탕집, 전주집도 모자라/ 서울가마솥, 수원갈비, 황해노래방, 부산사우나가 다 모인 거리/ 모국어 하나면 다 통하면서도/ 중국인인 척, 한국인인 척, 조선족인 척,/ 북한인은 모른 척 아닌 척, 겉돌다가도/ 된장찌개 한 그릇에 맘을 여는 거리/ 제각기 다른 나라 이름을 명에로 달고/ 패인 웅덩이마다 질척이는 회한이 봄비로 고이는 거리/ 중국 안의 한국어가 단동 너머 압록강 너머/ 신의주 너머 3.8 선 너머/ 고구려 바람에 이끌려 뒤엉키는/ 한민족의 거리,/ 서탑엘 간다

- 「심양 서탑 거리 - 고구려, 그 갈증의 바람 5」, 김금용

위의 시는 중국의 동북 3성(요령성, 길림성, 흑룡강성)의 하나인 심양의 서탑거리를 묘사하고 있다. 일제 강점기 조선인들이 간도로 이주한 것은 일제의 제국주의와 관련이 많다. 경작할 토지를 찾아 혹은 항일운동으로 조국을 등지고 떠날 수밖에 없던 상황의 이산인들. 유리되고 방황하는 이들에게 '고향'을 말하는 것은 실향의 역사를 되돌아보는 자기 확인의 방식이며 정체성에 대한 물음일 것이다.

디아스포라는 조국(선조의 출신국), 고국(자기가 태어난 나라), 모국(현재 '국민'으로 속해 있는 나라)이 분열된 삶을 사는 소수자이다. 삼자의 혼선 속에서 지배적인 문화관이나 가치관의 갈등이 따르기 마련이므로 고통스럽다. 이는 심리적인 차원의 주관적인 정서 문제로 국한되지 않는다. 개인의 문제가 아니라 오랜 세월 많은 사람들의 일상을 규정하는 구조적인 요인들이 억압하기 때문이다.

"제각기 다른 나라 이름을 명에로 달고" 산다는 내용에서 "패인 웅덩이마다 질척이는 회한"이 씁쓸하다. 그렇게 "겉돌다가도" "된장찌개 한 그릇에 맘을 여는" 표현에서 사람들의 연대가 느껴지기도 한다. 디아스포라에 이어서 노마드적인 사유로 뻗어가는 시를 소개한다.

> 나는 본디 계림의 사내 아비를 지우고 어미를 돌려세워 하늘과 땅을 갈라 계림을 떠나왔다// 마하보리사를 나서는 남천축국의 밤 마음이란 펼치면 손으로 석 자요 접으면 아픈 만큼 가깝다// 뒤돌아보면 내가 모래 산처럼 지워지고 있다 나는 흙의 처음이며 마지막이다// 죽어가는 제 몸을 들여다보는 눈이 젖은 짐승들 모래바람 속에서 살을 빠져나가는 울음소리 들린다// 이국의 풍경 밀어놓고 시퍼런 칼 갈아 머리 깎으면 마가다국 강 한쪽에서 내 눈이 환해진다 나는 나의 안이며 길의 바깥이다
>
> -「나의 천축국 1」, 서안나

혜초의 시각으로 천축국으로 떠나는 순례기가 펼쳐진다. "아비를 지우고 어미를 돌려세워 하늘과 땅을 갈라"서 길을 떠나는 결의가 자못 비장하다. 자발적 절연이 고전적인 어법으로 발화하면서 삶의 본질과 정체성에 대한 인식이 연기(緣起)적 사유와 맞닿아 이렇게도 읽히고 저렇게도 읽힌다. "내가 모래 산처럼 지워지고 있다"거나 "이국의 풍경 밀어놓고 시퍼런 칼 갈아 머리 깎"는 이미지는 구태의 '나'에서 거듭나며 서정성과 환상성이 겹친다.

"아픈 만큼 가깝다"는 모순형용과 "나는 나의 안이며 길의 바깥"이라는 표현에 주목해 본다. 모든 것은 내 마음에 있으므로 고정된 삶의 가치나 방식에 얽매이지 않고 스스로를 새롭게 만들어가겠다는 창조적 정신이 느껴진다. 진정한 노마드는 마음을 새롭게 하는 데서 비롯할 것이다. 운명적으로 나를 부르는 내면의 소리에 정신이 번쩍한다.

다양하게 해석할 수 있는 위의 시를 노마드 관점으로 풀자면, 단순한 유랑이 아니다. 떠돌면서 장소와 교감하지만 결코 집착하지 않는다. 어디든 머물 수 있고 언제든 떠나는 구도의 길은 궁극에 세상 모든 것을 낯설고 매번 새롭게 느낀다. 그래서 「나의 천축국」 연작은 여행의 기록이면서 이질적인 대상들과의 만남이며 인식 발견의 현장이다. 장중하고 때론 고독한 사유가 연쇄된다.

기꺼이 피로사회

왕오천축국전, 동방견문록, 걸리버 여행기, 돈키호테, 열하일기는 모두 당대가 안은 피로를 떠나 모험을 펼친다. 그러나 아래의 시처럼 오랜 여행은 다시 피곤을 부른다.

> 여독(旅毒)은 밤하늘에 터지는 폭죽이다/ 천천히 녹아내리는 소금 사탕이고/ 야금야금 먹어 치우는 깡통 속의 견과류다/ 떠났다가 집으로 돌아오는 순간/ 온몸을 지탱하던 긴장이 사라질 때/ 알맹이는 떠올라 부풀어 날아가고/ 불순물은 가라앉기 시작한다// 덤불 속으로 기어들어간 새끼고양이의 안부며/ 지나쳐 온 이정표 그 너머에 무엇이 있었는지/ 궁금증이 잊힐 때까지 잔류하는 여독// 한 장 한 장 사진을 넘기며 뒹굴거리는 사이에도/ 잠은 쏟아지고 입맛은 달아난다/ 해야 할 일은 손도 대지 못한 채/ 약속은 깨지고 계획은 미뤄지고/ 하고 싶은 일만 골라 하던 맘 떨칠 수 없어/ 눈만 멀뚱거릴 뿐/ 아무것도 집중할 수 없는 늘어짐-게으름-나른함/ 온몸에 퍼진 독을 중화시키는 건 흐르는 시간/ 여독은 새벽녘 공원을 두 바퀴쯤 돌다가 맞이하는/ 미명의 순간 같아서/ 나는 그 찰나의 쾌감을 피할 수가 없다// 고요는 흔들리며 깊어져야 하므로/ 흔들림 없는 고요에서 깊어진 것들은/ 정말이지 대책이 없으므로/ 나는 기꺼이 치사량의 여독을 흠모하기로 한다
>
> -「여독(旅毒)」, 장이엽

"떠났다가 집으로 돌아오는 순간" 긴장이 사라지면서 "알맹이는 떠올라 부풀어 날아"간다. 그 불순물이 피곤하다고 했다면 평범한 기록이었을 것이다. 여독을 "새벽녘 공원을 두 바퀴쯤 돌다가 맞이하는" "미명의 순간"으로 받아들여서 새롭다. "찰나의 쾌감을 피"하지 않겠다는 부분이 눈에 들어온다. "고요는 흔들리며 깊어져야 하므로" "치사량의 여독을 흠모하"는 자세가 적극적이다.

여행은 인간 욕망의 한 형식이다. 일상이 얽어매고 있는 소모적 파토스로부터 탈출이다. 그런데 길어지면 여독이 따르니, 인간은 떠나고

싶은 마음과 머물고 싶은 마음이 추처럼 왔다 갔다 한다. 내면의 결핍이 욕구를 부른 것이므로 역설로 살아있음의 존재증명이 아닐까.

책상에 앉아 머리로 궁리하는 것 보다 여행을 떠날 필요가 있다. 객지에서는 침묵하고 있던 문장들이 잠에서 깨어나 웅성거리며 만난다. 일상을 벗어나 자연과 접하고 역사와 문화의 흔적도 느껴보고 각양각색 디아스포라, 주변부 삶의 현장까지 의미가 있다. 그러니 어찌 떠나지 않을까. 인간은 집과 길 위의 삶을 오가고, 이를 표현하는 시인은 모든 길이 글이고 삶이 곧 여행이다.